【新装改訂版】

肥後細川藩幕末秘聞

Kawazu Taketoshi
河津武俊

◉弦書房

〔装丁〕毛利一枝

目次

悲愁の丘

はじめに

伝説、伝聞の類《たぐ》いは日本の至る所に存在する。それは、それぞれの故郷に想いを馳せる人々のファンタジーであり、誇り、魂であると言える。だが、偶然に耳にした私の故郷・熊本県阿蘇郡小国《おぐに》地方の伝聞は信じられないような悲惨なものであった。それ故にか、その伝聞は風化しかけていた。その伝聞というのは幕末の嘉永六年（一八五三）に肥後藩の小国で、隠れキリシタンが発覚し、臼内切《うすねぎり》という村の全員六十名ほどが虐殺されて近くの丘に埋められたということであった。

そんな残酷なことが、私の故郷で起こっていたことが信じられなかった。私は真偽を確かめるため、探索行に踏み出した。その入り口のところで、肥後藩の小国郡代をしていた荻昌國《おぎまさくに》（亡き映画評論家の荻昌弘氏の四代前の先祖）が小国の郡代屋敷で文久二年（一八六二）に自刃《じじん》していることを知った。そして、その自刃の原因は杳《よう》としてわかっていない。臼内切村のキリシタン虐殺と荻郡代の自刃は関係があるのではないか、と私は考えた。

探索行は難渋《なんじゅう》した。が、進むにつれて次第に裾野を広げて行く。阿蘇山の裾野の寒村・臼内切に落ちた一滴の雨は、筑後川の上流の小さな谷川に流れ込み、それは荻昌國、横井小楠《よこいしょうなん》、元田永孚《もとだながざね》、長岡監物《ながおかけんもつ》、坂本龍馬、勝海舟、西郷隆盛といった川を集めて大河となり幕末・明治維新の東京湾に滔々《とうとう》と灌《そそ》ぎ込むことになる。

本書は、その探索の過程を記した「肥後細川藩幕末秘聞」と、ペリー来航によって激動する幕末の日本国を描いた歴史創作「悲愁の丘」から成る。

二〇一七年三月

河津武俊

肥後細川藩幕末秘聞

発端

一昨年の初夏、年に一、二回集まっている熊本大学の医学部の同期で、サッカー部に所属していた仲間の会が、私の住んでいる近くの温泉であった。いつものように談論風発したなかで、なんであれ権力という力は凄《すさ》まじく、恐ろしいものであるということが話題になった。暴君ネロから、信長、ヒトラー、スターリンとその残虐ぶりが語られ、身近な例として一昔前の医学部の教授の話も出た。ついこの間まで、教授は医局員に対して権力に近いものを持っていたところがあった。教授が白いものを黒いという学説を立てれば、それに従わねばならぬことなどもあった。今から考えるとおぞましく、また滑稽なことが多かったので、話は次第に途切れていった。その時、隣に座っていた私と中学時代から同郷の友人が、私に我々の育った郷里、熊本県阿蘇郡小国《おぐに》地方で、幕末の嘉永《かえい》の頃に隠れキリシタンが発覚して集落全員が打ち首になったという話があるが、知っているかと尋ねた。

私には初耳であった。ちょっと信じられない出来事のように思えたし、またあまりに突飛《とつぴ》なことにも感じた。

友人も最近、九州の山村の古老の話を集めた石牟礼道子《いしむれみちこ》さんの本を読んでいて偶然に知ったらしくて、詳しいことはわからなかった。

もし、それが事実であれば悲惨なことであった。が、それだけの大事件であれば、いろんな資料が残っていることであろうから、いずれ読んでみようという気に私はなっていた。

ただ、私の乏しい歴史知識からしても、あと何年かで明治維新を迎えるという時期に、どうしてそのような非道なことが行われたのか、またその必要性があったのか、理解できなかった。

もし、それが何らかの権力による見せしめや誇示、誤認であったのであれば、これほど恐ろしいこともないし、可哀相なこともないと思った。

それからしばらくして、友人から便りがあった。同級会の帰りに隠れキリシタンが住んでいたという集落を訪ねてみたが、今はその跡形《あとかた》も定かでない。が、確かに人が住んでいたと思われる場所に、今もこんこんと清水が湧き出ているのを見たら、背筋が寒くなった、と記してあった。

百年以上も前に、集落が突然、破壊消滅させられ、今は夏草に覆い隠された中で、清水だけが昔と変らず静かに流れ出ている。そんな光景が、悽愴《せいそう》で悲愁を秘めながらも、なぜか清冽《せいれつ》なイメージを私の頭の中にはっきりと根付かせた。

しかし、考えれば考えるほど、本当にそのような処刑があったのかどうか、半信半疑な思いが強まった。

中学時代まで私はその町に住んでいたのだから、事実であればちょっとでも、そんな話を耳にしてもよいはずである。

一体どのあたりまで史実としての信憑性《しんぴょうせい》があるのか、ひとつ当ってみようかという気持ちに次第に傾いていった。

小国町役場に中学時代の友人がいるので電話をしてみた。

役場の建設課長をしている彼は、そのような話を全く聞いたこともないらしく、驚いた風であった。とにかく調査してみて、資料があれば送ってやろうということになった。

役場に何十年も勤めている人間が知らないとはと失望しかけたが、私自身も初めて知ったことであるから、無理からぬことと思い、大学の同期の友人の方にも電話を入れてみた。

彼の方も読んだ本を探してくれていたが、すぐには見つけきれずにいた。著者は石牟礼道子さんであることは間違いなかったが、朝日選書の中の一冊で、確か『西南戦争異聞』であったろうということで、見つかればすぐ知らせてくれるということになった。

私はすぐに出入りの書店に電話して調べてもらうと、それは『西南役伝説』ではありませんかと返事があり、すぐに注文した。

臼内切

一週間ほどして、役場に勤める友人から手紙が届いた。

「この町に生れてから、大学時代の四年間を除いてずっと小国に住んでいるのに、キリシタンの処刑がこの地であったなど、恥ずかしいことに全く知らなかった。役場の中でも知っていた人は古い人の二、三人に過ぎず、それもあやふやな話ば

本書関連図

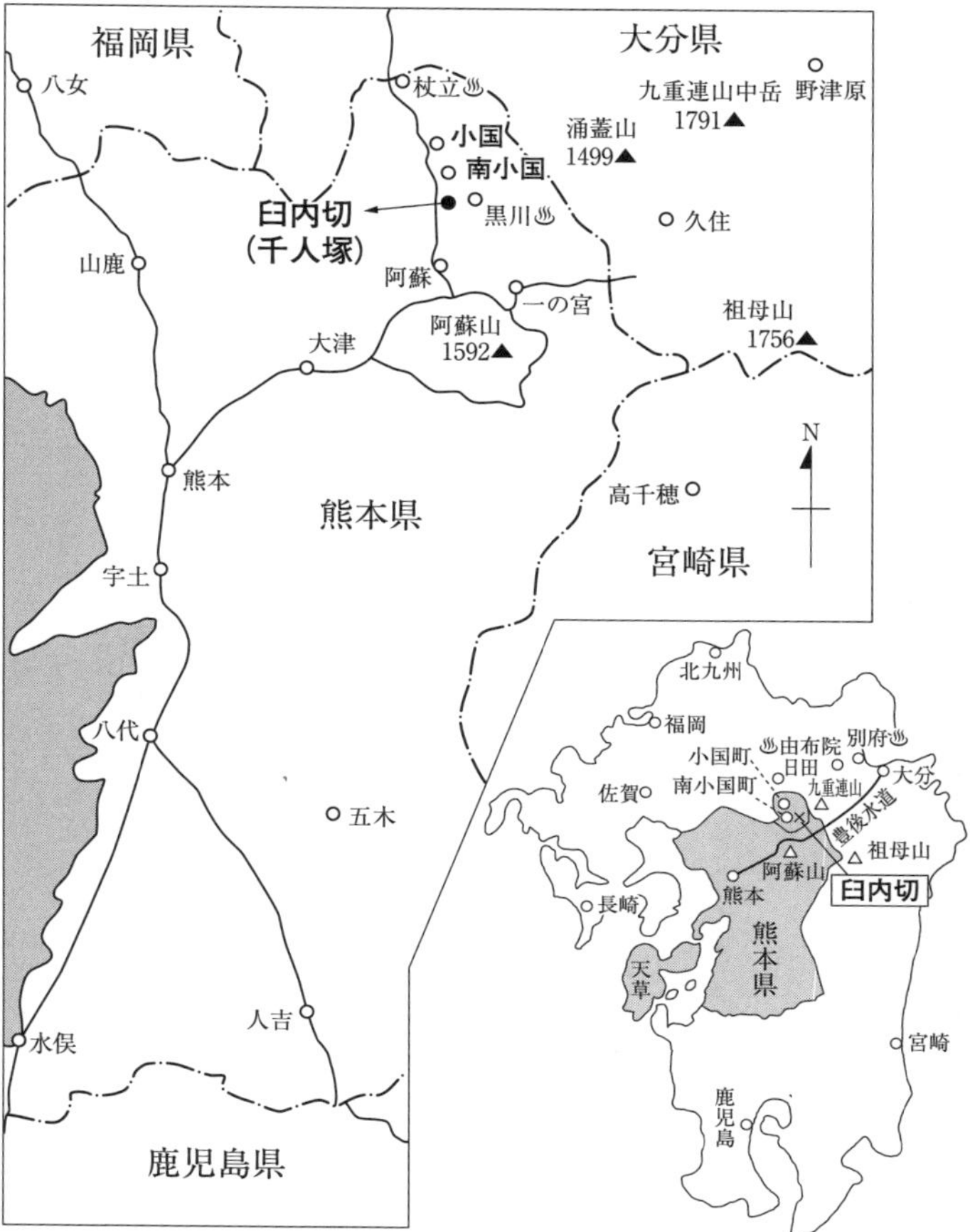

福岡県
大分県
八女
杖立
小国
南小国
九重連山中岳
1791
野津原
涌蓋山
1499
臼内切
(千人塚)
黒川
久住
山鹿
阿蘇
一の宮
祖母山
1756
大津
阿蘇山
1592
N
熊本
熊本県
高千穂
宮崎県
宇土
八代
五木
人吉
水俣
鹿児島県
北九州
福岡
小国町
由布院
別府
日田
大分
南小国町
九重連山
佐賀
豊後水道
祖母山
阿蘇山
臼内切
長崎
熊本
熊本県
天草
宮崎
鹿児島

かりであった。親父が最近退屈しのぎのため、小国郷史談会に入り山歩きをしているのを思い出して尋ねてみたところ、子供の頃にそんな話を聞いたことがあったような気がするが、はっきりした記憶はないとのこと。そういうことなら小国郷史談会の会長をしている佐藤弘先生が詳しいので、問い合せてみたら、ということであった。

佐藤先生は小国郷各地の教員、校長を四十年間も勤め、十年前に退職、その後は小国郷史の研究に打ち込んで、現在この地では、その第一人者である。すぐに佐藤先生に電話して君の意向を伝えた。

昨日、頼んでいたその佐藤先生が、コピーを二枚持参してくれた。現在のところ、これ以外の資料は全くない、史実である可能性は考えられるが、それを証明するものは何も見つかっていないとのことである。佐藤先生のこれまでの調査では、あくまでも伝聞の域を出ていないようだ。興味があれば集落の跡地、隠れキリシタンが埋められているといわれる塚のある原野の丘に、いつでも案内してあげてよいとのことである。

ただ三月の野焼きの後の一、二週の間であれば、塚もかなりはっきりとわかるが、夏草が繁っている現在ではわかりにくいかも知れない。希望があればいつでも佐藤先生を紹介する。気さくな先生であるから、心配はない。小国郷でもほとんど忘れ去られていることのようで、探索は大変な困難を伴うことと思う。忙しい身のこと、あまり深入りは勧められない。

が、何か用があれば、いつでも連絡してくれ。小国郷にとっては大変興味のあることだから、役場も協力態勢を執れると思う。とにかく佐藤先生からのコピー二枚を送る」

とあった。

（コピー一）
『小国郷史』・禿迷盧《かむろめいろ》著（秀功社刊・昭和三十五年六月発行）
「小国での切支丹《キリシタン》信徒の証拠は少いが、周囲の地理的影響から一時は信徒が出来たであろうことが想像される。此の後捜すとすれば周辺地区か、山中の小集落でつぶれた村等に何か証拠が残っていないか。昭和廿八年の大洪水で流れ出た切支丹墓を、黒淵の杉平の森原民恵氏が発見保管している。横八寸高さ一尺五寸深さ

禿迷盧著『小國郷史』

五分幅一寸の十字を上面に刻み蓋でかくれるようにし、前面はたて棒のみ、下石の見えぬ処に名等刻んだものであろう。

南小国小田《おた》から吉原《よしはら》へ越す山の平地の南側の窪に、集落があって臼根切《うすねぎり》という他と絶対に婚姻せず、江戸末期邪教信仰が発覚して、一夜之を取囲み全員殺したと言い伝えられ骨を埋めた塚がある。地名として臼根切とは珍らしいがウスネギリの地名は察する処、切支丹の神天帝はディウスというから、ディウス信仰を根絶する即《すなわち》根切りすると言うようになったとも解釈される」（三百三ページ）

（著者、禿迷盧氏は明治二十五年熊本県阿蘇郡小国町善正寺で生れる。熊本師範第二部卒業後、小国郷の教諭、校長などを勧め、昭和二十二年退職。民生委員、保護司を務め関節リウマチに悩まされながら本書『小国郷史』を書き上げた）

（コピー二）

『小国郷の史蹟・文化財』佐藤弘著（熊本日日新聞社刊・昭和六十一年六月発行）

「黒原《くろばる》から小田集落に通ずる林道の途中に臼内切の集落跡がある。『肥後国誌補遺』によると、小国郷馬場手永《ばばてなが》のうち田野原《たのはる》村百三十三石余その中の小集落名に『臼内切《うすねぎり》』の名がある。現在は一軒もなく、屋敷跡地は畑となり杉山となって完全な廃村となっている。この臼内切の集落は、隠れ切支丹の疑いで、幕末の頃集落を包囲されて、全員捕えられ、集落近くの見晴らしのよい丘で、家族毎に処刑されたと云う、近くの小田集落古老の話が伝えられている。

この処刑された丘を土地の人は千人塚《せんにんづか》と呼んでいる。

南面へゆるやかに傾斜したこの丘に上より下へ、十二の塚（径二米・一米とそれぞれ大きさが異なる）が残っている。集落跡は土台石等片づけられているが、茶碗等の食器類の破片が所々散在している。

家々や鎮守の社《やしろ》等焼き払われた様子で、長い間野ざらしになっていた。黒焦《こ》げの仏像を吉原神社の籠り堂に吉原の人が拾ってかえり安置してある」（二十九～三十ページ。「千人塚」）

この二通のコピーから、幕末の「ウスネギリ」という集落で全員が捕えられ、隠れキリシタン（邪教）の罪名で処刑されたことが伝聞として書かれてある。

廃村となった集落跡と、殺され埋められた塚のある丘が残っていることは確からしい。

ただ、ウスネギリという地名については、『小国郷史』に書かれているキリシタンのディウスの根を絶った「臼根切」なのか、『小国郷の史跡・文化財』による「臼内切」なのかは、はっきりしない。いずれにしても、ちょっと変った不気味な名前ではある。

キリシタン処刑に関して、状況証拠はあるようなのに、それを証明する人的というか、物的というか資料が全くないらしく、伝聞だけなのは一体どうしたことなのだろうか。

殺された人々は本当にキリシタンであったのだろうか。また一体誰が彼等を殺《さつ》戮《りく》したのか。そしてなぜ一片の資料も残っていないのか。それともまだその資料を探し出せずにいるのだろうか。

私は二枚のコピーを前に考え込んでしまった。

これまでにもすでにいろんな人々が、この問題に取り組んで来たはずだ。私はキリシタンに関する知識も、キリシタンそのものにもさしたる興味を持ったことはなかった。役場の友人が言うように、こんな昔の問題に首を突っ込むのは止めた方がよい、という気持ちが私を占めはじめていた。

西南役伝説

コピーを送ってくれた役場の友人への礼状の中に、このキリシタン処刑伝聞を追跡することはとても困難なようだし、そのような時間も取れそうにない。せっかく資料を送ってもらって申し訳なかった、と書きかけて、机の上に放置したままにしていた。そして、二週間ほどがいつの間にか過ぎていた。

机の上の書きかけを見るにつけ、早く早くと思いながら、どうも最後が書けなかった。

そんな、今日こそはと思った日に、書きかけの手紙の横に書店から、石牟礼道子著の『西南役伝説《せいなんえきでんせつ》』（朝日選書）が届けられていた。

私は注文したことも忘れかけていた。石牟礼さんの著書のなかで私は『苦海浄土』と『椿の海の記』を読んだことがあり、深い感動を覚えた記憶がある。

その聞き書き風の、方言をそのまま使った語り口は独特の世界を形成し、人間の持つ業苦を私たちに、臨場と迫真と恐怖をもって伝える特異な作家と思っていた。

臼内切の伝承が出てくる
石牟礼さんの本

その石牟礼さんがこのキリシタン処刑をどのようにして知り、どのように書いておられるのか。私は興味を覚え、すぐ本を手に取った。「西南役伝説」は西郷隆盛が熾《おこ》した西南戦争に関りのあった秘話を語り継ぐ、九州各地の古老の話を聞き書きしたものであった。

臼内切の話は、その第五章「いくさ道（上）」の中の百八十七ページから百九十三ページにかけて書かれている。

石牟礼さんは偶然なことから、友人の勧めで熊本県阿蘇郡小国町大字上田《かみだ》にある上田小学校の廃校式に出席することになった。昭和四十八年のことである。上田小学校は明治八年に創立されたが、過疎による学校統合のため創立九十八年にして廃校になったのである。

その席で石牟礼さんは、長谷部保正《はせべやすまさ》さんという、村に集中している口碑《こうひ》伝説を驚くべき記憶力で再現して見せる真摯《しんし》で純朴な老人と出会った。そして、長谷部保正さんから語られた驚くべきキリシタン処刑の伝聞を、石牟礼さんはこの書の中で、我々に語り継いだのであった。

「来賓を含めて二十名足らずの、沿革史出版記念会の場からはるかにさかのぼって、明治十年三月、はじまったばかりの上田小学校が休校になったのは、ここいら一帯が西南役の通り道になったからでした。それより以前、この村の『尾河内《おごうち》共有林』がまだ藩の御山であった嘉永六年ごろから、村々の記憶は、近代のはじまりを伝えはじめるのです。

それは異様でおそろしいお触れの形でやって来ました。いまだにこの界隈《かいわい》の年寄りたちが、陽のかげってゆく方向にある山あいを見やっては首を振り、声を落として語る記憶です。長谷部保正さんは、じつに優しい声で、かそけきそこらの魂たちと語るように、ゆっくりゆっくり、こんな風に語りました。

そんとき、小国じゅうにお触れが出て、切支丹ば信仰すれば、こういう目に遭うぞちゅうわけでしたろう。うすねぎりの者どもを、処刑するけん見にゆくようにちゅうて、お触れが出たそうです。私の母がよう話しよりました。

その『うすねぎり』の生き残りの人は、泰次郎《たいじろう》さんというお人で、そんとき四つじゃったそうです。

左の足が脱疽《だつそ》になって、膝から半分下の無《の》うなってしもうて、畳職人じゃったが、そん頃は、今のように松葉杖もなかったき、無うなった膝の先に、ぼろ切れやら綿くずやらを押しつめて、木の台を作って当てて両手で抱えあげて、こっつん、こっつん、こっつん、こっつん音させて、あそこあたりは、石の多か道じゃったき、音させて、畳替えの仕事頼めば、そうやって音させて来よらすき、ほら、うすねぎりの泰次郎さんの来よらすばいち、皆して言いよった。母が云いよりましたです。うすねぎりの人たちば処刑するき見にゆけちゅうても、見にゆかんじゃった人たちもおって、人の斬らるるとば見に行《い》たて何するき。人斬るとじゃき、見に行たていいことあるめ。見に行たて間違えられて、あっちゃこっち（あべこべ）に斬られどもするならどうするかち、見にゆかんじゃったそうです。

それでも、じいさんたちに連れられて見に行た人たちもおって、見に行た人たちは、幾日も、食いもんの咽喉《のど》通らんじゃったげなです。

うすねぎりの山ん上、松の木の下に竹矢来《たけやらい》を結《ゆ》うてあって、検死の役人が向う鉢巻して、袴をあげち腰かけとって、切り方の役人が検死の役人の方にお辞儀してから刀を抜いて、三べん振って三べんめに、首落としましたそうです。そうすると、胴がふっと半分膝立てて立ちよったち、子供だったばってん覚えとるち云いよったです。

立ちあがるとば後から穴の中に蹴り落しましたそうですもんな。ちいさい子供たちまで後手に縛って斬ったそうです。そうすると切口から血柱の空に向けち、さあーっとふきあがって。

あすこあたりゆけば、今でも外道《げどう》のひっつくちゅうて、そるから先、うすねぎりの付近にゃ、滅多にだあれも寄りつきまっせんです。今でも、あそこのそばの吉原あたりじゃ、陽のさし入ると、そばの田んぼからでも、早々に引きあげますげな。外道のひっついて祟《たた》られて、死んだちゅうもんの何人も居りますき。

何家族殺されましたやら、ひとつの塚にひと家族、斬られる前に、腰に縄つけられて曳かれて行って、自分たちの入る穴ば掘らせられたちゅうて、吉原あたりの年寄りたちがいいよりましたです。

塚の数が十二ありますき、うすねぎりの集落ぜんぶで十二家族だったとでしょうな。女、子供みんな殺されて、一家族が四、五人から五、六人として、五、六十人もおりましたろうか。かねてあんまり、近所の村とつきあいのなか村でしたき、はっきりしたことはわかりませんとです。塚の数だけが、大きいのや小さいのやとりまぜて、大きい塚は、大人数、小さい塚は少人数だったとでしょう。

こんだの戦《いく》さの終戦後に、不心得《ふこころえ》もんのおって、金の十字架ども掘り当てるつもりだったとでしょう。掘った者のあったですが、金の十字架は出らんな、人骨のぞくぞく出て来たそうです。どの塚がどの家族やら、ぜんぜんわかりません。春の野焼きしたあとは、はっきり塚の形のあらわれますき、春の野焼きしたあとに、またおいでると、よう見えます。

やしきの跡や、田んぼの跡は、もう杉山になってしもうて、杉も一年々々のびるばかりですき、元の集落の様子を知った者でなきゃ見分けることは出来まっせんです。塚のある山だけは、まだだあれも、手をつけきらんな、そんままになっとるき、なるべく早う掘ってあげて、弔《とむ》ろうてやろうごとありますが、なんしろ、うすねぎりの話ば知っちょるもんもだんだん死んでしもうて、熊本の歴史の先生方に話しに行たても、記録のなかけん嘘じゃろのなんのちゅうて、頓着もなかですもんな。

どういう人の、どういう暮らしだったじゃろ、やしきの跡には、よか梅の木や、椿や、お茶の木が植わっとって、それからあのつつじの花木の、つつじは、ここらでは墓花ですき、そんなつつじを丁寧に植えてありよりました。きっとそこらが墓所だったじゃろうと思いよります。田んぼの広さやらを調べてみると、東洋英和女学院大学の石井次郎先生が云いなはりましたが、熊本の海岸あたりか、臼杵《うすき》あたりの切支丹が、ここにのがれてきて田んぼをひらいて、二百年くらいは暮らしを立てていたにちがいなかと。今も大きなあすなろの木の根元に、集落じゅうで使われるほどな井川《せいせん》が湧いちょって、その井川の筋から湧く水が、田んぼに入るようになっちょります。

私の親父は、明治元年に十一だったけん、『踏絵踏み』に、親に連れられて行たことがあると話しよりましたです。役人がおって名あ呼ぶと、行たてぽんと踏んで、なんやら、瘡蝦蟆《かさわくど》のようなもんを彫りつけてあったがね、ちいいよりましたです。キリストの絵のこつでしょうな。並んで待たせられて、役人が「次っ」と言って、小さな子は親が抱えて足着けさせて踏ませよったが、私の父はもう、一人で踏むことが出来たというちょりました。

うすねぎりの人たちは、たぶん、踏絵踏みにも出て来よらんだったとでしょう。隠れて住んどったとでしょうけん。

おいいねさんという人がここの近くの江古尾《えこお》という集落の娘で、その嫁入り先に、どういう縁か、泰次郎さんが養子に入っちょって、おいいねさんが泰次郎さんを連れて里帰りしとったときに、その処刑があったわけでした。それで二人が処刑をまぬがれて、泰次郎さんはそんとき四つになっちょって、よう覚えちょるといいよったそうです。

ほとぼりのさめて、二ヵ月ばかりしてからだったろうと云いおったそうですが。もちろん村には誰ぁれも居らんな、おっかさんに連れられて、そろっとうすねぎりに帰ったそうです。おっかさんが、あっち立ち、こっち立ちして塚に詣《まい》って、どこの家の塚かわからん塚のひとつずつにそこらの花摘んであげて詣って、わああ泣きなはるき、自分もわけはわからんなり、悲しゅうして、いっしょになって泣いたのばよう覚えちょるち、泰次郎さんが酒呑めば泣いて、話しよったそうです。

家々の草屋根も壁もくされ落ちて、そこらの草むらん中に、箱に古着物のなんの入っちょるとの、投げ出してあったげなです。

明治になって信教の自由の許されて、今はなんの宗教信じても、斬らるることもなか世の中になったき、よかったばってん、自分の親たちゃ、明治まで隠れおおせずに斬られて死んで、悪いこととして斬られたのじゃなか、切支丹信じとったばかりに、明治になる前斬られて死んでしもうて、自分はうすねぎりのたったひとりの生残りちゅうて、酒呑めば、半分しか無か左足抱え抱えして、泣きよったそうです。その脱疽が元で、明治十一年に、三十三歳で、泰次郎さんは亡くなってしもうて泰次郎さんと仲のよかった次八《じはち》という人が、私が十七のとき、江古尾の集落に養子に来て、それで同志になって、くり返しきかせられよったです。誰にでも話すばってん、又かちゅう顔して、みんな、屁も嗅ずませんち、ぐずりよりましたですがな。

母も話し好きで、いっぺん話してきかせるとわたしもよう覚えよりましたき、その話もようしよりました。

泰次郎さんが、こっつん、こっつん音させて、ごめん下はいち来よったちゅうて。畳替えしに来らすばいち。そんな話聞いちょったき、もううすねぎりの塚には、百ぺんばっかり行って見ちょりますです。なんとか世の中に知らせんことには、斬られた人たちの浮ばれめえと思うて。

畳といえば、もう泰次郎さんが、畳替えに来てくれる頃は、ここらの集落でも、畳のある家がぼつぼつありよったわけになるが、今のように、縁《へり》のある畳じゃなかったですな。

縁のなか畳どころか、わたしたちが小さい頃まで、家によっては真萱《まつかや》の敷物も多かったですもん。ありゃ、夏にうっかり裸で寝ておって寝返ると、ステーッと背中を切られよりましたですもんな。真萱ちゅうのは、蓑《みの》にも作るあれで、まだ葉の稚《わか》いときに刈り取って干しといて、莚《むしろ》織るように縄で織って、それを畳のかわりに敷きよりましたです」


長谷部保正さんという古老の語り口を、石牟礼さんはそのまま使うことによって、背筋が凍るよな臨場感と恐怖感を出していた。

前の二氏のコピーの記述と比べると問題にならないほどに、殺戮が具体的になっていて、迫真の趣《おもむき》があった。

これは単にキリシタンの処刑というより、キリシタン大虐殺と言ってよかった。私は衝撃を受けた。六十余名もの者が惨殺されているのだ。私は処刑されたのは、ほんの二、三人と勝手に決め込んでいたのだ。

前の二氏のコピーでは全員捕えられて一人残らず断首されたとなっていたが、

偶然にも里帰りしていて難を逃れた母子がいた。また処刑を見たかなりの人々がいて、それらの人々がこの悲劇を語り継いだことになっているようであった。が、はっきりした記録がないために熊本の大学の先生方からは本当にされていないらしかった。

だが石井次郎という東洋英和女学院大学の先生が少し調査を行っているように書いてある。

伝聞だけの話かもわからないなかで、虐殺はどうも嘉永六年（一八五三）に起こったようであること。奇蹟的に難を逃れたらしいおいねと泰次郎母子の名前がはっきり語られているのは一筋の光明のように思われた。

それにしても、酒を呑めば、自分は「うすねぎり」のたったひとりの生き残りといって泣いていた泰次郎という跛行《はこう》の男は本当にいたのだろうか。

私は本棚から歴史年表を取り出して嘉永六年のところを調べてみた。この年の大事件と言えば、六月に米国のペリー率《ひき》いる黒船が来航したことであった。この日ほど有史以来、日本国全土を震撼《しんかん》させ、恐怖に陥《おとしい》れ、騒擾《そうじょう》とさせた日はあるまい。今の私たちから見ると、想像を絶するものがあったと思われる年に、なぜ九州の山奥でキリシタン虐殺が行われたのか。
「西南役伝説」を読んでからの私の頭のなかには否応なしに、「おいね」と「泰次郎」母子の姿と、十二の塚のある丘が日一日現実感をもって膨らんできて、私を惹《ひ》きつけはじめていた。

千人塚

早春の三月中旬の野焼きの終った後の一、二週の間でないと、隠れキリシタンを埋めた塚ははっきり見極めるのが難しい、と友人から言われていた。だが、夏草が繁った七月下旬の一番暑い頃に、私は待ち切れずに友人に世話して貰って虐殺の丘に登ることにした。丘は千人塚《せんにんづか》とも呼ばれている。

とにかく丘を見ておきたかった。

私は臼内切の場所を地図で調べた。九州全図でみると臼内切は九州のほぼ中央に位置する。

地図上で熊本市と大分県別府《べっぷ》市を線で結ぶと、その線上の真ん中あたりに黒川《くろかわ》

臼内切(千人塚)の周辺図

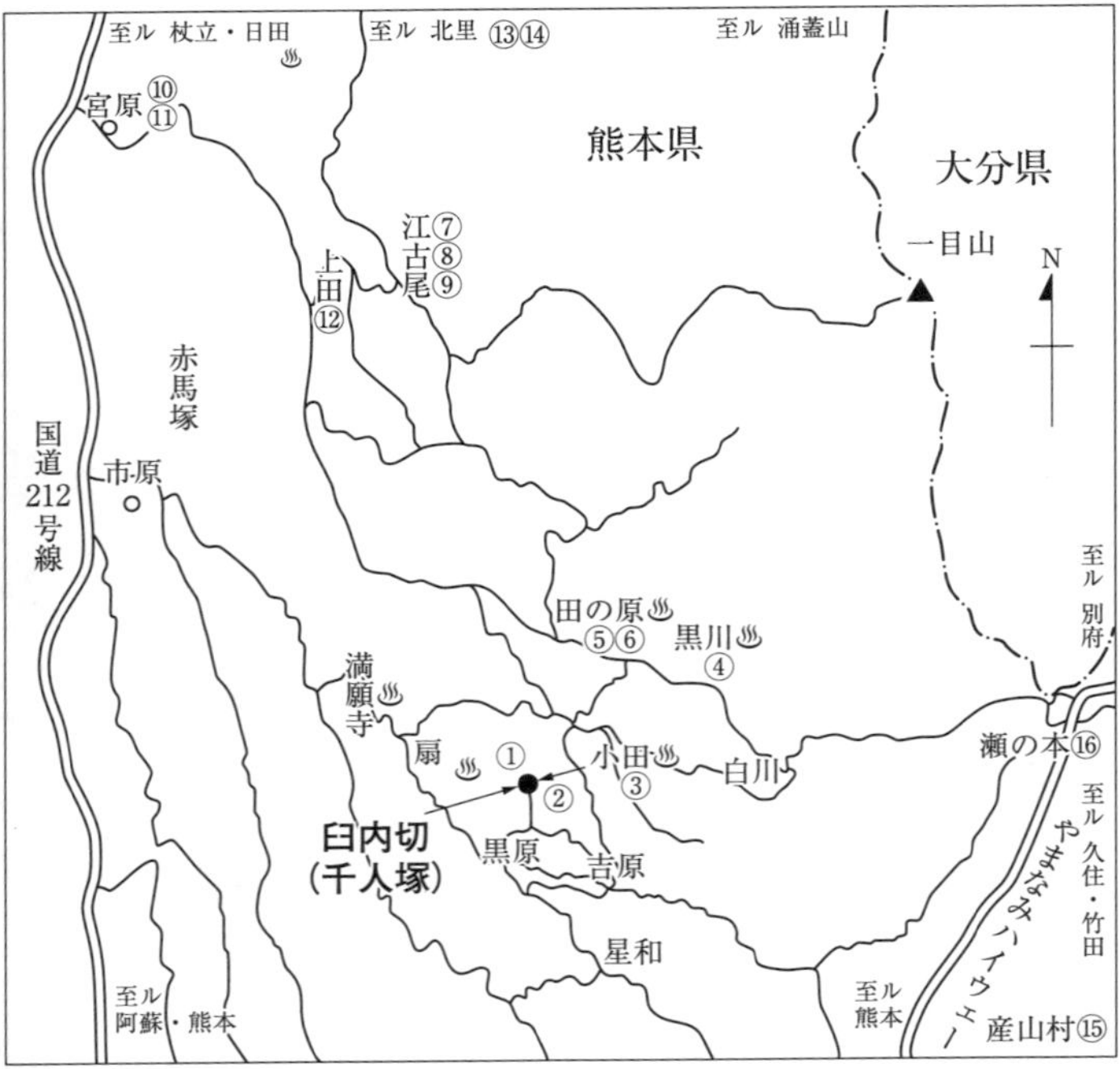

① 臼内切集落跡地
② 千人塚（虐殺の丘）
③ 小田温泉「夢の湯」旅館
④「御客屋旅館」（荻愛用の旅館）
⑤ 明蓮寺（臼内切村檀那寺）
⑥ 田の原「お屋敷」（北里三家）
⑦ 長谷部保正氏の家
⑧「イ子」の生家跡
⑨「泰次郎」と「イ子」の墓地
⑩ 小国郡代屋敷跡（荻自刃の地）
⑪ 善正寺（荻が囲碁に通った寺）
⑫ 上田「お屋敷」（北里三家）
⑬ 北里惣庄屋
⑭ 玉岑寺（臼内切村檀那寺）
⑮ 産山村田尻「泰次郎」の母の里
⑯ 瀬の本高原（豊後街道筋）

温泉（熊本県）があるが、そこから南西二キロのところに臼内切は存在する。相当詳しい地図でも臼内切の地名はまず載っていない。現在は全く人の住んでいない廃村である。臼内切を熊本県の地図でみれば、最北端に近い南小国町に所属する。江戸時代までは現在の小国町と南小国町を一緒にして小国といっており、それと久住《くじゆう》（大分県久住町）を合せて、肥後藩の小国・久住郡代が配置されていた。

熊本市から北東七十キロのところに小国があり、大分県との県境をなしている。熊本市と小国のほぼ中央に世界で最も大きく美しい二重式火山の阿蘇カルデラがある。カルデラの直径は二十キロ以上もあり、カルデラを形成する外輪山の北側の裾野の中に小国が存在する。それらの山また山の中に臼内切がある。南小国町の役場のある市原《いちのはる》から臼内切は東南に六キロほどの所である。臼内切の周囲二、三キロ以内に満願寺《まんがんじ》、黒川、田《た》の原《はる》、小田《おた》、扇《おうぎ》などの温泉が多数ある。臼内切の丘からは三百六十度のパノラマが見られ、阿蘇山、久住山《くじゆうさん》、涌蓋山《わいたさん》、一目山《いちもくさん》などの名山が眺望《ちようぼう》できる。近くに筑後川の源流である田の原川、小田川、満願寺川が流れている。熊本と大分を結ぶ九州山地を走る「やまなみハイウエー」の瀬《せ》の本《もと》高原からは西へ六キロの地にある。

阿蘇高岳《たかだけ》が標高一五九二メートル、外輪山の大観峰《だいかんぼう》が九三六メートル、それから次第に下って小国地方は標高三二〇～八〇〇メートルの間にあって耕地、山林、草原からなるが、その七八％が山林で見事な小国杉が植林されている。私の住んでいる大分県日田《ひた》市から南東へ四十キロの地点である。

難儀な山道が予想されたので、私は、私の病院で事務員をしている若い木下和夫君を同道した。

友人の父のY先生（Y先生は私の中学時代の恩師であった）が、早朝にもかかわらず家の前に出て私たちの車を待っていてくれた。

「臼内切のことは子供の頃聞いて怖い思いをしたことはあったが、近頃話題にする人もいなくなり忘れてしまっていた。今日案内してくれる佐藤弘先生は私の後輩になるけど、小国郷史談会の会長もされており、小国の歴史に関しては生字引みたいな人だから、何かわかるかも知れませんな」

とY先生は、このことにあまり詳しくないのを済まなさそうに言った。

南小国町の国道から少し入ったところに佐藤先生の家があり、先生も準備をして道に立っておられた。

長身痩躯《そうく》な方で、登山帽に長靴といった出立《いでた》ちで、いかにも山歩きや史跡巡りに慣れている感じであった。

山道を歩くときに必携するらしい長い柄の鎌を持参されていた。先生は少々我田引水、独断の傾向もあるように思えたが、気さくで闊達《かったつ》な人柄のようで、すぐに打ち解けた。

私の探索行の真意や目的などを深く聞くこともなく、臼内切に関する先生の知《ち》悉《しっ》していることを機関銃のように話された。

まだ全てが手探りの段階の私には、ありがたいことであった。

朝から陽射しがジリジリと厳しい日であった。

志津《しず》川沿いに満願寺温泉に出た。それから先の道は水害で道路が決壊《けっかい》していたので、脇の狭い道に入り込み、遠回りしなければならなかった。

佐藤先生は教員時代、このあたりの小学校を転々としていた。また最近は郷土史家として遺跡巡りや古墳探しをして回っていたので、どんな小さな道も知っていた。

昼でも暗い、怖いような山道を通って小田温泉に出た。四、五軒の温泉宿のあ

夢の湯

る淋しい所である。

この温泉は、ある人が夢の中の龍神さまのお告げで掘ったところ、本当に温泉が噴き出したそうだ。

そのため温泉旅館は〝夢《ゆめ》の湯《ゆ》〟と名付けられ、その前庭に鉄製の、大きな高い龍神さまが宙に浮ぶように祀《まつ》られてあった。

この温泉までの道はほとんど舗装されていたが、ここから山中へ入り込み臼内切に通じる道は狭い凸凹道で、極端に言えば隠れキリシタンが住んでいた江戸時代とあまり変っていないのではないかと思うぐらい悪い。

夏草の匂いがムンムンと鼻をついてくる。

農業用の耕運機は通るらしく、輪跡の入った道を乗用車が夏草や木々にガサガサゴトゴトと接触しながらも、行けるところまで行った。

眼前に小さな丘が見え、右手の谷間にビニールハウスと田んぼが少し見える。道は丘の裾《すそ》で行き止まった。

佐藤先生は降りたつと、この丘の上が千人塚《せんにんづか》です、と言った。

夏草が背たけを越えるほどに伸びて、ちょっと丘に登れそうには思われない。二、三日前に史談会の有志の者に丘への登り道と、塚のひとつだけ周囲の草を刈らせておいたからどうにか登れるでしょう、と先生は鼻歌でも唄うように長い鎌を持って慣れた足どりで、さっさと登りはじめた。

Y先生はどうも腹具合が思わしくないようであった。この炎天下での山登りで無理をしてはと思い、車の中で待っていただくことにした。

山道を登りやすいようにと、一人が通れる肩幅ぐらいの草刈りをして貰っていたが、それでも山登りには骨が折れた。

葛《くず》や雑草の邪魔になるものを佐藤先生は長い鎌でひょいひょいと切って道をあけてくれた。蝉の鳴き声も聞こえないような暑さである。そのために出来るだけ近道をしようとするので、かなりの急勾配を息せき切って登らねばならない。

転んで笹の切り株で手を切りそうになったりした。

こんもりした丘が臼内切の千人塚

丘の上に辿り着いたようであるが、夏草に覆われて丘の広さがどのくらいなのか、どんな形をしているのか見当もつかなかった。

丘からほぼ三百六十度のパノラマが広がり、九重連山の山々が遠くに屏風のように眺められ、近くには富士山に似た小国富士と呼ばれている涌蓋山《わいたさん》の優美な姿が見えた。

夏の強い陽射しが、丘の上では何故か希薄に感じられた。

物音ひとつ聞こえない静かなもので、視野のなかに人間が住んでいるような集落とか建物、田畑など一切見えない山また山の連なった不思議に淋しい景観だった。

百数十年前の幕末に、本当にこの丘で残虐極まりない六十余名もの、打ち首が行われたのであろうか。

そして、その日もこんなにも奇麗な眺望であったのだろうか。

丘の頂上の隅の方に、「切支丹殉教の地、臼根切」とペンキで書いた角柱がひっそりと立っていた。

佐藤先生たちの努力で、南小国町の教育委員会が数年前に立てたものであった。数年前までは生きていたという老松の枯れた大木が、丘に小さな影を落としていた。

丘の北面には杉が植栽され、それらに隠れた谷間が臼内切の村人が住んでいた集落である、と先生が指差したが、丘からは杉山の影になって見えなかった。

丘の上の夏草はやっと人の通れるくらいの道だけが刈れていたため、塚の数や形を窺《うかが》い知ることは出来なかった。

なだらかに傾いた丘のほぼ中央あたりに十メートルほどの円形で草が刈り込まれ、佐藤先生は、これが塚のひとつです、と私と木下君を呼んだ。

刈り込まれた中に、直径五メートルぐらいの確かに饅頭みたいに地面がわずかに盛り上がった塚らしいものがある。

先生は持ってきた巻尺の端を木下君に持たせて直径を測っていた。

「野焼きの後に来ると、十二個の塚がよく見えるのだけど、残念だな」

と先生は我がことのように残念がった。

塚は、もっと盛り上がっていて、いかにも人間が埋まっているのが一目でわかるものと思っていた私は、意外に小さくて、半信半疑になりかかっていた。

先生は私の気持を見透かしたかのように、塚の周囲を出来るだけ大きく測り、塚に少しでも足をかけたら罰があたるかのように、ことさら丁寧に扱かった。

「戦後、金に困った頃に、この近くのある集落の者が、キリシタン遺跡なら純金の十字架が出るだろうと、この塚を掘った奴がいたそうだ。歯が出て来た途端に腰が抜けて止めたそうだ。その連中、その夜から高熱に悩まされて、危うく死ぬところだったと聞いている。その後、この塚に寄りつく者はいないのですわ。だからこの丘にだけは誰も杉の植栽をしないのですな。このあたりは、昔は牛馬の飼料のための草刈場だった。今はもう牛馬を飼う者はなく、この丘にも杉を植えればそれなりの金にはなるのに、誰もこの塚をあたる者はいないんですな。ただ野焼きだけは毎年する。これをしないと丘が荒れてしまうし、キリシタンに対する一種の供養ですからな」

少し塚を踏んでいた木下君が、慌てて足をもどした。

佐藤先生は驚いたことに、ローソクと線香を持参していて、塚に立て、火をつけた。

三人でお詣りしていると急に塚に影が差したので見上げると、あんなに晴れ渡っていた空にいつの間にか一片の雲が流れてきて、ちょうどこの丘にだけ雲の影を落としていた。

峰沿いに降りれば臼内切の旧集落に出るが、行ってみますかと先生が私に確かめた。久しぶりに炎天下を歩いた私は、疲労していた。

色白で日焼けしないタイプの木下君も、ぐったりしていた。

Y先生が下で待っていることもあり、また一度だけでは塚のある丘と、キリシタンが住んでいた集落を詳しく見てしまうことは不可能と私は考えた。あと何度か足を運ばねばならないと感じた私は、今日はここまでにして置きましょうと答えた。

佐藤先生は不満のようであったが、丘の裾に戻ると、先ほど見たビニールハウスと谷間にある田んぼを指差して、あのあたりに臼内切の村人の家々があったのだと教えてくれた。

ビニールハウスも田んぼも、狭い谷間にひっそりと拓《ひら》かれてあった。ビニールハウスではメロンやホウレンソウが作られているという。

虐殺されて埋められた丘のすぐ近くで、しかも殺された村人たちが生活を営んでいた集落跡地に、農作物を作るのは気持ちのよいものではないだろうにと私は考えた。それでも人間は生きるために、敢《あ》えてそれを行う。私は人間の持つ逞《たくま》しさと、不可思議さを思わずにはいられなかった。

下で待っていたY先生はすっかり元気を取り戻し、丘に登れなかったことを残念がった。

帰りは小田温泉とは反対側の吉原の方へ降りて、吉原神社に寄った。臼内切の集落が焼き払われた跡地から、吉原の人が拾ってきて安置したという仏像を見にいったが、神社には鍵がかかっていて見られなかった。

満願寺温泉の寺にある北條三代の墓を見たあと、私たちは南小国町の中心地である市原《いちのはる》の焼肉屋に寄って遅い昼食をとった。

とにかく暑くて汗を掻《か》いていたのでビールが旨《うま》かった。両先生とも七十歳を過ぎていたが、壮年のようによく飲み、食べた。私と木下君の倍は食べた。私と木下君は暑さにへばって食欲がなかった。

あれだけの状況証拠が残っていれば、惨劇があったことは間違いないのだが、どんなに探しても、書かれたものが全く見つからん。この見つからんというのがまた事件があったことの何よりの証拠ですもんな、と佐藤先生は何度も慨嘆した。

「ディウスの根を切るということで『臼根切』と名付けられたとして、丘の上に臼根切と標識が立ててある。私は役場の教育委員会の者にやかましく言っとるんだ。十八世紀に出た『肥後国誌補遺』の中に、すでに『臼内切』という地名がちゃんと出ていると。ディウスの根を切ったから臼根切なんて、こじつけもいいところだ。役場の地籍台帳にも江戸時代以前の室町時代から、現在までずっと臼内切なんだ。あの場所は上から見ると臼みたいな地形になっていて、その中央を谷が横切っているから、そんな地名が付いたんだ」と、先生は厳しく指摘された。

臼根切なのか臼内切なのか、私が疑問に思っていたことが明確に解明された。臼根切ならば虐殺があったあとに付いた村の名ということになる。それならば虐殺は伝聞としてでなく、はっきりした証拠が残っていてよいはずだ。

ビールのあとは焼酎《しょうちゅう》になり、いろんな話が弾んだ。

二人とも小国で長く教職にあられたので、とにかく町のことに詳しい。

「この次は冬枯れの頃か、出来れば春の野焼きの直後に見に来て下さい。今日とは段違いに塚が見え、それも十二もの塚が累々《るいるい》と見えるのですから、背筋が寒くなり、何としても真相を解明しなければ、隠れキリシタンが浮かばれないと感じますよ」

と強調されたあと、佐藤先生は急に大事なことを思い出したように座り直した。

「ところで、あなた方は映画評論家の荻昌弘《おぎまさひろ》さんをご存知でしょう」

「ええ、知っていますが。残念なことに先年六十二歳の若さで肝臓癌のためにお亡くなりになられたようですが……」

「そうだったですね。あの方の何代か前の先祖が肥後藩の藩士でした。そして、幕末の頃、ここ小国の郡代《ぐんだい》をしていて、宮原《みやのはる》の郡代屋敷で自殺しているのですよ」

「本当ですか?」

私は驚いて聞き直した。

「ええ、これは本当。伝聞ではない。ちゃんとした記録も残っている」

「何が原因だったんですかね」

「それがわかっていないらしい」

「そうですか。それは一体幕末の何年頃のことなのですか。臼内切の虐殺は今のところ嘉永六年の一八五三年になっていますが」

「私も残った資料を直接見てはいないのでわからない。とにかく荻郡代が自殺したことだけは確かなのですわ。これは私の独断なんだが、臼内切のキリシタン惨殺と荻郡代の自殺は関係があると思っている。しかしこれにも証拠はないと思いますわ。私ももう少し若かったら調べてみたいと思ってるのだけど、この頃は根気がなくなってどうにもならんですわ」

私は佐藤先生の話を聞きながら、荻郡代の自殺の方の線からアプローチすれば、道が開けるかもしれないと思った。

荻昌弘さんというポピュラーな人の先祖であったことも、私の興味を惹いた。

荻昌國

臼内切を訪れたのは七月の下旬の灼熱の頃であった。あの時見た臼内切の惨殺の丘と、佐藤先生が言った荻郡代の自刃《じじん》（自殺）のふたつが重なりあい、頭の中で渦巻きながらもしっかりと固定してきていた。

私が再び、追跡行を思いたったのは十一月の中旬であった。臼内切のことも荻郡代のことも、小国の歴史を一番知悉しているはずの佐藤先生が、これ以上のことはどうしようもないと吐露《とろ》された言葉が、私の足を重くしていた。歴史の探索に不慣れな私にとっては、打つ手がなかなか見つからなかった。が、何とかきっかけを掴むため一人で熊本県立図書館を目指した。

とにかく小国で自刃して果てたという、荻郡代の存在を確めることからまず始めようと思った。こちらの方が資料が残っていると考えたからだ。

私が学生時代には城内にあった県立図書館は、水前寺に移っていた。五、六年ぶりであったが、熊本の街並はかなり美しく変貌していた。

図書館の人に、姓はわかっていても名のわかっていない荻郡代についていきなり聞き出すことは憚《はばか》られた。
これまで医学部の図書館以外はほとんど利用したことのなかった私は、どのようにアプローチしてよいのかわからなかった。
熊本の歴史コーナーに並べられたたくさんの本を次々に見ていくが、荻のことはどこにも載っていないのか、見つけきれなかった。
晩秋の窓外は雨が降り出した。帰りに要する時間を考えると焦《あせ》ってきた。
その時、本棚の隅っこに、藁紙《わらがみ》に謄写印刷の粗末な小冊子『肥後実学党人名録』（熊本近代史研究会編）を見つけた。
人名録というところに興味をそそられ、あまり期待はしていなかったが、ア、イと順に名前を見ていくと、『オ』のところに、
荻昌國《おぎまさくに》　小楠《しようなん》同志
荻昌吉《まさよし》　荻昌國の子　明治天皇侍従
とあるではないか。
激しい動悸《どうき》が襲った。映画評論家の荻さんは名を昌弘と言った。ここに出てい

る「昌國」と「昌吉」が、昌弘氏の先祖であることは間違いないと思った。

姓と名がわかった私は、もう怖いもの知らずになってものおじせずに、受付の図書館員に、荻昌國について載っている本を出してくれるように頼んだ。

私にも小楠という名前にはかすかに記憶があった。日本史で幕末の思想家の一人として、教わった記憶はあるが、詳しいことは全く憶えていない。

図書館員は困ったような表情であったが、奥にはいって『肥後人名辞書』（角田政治著、青潮社）を持ってきた。それは昭和十一年に刊行されたものの復刻版であった。本書の序文によれば、

「今この書の内容を通覧するに、肥後出身、或《あるい》は肥後關係の古今の名士一千五百餘人を選出して、各々その經歴を叙述し、一讀よく某勳業《ぼうくんぎょう》偉績《いせき》の存《そん》する所を知《ち》了《りょう》するを得しむ。而《しこう》して上《かみ》は阿蘇大明神健磐龍命《たけいわたつのみこと》の古《いにしえ》より、下《しも》は明治大正・昭和の現代に及ぶまで、世々《せぜ》相次《あいつ》ぎ相出《い》でて、力を君國の爲めに盡《つく》し、心を郷土の為めに勞《ろう》せるものは、或は忠臣賢相《けんしょう》或は學者爲政家《いせいか》・武人・教育家・宗教家・實業家・藝術家等、あらゆる部門に亙《わた》りて人材を網羅《もうら》せるが故《ゆえ》に、本書を繙《ひもと》く者は、以《もっ》て肥後二千年の郷土史に對《たい》する概念を把握《はあく》することを得べく、以て郷土文

化の種々相《そう》に接觸《せっしょく》することを得べし」

　となっている。その六十一ページに、

荻麗門《おぎれいもん》……名は昌國《まさくに》、角兵衛《かくべえ》と稱し、麗門と號《ごう》す。藩に仕《つか》へ諸役を經《へ》て葦北《あしきた》及小國久住《おぐにくじゅう》の郡代等となり、祿《ろく》二百五十石。元田東野六友《もとだとうのろくゆう》の一人なり。（下津《しもづ》蕉雨《しょうう》參看《かん》）氣宇博大《きうはくだい》議論充實、心を天下に注ぎ、意を經濟《けいざい》に用《もち》ふ。文久二年正月十八日小國に於て故ありて自殺す。年五十。墓は本妙寺中東光院。（肥後後編）

とある。荻昌國は佐藤先生が言ったように確かに小国の郡代となり、その赴任地《ふにんち》小国で文久二年（一八六二）正月に、五十歳で自殺していた。

　私は興奮で、我を忘れそうになった。

　とにかく、荻と特に親しくしていたらしい「元田東野六友」を調べることから、

角田政治著『肥後人名辞書』

荻にアプローチすることが先決だと「肥後人名辞書」の中の下津蕉雨から調べていった。

ある人物の生涯と事績を追究するときに、その交友関係、その周囲から調べを進めるのが的確だし、一番の早道でもある。

下津《しもづ》蕉雨《しょうう》……名は通大《みちひろ》、通称久馬《きゅうま》、隠居して休也《きゅうや》と稱《しょう》す。號を蕉雨と云《い》ひ、文武に通達し傍《かたわ》ら書《しょ》を善《よ》くす。世祿《せろく》千石。奉行及び番頭を歴《へ》て大奉行となる。維新の際京攝《けいせつ》（京都・大阪）の間奔走盡力《ほんそうじんりょく》する所あり。（元田東野六友の一人）明治十六年七月歿す。年七十六。大正五年十二月正五位を贈らる。墓は花園街牧崎《はなぞのまちまきざき》にありしが後年流長院に改葬せり。（肥先後編）

〔東野六友〕長岡監物、下津休也、横井小楠、荻麗門、道家之山《どうけしざん》、湯地丈右衛《ゆちじょうえ》門《もん》を云ふ。

「元田東野」を中心にした六友の名前もわかった。東野は元田《もとだ》永孚《ながざね》の号である。

元田永孚《もとだながざね》……城下花畑《はなばたけ》に生る。字《あざな》は子中《しちゅう》、東野《とうの》と號す。初《はじめ》は茶陽《さよう》又は傳之丞《でんのじょう》、後《の》ち八右衛門《はちえもん》と改む。年二十、時習館居寮生《じしゅうかんきょりょうせい》となり横井小楠と相織《あいし》り、荻、道家等と交《まじわ》り長岡是容《ながおかこれかた》に親炙《しんしゃ》す。藩政時代にありて使番《つかいばん》、京都留守居《るすい》、中小姓頭《こしょうがしら》高瀬町奉行、用人兼奉行副役《そえやく》等歴任、明治三年大江村（現熊本市大江町）に隠居して生徒に授《さず》く。五樂園《ごらくえん》と云ふ。時に年五十二。四年四月宮内省出仕を命ぜらる。これ明治聖天子の知遇を辱《かたじけの》うしたる第一關門《かんもん》にして、爾來《じらい》宮中に奉仕すること二十年。侍講《じこう》、皇后宮太夫侍補《こうごうのみやたいふじほ》、宮中顧問官、樞密《すうみつ》顧問官の榮職に歴任し、二十四年一月勲功に依《よ》り特に華族に列して男爵を授けらる。同月二十二日歿す。享《きょう》年《ねん》七十四、東京青山墓地に葬《ほうむ》る。著書五樂園詩鈔《しょう》、講筵餘吟《こうえんよざん》、經筵《けいえん》進講録、幼學綱要《こうよう》等あり、其他雜著家に藏《ぞう》す。大久保利通評して曰《いわ》く「聖徳の日に隆々たるは實に感仰に耐へず、是主《これしゅ》として元田侍講多年の功なり」と。氏は經史の學に精通せるのみならず、詩を好《よ》くし、又書に巧《たくみ》なり。故陸軍少将亨吉《りょうきち》氏は其孫《そのまご》にして、前侍従《ぜんじじゅう》落合爲誠氏は外孫《がいそん》なり。（肥先後編）

湯地丈右衛門《ゆちじょうえもん》……名は惟永《ただなが》、時習館授講師となる。元田東野六友の一人なり。

萬延《まんえん》元年六月二十六日歿す。年四十三。

長岡監物《ながおかけんもつ》（米田）……名は是容《これかた》、監物と稱す。本氏米田長岡の稱號を許され、世々家老職たり。祿一萬五千石、年二十、家を襲《つ》ぎ軍師を兼ぬ。深く累代勳舊《るいだいくんきゅう》の誼《よしみ》を感じて報復の志《こころざし》を存するも、同列に沮《はば》まれて果す事を得ず。尋いで文武總裁となりて教學を明《あきらか》にし、人材を育《いく》し藩政に貢獻する所あらんとす。又志行《おこな》はれざるを知り職を辭す。監物程朱《ていしゅ》の學を信じ平生爲す所躬行《きゅうこう》を先にし、專《もっぱ》ら實學に從事し、且《かつ》身心の鍛練に努め、嚴冬烈暑と雖《いえど》も其力行自勵人《そのりきこうじれいひと》の耐へざる所なり。嘉永癸丑《きちゅう》米艦浦賀に來《きた》る、幕府豫《あらかじ》め藩公をして浦賀を管《かん》せしむ。藩公細川齊護《なりもり》特に命じて召《め》す。監物常に外患の不測を以て憂となす、命を聞き直《ただち》に江戸に到る。名望都下を動かす。米艦復至《またいた》りて群議囂然《ごうぜん》、監物獨《ひと》り毅然《きぜん》として曰く「外人を待つも亦《また》信義あるのみ、彼若《も》し頑迷にして我言《わがげん》を聽《き》かずば我れ義によつて之を討《う》つ未《いま》だ遲からざるなり」と。水戸及び越前公を初め憂國の志士亦《また》争うて其の意を問ふ、事罷《ことや》みて歸る。監物容貌魁偉《かいい》眉目《びもく》清秀、賢を好み才を愛す。中年閑退《かんたい》して道徳圓熟し、一門之に化す。又家臣の爲めに學舍を設け、必由堂《ひつゆうどう》と名《なづ》く。日時を期して大學を講ず。東野六友の一人なり。安政六年八月十日歿す。年四十七。辭世の歌に「よしや身はかくて此世を去らば去れ、魂は返りて君に仕へむ」と、坪井《つぼい》見性寺《けんしょうじ》に葬る。後正四位を贈られ、其子《そのこ》虎雄を華族に列し男爵を授けらる。（熊本縣誌）（肥先正編）

横井小楠《よこいしょうなん》……名は存《あきら》、字は子操《しそう》、平四郎と稱す。時存《ときやす》は其實名《そのじつめい》なり、小楠また沼山と號す。幼にして聰穎《そうえい》、機敏人《ひと》を驚かす。天保十年江戸遊學を命ぜらる。英氣時に人を壓《あつ》す、在留僅《わずか》に一年にして歸國を命ぜらる。爾來《じらい》門を閉ぢて客を謝し、心を經傳《けいでん》に潜《ひそ》むること殆ど四年。一日案《あん》を拍《う》つて曰く「吾之《われこれ》を得たり」と、其言《そのげん》に曰く「道徳は經國安民の本《もと》にして而《しこう》して知識に由《よ》て進む。故に孔門の教《おしえ》、格物致知《かくぶつちち》を以て先《せん》とす、己を修め人を治《おさ》むる豈二致《あににち》あらんや。世の俗儒小廉曲《ぞくじゅしょうれんきょく》謹《きん》を以て道徳とし、博覽強記《はくらんきょうき》を以て知識とす。苟《いやしく》も事に當《あた》れば茫乎《ぼうこ》として爲《な》す所を知らず、吾《わ》が取らざる所なり」と。其門生《そのもんせい》に接《し》する頗《すこぶ》る嚴なりと雖も、一《ひとつ》の嘉言善行《かげんぜんこう》を得れば喜んで惜《お》かず。これ俊秀の士着實の人の爭うて其門に遊ぶ所以《ゆえん》なり。藩中の同志は長岡是容《これかた》、荻昌國、下津休也、元田東野等とす。

東野六友の一人。是容嘗《かつ》て文武奨勵の事を司《つかさど》り、藩士に示す書中實學の語あり。是《これ》より此同志一派を稱して實學党《じつがくとう》となし、學術上意見を異《こと》にするもの皆之を忌憚《きたん》す。藩醫福間某《ぼう》、業を蘭人に受け治療を能《よ》くす。小楠門下生の醫を治むるもの皆之に學ばしむ。漢法醫は之を喜ばず。嘗て又兵制は武器の發明に從ひて、變《へん》すべきを論じ陸兵問答を著《あら》はす。藩の砲衛家池邊《いけべ》啓太は高島秋帆《しゅうはん》に從ひ火術を研究し、洋法操練を以て藩士を教導す。小楠門生をして就《つい》て學ばしむ。是《これ》を以て舊《きゅう》砲術家兵學者共に之を敵視す。是《ここ》に於てか實學派は時の學者、漢法醫、兵學者の三面包圍《ほうい》に陥《おちい》れる觀《かん》あり。嘉永四年二月旅装を整へて各地を遊歴し、民俗政治を視察し、一書を編《へん》して是容に贈る。遊歴見聞録是《これ》なり。嘉永六年米國使節陂理《ペリー》浦賀に來《きた》る、朝野《ちょうや》騒然。其時《そのとき》の言に曰く「鎖國《さこく》令出《い》でて既に久し民心之に安《やす》んず。已《や》むなくば開戰も辭《じ》する所にあらず。然《しか》れども戰端を開くが如きは應答の間、辭宜《じぎ》を失ふに因《よ》らずんばあらず。故に其應答の辭理精詳《つまびらか》ならざるべからず」と、翌年魯國《ろこく》使節長崎に來《きた》る。此時長崎に赴《おもむ》きて『夷虜《いりょ》應接大意』を著し、外人に對するには義理禮節を失ふべからず。鎖國は我國祖宗の意にあらず。今日の事開鎖共《かいさとも》に正理公道を以て事に從ふべきを述《の》ぶ。是蓋《これけだ》し開國論主唱の端緒《たんしょ》なり。安政二年居《きょ》を城東《じょうとう》沼山津《ぬやまづ》村（現熊本市秋津町）に移し閑居自《かんきょみずか》ら樂しむ。依《よ》つて沼山《しょうざん》と號す。其書齋を四時軒《しじけん》と云ふ。

越前春嶽《しゅんがく》之を聘用《へいよう》す、越前に赴く。春嶽待つに上賓の禮を以てし、是に於て國是三條を議定す。曰く「富國、開國の大謨《たいぼ》を立つるに在り」。曰く「强兵、鑛山を興《おこ》し其利を以て海軍を起すべし」。曰く「士道、文武二致なきを論ず」と。文久二年春嶽幕府の總裁職となり、小楠國是《こくぜ》十二條を條聞《じょうぶん》す。一夜數友《すうゆう》と會飯《かいはん》す。刺客來り迫り一友之に斃《たお》る。小楠身《み》を跳《おど》らし逸《いっ》し去る。藩論士道忘却を以て世祿を沒收す。慶應三年徳川氏上表して將軍職を辭し大権を奉還すとの報を得て曰く「天下事《てんかのこと》將《まさ》に大いに定まらんとす」と。

明治元年徵士《ちょうし》となり制度局判事に任ぜられ、幾《いく》ならずして參與《さんよ》を拜す。此時《このとき》年歯《ねんし》、最も高く太政官《だじょうかん》中の老先生として上下に敬重《けいちょう》せられ、經國の初志將《まさ》に貫く所あらんとす。明治二年正月五日退朝の途次兇徒の毒刃《どくじん》に斃《たお》る。享年六十一。遺體《いたい》は京都南禪寺境内天授庵中に葬る。遺髪は秋津村字沼山津に埋む。後《のち》正三位追贈《ついぞう》。

「東野六友」とは、肥後藩校時習館に学んだ元田と俊英の六人が、藩政に飽き足らず、藩政の批判、改革を目指して階級、年齢を越えて実学党を結成したグループのようであった。

「元田東野六友」の中では元田が一番若い。長命で後年明治新政府の宮中顧問官、枢密顧問官の栄職を歴任して男爵を授けられている。「東野六友」とは、おそらく元田が晩年に、自らの生涯を回顧して特に親交のあった友人に名付けたものと思われる。

実学党のオピニオンリーダーは軽輩の出であったが、後に幕末の大思想家になる横井小楠であった。今でいう経済的・精神的なスポンサー（後《うし》ろ楯《だて》）は肥後藩大家老の長岡監物（米田）であった。荻はそこでは中核をなす存在のようで、文武に秀いで、小楠にとっては良きアドバイザーであったようだ。湯地、長岡、荻は若死するが、横井、下津、元田は明治時代になっても活躍する。

実学党は後年大裾野を形成、一大勢力となるのであるが、結党当時は藩内では忌憚《きたん》され、敵視されて、頑迷固陋《ころう》の保守派からの妨害、圧迫は激烈を極めたようだ。元田、下津が後年、明治の世に替わっても活躍したのに比べて、荻は五十歳の若さで僻地の小国で自殺したのは何故だろうか。

自殺をしたのは文久二年（一八六二）であった。明治維新（一八六八）まではまだ六年を残していた。

それにしても、小国におけるキリシタン虐殺が行われたのが嘉永六年（一八五三）であるのが事実であれば、菰が自殺した文久二年（一八六二）までは十年近い年月が過ぎていることになる。

小国郷土史家佐藤弘先生が、キリシタン虐殺と菰の自殺は関係があると言ったのは、何か証拠があるのであろうか。先生の言葉では独断とことわっていたが、それにしても十年もの差はどう解釈してよいのか。

晩秋の日脚《ひあし》と競争するように、関係分をコピーした。家に帰り着いたのは真夜中に近かった。

新聞三題

熊本から帰って間もなくの夜、資料を整理していると、小国町農協に勤める友人から電話があった。

四、五人の友達との酒席からのようであった。私が臼内切に興味を持っているのが話題になると、酒席の一人、小国町議会議員のK氏が、臼内切のことなら自分の叔父で、玖珠町《くすまち》の住人だが、十年ほど前にこのことにかなり首を突っこんだ人がいる。何かの参考になろうから会って見てくれないか、とのことであった。

渡りに船で、私の方から是非そうお願いしたいと頼んだ。

玖珠町は大分県であったが、小国とは山を隔てた隣町であった。

数日後の午後、先日の電話の森山泰民《もりやまやすたみ》という方が訪ねて来た。

六十歳を過ぎているとのことであったが、童顔の残った血色のよい若々しい方であった。

玖珠町役場に長年勤めていた人で、つい先日までは玖珠郡史談会の会長をしていたそうで、歴史には強い人であるらしい。

森山さんはあまり多くを語らず、むしろ私に臼内切に関する知識がどのくらいあるのか、また真相を追究する情熱がどのくらいあるのかを、推《お》し測っているように感じた。

話しながら、森山さんは時々私を上目使いに鋭く観察した。

臼内切を知った機縁から、今までの調査で得た知識、それと七月下旬に臼内切の千人塚の丘を訪ねたことまでを虚飾なく話した。

後になって考えれば、私の調査した内容に関しては、森山さんは内心大変失望していたことと思われる。

十年ほど前に自分で実際に踏査した結果、臼内切の住民は間違いなく隠れキリシタンであったろう、と森山さんは言葉少なに話した。

十数年も前に一時的ではあったが、臼内切がブームみたいになり、かなりの調査が行われていたのを全く知らなかった私は、森山さんから見れば笑止、よほどの物好きにしか見えなかったのかも知れなかった。

森山さんはちょっと気の毒というか、私に失望させてはいけないという配慮もあったのか、持参していた数枚の新聞の切り抜きを、逡巡《しゅんじゅん》しながら見せてくれた。

私はそれを斜め読みしていくうちに、顔の赤らむ思いであった。

すでにかなりの調査が、多くの人々によって行われているのがわかった。

「状況は揃っているのですが、何も証拠がないのです。伝聞だけですから行き詰まり、いつの間にか立ち消えになりました。これを証明するには、よほどの情熱と行動力がないと出来ないでしょう」

森山さんは私の顔色を窺《うかが》うように言った。

「ただ、十年ほど前に調べた人たちは、どちらかというと情緒的に隠れキリシタン虐殺に悲憤慷慨《こうがい》、同情したもので、隠れキリシタンの習慣や生活、その証拠となる品々などに対する研究や追究まで至らなく終りました。そのあたりからもう一度アプローチしなおせば、新しい発見があるかも知れません」

森山さんは私を失望させないかのようにつけ加えた。

先人の方々が途中で匙《さじ》を投げたのであれば、ひとつ徹底的にやってやろう、という闘志も私の中に燃え上がってきた。

「隠れキリシタンのことを調べるにはどうしたらよいのですか」

と私は尋ねた。

「そうですね。小国に隠れキリシタンがいたかどうかは、はっきりしていません。私の住んでいる玖珠郡には、はっきりした遺跡というか証拠が残っています。この近辺では由布院《ゆふいん》には大勢のキリシタン信者がいたことははっきりしていますし、しっかりした研究者がいて、その人の本も出ています。私は会ったことはありませんが、ここにその人、阿武豊《あんのゆたか》さんの『由布院のキリシタン史』があります」

私は素早く著書名をメモした。

大事な本のようであるし、初対面の人から、いきなり借りることは出来ないと思ったからだ。

少し間があって、森山さんが深刻な顔をして、

「実は、この事件に一番詳しい、後でこの新聞記事をお読みになればわかりますが、九大教授の石井次郎先生に臼内切の伝聞を伝えた長谷部保正という方がいるのですが、残念ながら昭和五十四年に亡くなっているのです。この方が亡くなってからは臼内切探索も急に火が消えたように静まりかえりましてね」

と言った。

石牟礼さんの聞き書きも、確か長谷部保正さんからの聴取であったことを思い出した。が、私にはまだ森山さんの言ったことの重大さが理解できなかった。

話も尽きそうになった時、私は荻昌國のことを思い出し、臼内切のこととは関

係ないかも知れないがと断って、小国郡代をしていた荻昌國が幕末の文久二年に赴任地の小国で自殺している事実を話した。

森山さんの目が急に輝いて、手帳にメモした。

私は森山さんの持参してくれた新聞の切り抜きをコピーさせて貰い、荻に関して私の調べた範囲の全てと、石牟礼さんの本を読んでいないとのことであったので、関係分と『肥後人名辞書』の「元田東野六友」をコピーして差しあげた。

この次の具体的な日時の約束は出来なかったが、是非またいろんなことを教えてほしいとお願いした。

新聞の切り抜きは三種類あった。これだけの記事がすでにあれば、佐藤先生や小国の人たちも知っていてもよさそうなものだと私は奇異に思った。

切り抜きの最初のものは「西日本新聞」の昭和四十九年九月九日付けで、書いた人は東洋英和女学院短大の学長で、元九大教授の石井次郎先生であった。

臼根切の千人塚　幕末のキリシタン殉教　ウスネギリの由来（石井次郎氏、その一）

小国の近くには、静かで涼しい山の温泉がいくつもある。もし満願寺や田《た》の原《はる》を訪れるなら、「千人塚」のことを聞くことがある。これが幕末、殉教したキリシタンを葬ったところである。しかし、わずか百年余りの間に、その出来事の顛《てん》末《まつ》はほとんど忘れられて、『人がよけい殺されたげな』といった程度になっているのは驚くほかはない。しかし、記録もないわけではない。戦後出版された『小国郷史』は、次のように記述している。

「南小国、小田から吉原へ越す山の西側の窪に、集落があって臼根切という他と絶対に婚姻せず、江戸末期邪教信仰が発覚して、一夜之を取囲み全員殺したと言い伝えられ骨を埋めた塚がある。地名として臼根切とは珍らしいが、ウスネギリの地名は察するところ、切支丹の神天帝はディウスというところから、ディウス信仰を根絶する即根切りすると言うようになったとも解釈される」（同書三百二ページ）。

臼根切の千人塚
—幕末のキリシタン殉教—
石井 次郎
母娘が難をのがれる
落にも庄屋にも記録がない

石井次郎氏の西日本新聞への寄稿

塚は十二墓、五十メートルほどの草に掩《おお》われた丘の上にある。土盛りも低く、草の茂る季節だと、それとわからないほどである。丘の頂上には松の巨木があり、また木立があって、木立の中には、キリシタンがその父祖を葬った墓がある。丘の上からは涌蓋山《わいたさん》が遠望される。

処刑場の跡に塚（石井次郎氏、その二）

嘉永六年（この年、黒船が日本を揺るがせ、翌年、日米和親条約が締結された）千人塚の丘の裏手にかくれた臼根切の集落は、肥後藩が派遣した武装の兵員の急襲を受けた。すでに北《きた》ノ里《さと》の総庄屋の探索方が内偵を終え、兵士等は前夜からひそかに集落を包囲し、夜明けとともに十数戸の家々に同時に踏み込んだ。予想に反して、抵抗は何一つ行われず、たちまち家々から家族の全員が幼児をも含めて、じゆずつなぎにされて連れ出された。家財は戸外にほうり出して武器を捜索したが、これは何一つ発見できなかった。

その日、急使が吉原《よしはら》、小田《おた》など近くの村々に飛んで「けしからぬ者どもの処刑あり、刑場に来て、これを見よ」という布告を伝えた。現在十二の塚が残る丘が、その刑場であって、ここに竹矢来《たけやらい》をくみ、しきたり通りの処刑が行われた。指揮官は床几《しょうぎ》に座して、家族ごとに一人びとりその名を読み上げ、斬首とともに用意された穴に蹴込まれた。こうして、一家族が一つの塚に埋葬された。

処刑の際に、幼児たちは泣き叫んだ。しかし、おとなたちは、顔色こそ蒼《あお》ざめていたものの、まことに平静で、取りみだした様子は少しもなかった。男たちは、いずれも処刑のとき何ごとか口に誦《しょう》していたというが、これは、彼等の最後の「オラショ（祈り）」であったようだ。なお、この打ち首の刑は、手だれの武士が一人で行った。

こうして、集落の全員が殉教し、丘の上の十二の塚が（そのうち二つは、どうしてか丘の裾にあるのだが）残っている。

見事な段々畑（石井次郎氏、その三）

殉教の丘の東側に、南に開けた谷がある。ここに、キリシタンが二百年にわたって開拓した田畑約三町歩と住居の跡がある。住居は何一つ残っていないが、田畑は明治年間から吉原の農民が耕作して今日に及んでいる。今も農夫は、夕暮れ前に作業をやめて帰宅する。「物の怪《け》」におそわれぬためだという。ある老婆は、自分の亭主が病みついて死亡したのは、この田畑を耕作したためだと確信している。

住居の方は、丘のかげにかくれて、一かたまりになっていたようである。その一隅には透明な清水のわく泉があり、ほとりに水神木と称する巨木がある。そうして、住居あとの周囲に茶の木、また、数十本の梅の木がある。田はもとより、畑にいたっては、山腹をけずり落としたあとも歴然とした見事な段々畑で、驚嘆の思いを禁じ得ない。

泉のほとりから丘の上の木立に通ずる小道があり、キリシタンが、その段々畑と墓地へ通ったものと思われる。その墓地には、今も小さな土盛りがあり、また彼等の植えたつつじが生い茂っている。

大正年間には「寛政弐年十月十日、俗名、亀吉」と刻んだ小さな石塔一基があったが、今は、それも砕けて残っていない。

処刑の証人（石井次郎氏、その四）

臼根切の集落の全員が処刑されて「千人塚」に葬られたことについては、疑いをさしはさむ余地は全くない。近隣の村民多数が召し出されて立ち会ったばかりでなく、この目撃者のある者は、大正の初期まで生存した。彼らは、目のあたりに見た受刑者たちの静かな最期を口々に語り伝えた。しかし、斬首の光景は凄惨を極め、その首を打ち落とされるや鮮血が奔流のように飛び散り、そうして、あたかも立ち上がろうとするかのように、そのひざを伸ばすのであった。この時、手練の首斬り人が、間髪をいれず遺体を穴に蹴落としたという。

しかし、実は、惨殺されたのは、集落の全員ではなかった。生き残りがいた。ただ一人の婦人（厳密には二人）が、この難を免れたのであった。その女性は、産山《うぶやま》村の田尻《たじり》から臼根切に嫁《か》した者で、当日、四歳の娘「いね」を連れて里帰りしていた。彼女は、臼根切の急襲と処刑の報を聞くや、そのまま生家に身をひそめた。そして、二ヵ月して、ひそかに婚家に立ち戻った。家は狼藉《ろうぜき》のまま、家財、衣類も屋外に投げ捨てられて風雨にさらされていた。処刑の丘に登り塚に詣でたが、どの土盛りが彼女の家族のものかを確認することはできなかった。そして、涙ながらに、それらの塚に草花を供《そな》えて立ち去るほかはなかった。

彼女は、その後、再婚して田尻を立ち去っている。そして、当時、四歳だった娘の「いね」は、祖父母に養われるうち、縁あって小国の上田《かみだ》（江古尾《えこお》という集落）の長谷部の養女になった。後、泰次郎《たいじろう》という畳職人と養子縁組して、三人の子供をもうけた。いねは、明治十七年に、三十四歳で死亡した。処刑の年を嘉永六年前後と推定するのは、この年から逆算したものである。江古尾の人々は、生前、彼女のことを「臼根切のおいねさん」と呼んだ。しかし、この呼び名は、軽蔑や嫌悪の念を少しも含んでいなかった。そして、彼女は、母や祖父母から聞いた処刑の話を身近な者にした。

治外法権の集落（石井次郎氏、その五）

彼らは、よそから来て、ここに定住した人々である。その言葉は、この地方のものと、まるで違っていた。また体格もずっと良く、腕ききがいるから手出しするなとも言われていた。そして、近隣との結婚はもとより、つき合いも全くしない。まれに外部の者と出会っても口もきくことはほとんどない。年貢も納めず、切支丹改めの「踏絵踏み」にもだれ一人参加しない。北ノ里の総庄屋の行政管理から、また寺院から完全に独立した閉鎖社会を二百年近くも断乎として守りつづけた。この、いわば治外法権の集落が山々の間に隠れてひそかに存在していることは、近隣の人々には無気味であった。もとより彼らは、盗みをするとか危害を加えるというようなことは全くなく、そういう点で「きれいな人達」だった。にもかかわらず、臼根切の者は「魔法を使う」。小田あたりに来てわずかばかりの米を買った者が置いていった貨幣は、あとでみると「木の葉だった」という話もある。泣いてむずかる幼児は「臼根切へやってしまう」といえば泣きやんだという。

彼等は、いつ、どこから来たのだろう。それに臼根切という奇妙な集落名である。この名称が現れる一番古い記録は、北《きた》ノ里《さと》の玉岑寺《きょくしんじ》の過去帳である。ここに「宝暦《ほうれき》癸酉《きゆう》年七月三日、茂平、うすまいきり（臼根切）」と記されている。してみれば、宝暦年間に、この人里はなれた山中の小集落があり、彼らは、江戸初期の弾圧を免れた熊本海岸地帯（もしくは臼杵あたり）のキリシタンが一、二カ所の潜入地を経て、ここに住みついたものかと思われる。

殉教は史実か（石井次郎氏、その六）

こと処刑に関しては、目撃者たちの証言と残された田畑、住居あとからおびただしく掘り出された食器類、また千人塚の多くの人骨などから疑問の余地はない。にもかかわらず総庄屋の記録、細川藩の誅罰《ちゆうばつ》帳、奉行所日帖にも、いまのところ、記録を見出し得ない。また、総庄屋をはじめとする行政官の処罰の事実がないのだ。そうして、人も知るように、キリシタン関係の事件は、ことごとく長崎奉行に通告する建前《たてまえ》であるのに、この事件は通告されていない。おそらく、藩が秘密に事件を処置したものと推定するほかはない。したがって臼根切の全員に及ぶ処刑は事実と断定して差し支《つか》えないが、これを切支丹の殉教と立証するのには、まだ資料が足りない。

なお、処刑された人々の数であるが、十もしくは十二の塚が、一家族ずつのものであることから、およそ五、六十人と推定しうる。この数は、彼等が残した耕地面積からも、ほぼ間違いない数と思われる。

〈千人塚を訪ねるには、満願寺あるいは田の原温泉から行くのがよい。満願寺か

ら吉原また田の原から小田に赴き、そこから約四キロほど歩くことになる〉

〈なお、筆者は、小国町上田の郷土史家、長谷部保正氏の数十年に及ぶ研究から多くの資料を得た。氏は、臼根切の唯一人の生き残りである「おいねさん」の養家と同村の者であり、おいねさんの息子から処刑の話を聞いた。そうして数名の処刑立会人から当日の様子を直接に聞いた人である。付記して感謝の意を表したい〉

二枚目は「熊本日日新聞」に載った、南小国町教育長の高橋国男さんのものであった。これは〈ふるさと十話——読む・書く・話す・伝える〉シリーズの一つで小国編のものであった。

熊本県の各地の伝説を順に掲載したものと思われる。高橋さんが幼い頃、伝え聞いたことを思い出を交じえて書いた内容であった。

臼根切　切支丹処刑の場（高橋氏、その一）

「うすねぎり」という誠に奇妙な名前のところが、私方（南小国町田ノ原）からそう遠くない所にある。人によっては、「うすないぎり」とか「千人塚」とか呼ぶこともあるが、四方は杉や、雑木林に囲まれ、西南に向かって穏やかな傾斜をもって流れる草原の小高い所からほぼ中腹にかけて、十二の低い塚がある。伝え聞くところでは、かなり多くの人が一度に首を討たれ、そこに埋めてあるという。千人塚という呼び方も道理である。それにしても臼根切という呼び方はどうしたものであろう。小国郷史によれば、徳川末期に邪教とされた切支丹信仰が発覚して、一集落全員が一日にして処刑されたものではなかろうか。切支丹の天帝をデイウスという。それを根こそぎ切ったという意味で臼根切というようになったかもしれないと書かれている。

私は元来釣りが好きで、市原《いちのはる》を流れる志賀瀬《しがせ》川の本流立岩《たていわ》川へよく山女（ヤマメ）釣りに出かけたものだ。山女釣りには毛バリであろうと、餌釣りであろうと、下流から始めて上流へ釣り進むのが常道である。このため家から満願寺温泉を通り志童子《しどうし》に出て、ここから立岩川を釣って上る。一日中魚信を求めて歩き回り、そろそろ灯ともしごろともなれば釣りをあきらめて家に引き揚げねばならない。その時、いやでも必ず通らねばならないのは、この臼根切である。ここを通るのがわが家への最短距離である。

薄気味悪い帰り道（高橋氏、その二）

子供の頃、祖母や話上手の叔父（こわい話をたくさん知っていて、私たちから話をせがまれ、話の途中必ずどこかで「わあっ」とおどされた）から臼根切の話を聞かされた。その話は前後の脈絡もなく、ただ妙な人たちがいたらしいということ、その人たちが一度に殺されたということ、そこを通る時は妙な気持ちに襲われて実にこわいというようなはなはだ薄ぼんやりしたものであった。

食わずぎらいという言葉があるが、それに似たようなもので臼根切という言葉を聞いただけで、なにかしら不安な感情さえわくのを今も覚える。その臼根切を通るのである。日はすっかり山の端《は》に沈み、夕焼けの空だけがほのかに赤い夕暮れの山道である。何十人かの人々が首を切られ、埋められている塚のすぐそばを是が非でも通らねば別に道はない。思い出すまいとしても、どうしてもその事が浮かんでくる。左手に継ぎざおを構え、右手は山刀の柄をしっかり握り締め、急ぎ足でそこを通り抜ける。春から夏へかけての山道は音がしないが、秋の枯れ葉のころになるとひと足ごとにパサッパサッと音が立つ。水鳥の羽音に驚いた平家のように、わが足音にさえ気を配る緊張のひとときが続く。ここを通り過ぎると竹やぶである。これがまた気味の悪い所で、時折継ぎざおが竹に当たってカチリと鳴る。当てまいとすればなおさら当たって大きな音を立ててわが肝《きも》を冷やす。やっとの思いでここを通り過ぎた時の気持ちは、まさに幽霊屋敷から出た時と同じである。

私は幾十回か通ったが、幸いにして何にも出会わずして済んだ。

本当に隠れ住めるか（高橋氏、その三）

この場所全体は人里からちょっと離れた谷間で、きれいな水もわき、隠れ住むにはもってこいの場所ではある。それにしてもここで彼らはどんな生活をしていたのであろうか。いかに隠れた生活を営んでいたとはいえ、十数世帯、何十人という人々が世間の目や役人の目を長年月にわたって、いかにごまかしおうせたか。世間と没交渉で生活ができ得るものであろうか。また彼らがどこから来て、いつごろからここに住みつき、その生活が何年ぐらい続いたものだろうか。その付近には「寛政弐年十月十日、俗名亀吉」という小さな墓石が唯一つあるだけで、外には何一つそれらしいものの形さえとどめぬ。

ここで死人が出たらどうしていたであろうか。

口伝の通り処刑されていたら、それはいつごろであったろうか。そこにある塚は弔《とむら》いのために造ったものではなく、切られて埋められたゆえにか土盛りも低く、夏草の茂る季節にはよほど気をつけて捜さねば、それとわかりにくい。伝えるところによれば処刑は竹矢来を組み、知らせによって駆け集まった大勢の人々が見守る中で一斉に行われ、一家族ごとに斬首、胴体はあらかじめ掘った穴にけ落として埋めたという。誠に残酷の限りである。塚の数が十二ということは十二家族だったかもしれない。

二人が難を免れる（高橋氏、その四）

しかし、実はこの惨劇を運よく免れた人が二人いた。産山村田尻から臼根切に嫁した女で、斬首の当日は四歳になる息子泰次郎を連れて里帰りしていたため、この難を免れたという。泰次郎は後に、縁あって小国町江古尾、長谷部氏の養子となり、畳職人をしていたが、三十幾歳で世を去ったという。
この物語は、どこを調べても記録は何一つ残っていないというが、惨劇が行われたことは事実である。現にここに耕作に来る人たちは夕暮れ近くなると、物《もの》の怪《け》におそわれぬよう、家路を急ぐという。多くのなぞを秘めながら十二の塚は今も静かに眠っている。

三枚目は「西日本新聞」の「風車《ふうしゃ》」という囲み記事欄に載ったもので、呑人という人が書いている。呑人とはおそらくペンネームと思われる。

「臼根切」の初秋の風（呑人氏）

阿蘇外輪の波野高原の狭間《はざま》にある「臼根切」については、本紙四十九年九月十日の文化欄に「臼根切の千人塚」として石井次郎氏が紹介している。また「暗《くら》河《ごう》」十号で、石牟礼道子さんが〈西南役伝説・拾遺（二）〉として「臼根切」を書いている。いずれも小国在の長谷部保正氏の伝聞をもとにして、実地踏査をし、それぞれの思いを述べていた。

手みじかに臼根切とは何かを『小国郷史』より引用してみよう。

「南小国、小田から吉原へ越す山の西側の窪に、集落があって臼根切という他と絶対に婚姻せず、江戸末期邪教信仰が発覚して、一夜之を取り囲み全員殺したと言い伝えられ骨を埋めた塚がある。地名として臼根切とは珍しいが、ウスネギリの地名は察するところ、切支丹の神天帝はディウスというところから、ディウス信仰を根絶する即根切りすると言うようになったとも解釈される」

臼根切に関心の深い小国出身の熊谷陸蔵氏に案内されて、同行の牧師ジョセフ・ディ・プリジィオ氏ほか数人の方々と、草山を越え杉林を抜け、芒《すすき》をこぎわけて、ようやく臼根切に到着した。途中、藪《やぶ》の中で「寛政……俗名亀吉」と刻んだ墓をみつけたが、すでに風化寸前であった。ジョセフ神父は、寛永通宝を一枚拾った。かくれたる幕末キリシタン殉教地の臨場感は、いやがうえにも燃えあがってきた。

やっと十二の塚のある千人塚の丘にたどりつき、そこでジョセフ神父は「ヨハネの黙示」を捧《ささ》げた。かくれキリシタンか否かの確証はないけれど、現地に佇《た》つと実感が湧く。仏教徒とキリスト教徒が、初秋の風に吹かれながらのお祈りであった。丘を下り窪の屋敷跡をしらべてまわる。樹齢三、四百年ばかりの翌檜《あすなろ》の木、そのもとより水はこんこんと湧き、付近には茶や梅の木が植えられてあり、竈《かまど》に使用されたと思われる石片が残っていた。

しんかんとした窪には、臼根切の解明と塚の供養を待ち望んでいるかのように、露草やキツネノボタンの花がひたすら澄んだ色で群がり咲いていた。


その夜、私は三通の新聞記事の切り抜きを入念に読み返した。私が想像していた以上に、すでにわかっていることがたくさんあり、気も動転する思いであった。これらの記事を書いた人たちがどんな人であるかに思いを巡《めぐ》らせながら、臼内切の惨劇について書かれたこれまでの記載を比較し、共通点と相違点をまず調べていくことにした。

昭和三十五年に刊行された禿迷盧《かむろめいろ》氏の『小国郷史』に載った、わずかではあるが臼内切におけるキリシタン処刑の記載が、この事件の活字化されたものの嚆矢《こうし》ではないかと思われる。

しかし、それは言い伝えを単に記載したに過ぎないようだ。昭和六十一年にでた佐藤弘先生の『小国郷の史蹟・文化財』の中の「千人塚」も同様のものであった。

『小国郷史』から十五年ほどたった昭和四十年代の最後に石井次郎氏が西日本新聞に記事を寄せ、石牟礼道子さんが同人誌「暗河《くらごう》」に〈西南役伝説・拾遺（二）〉の一部として、『臼根切』の題で発表している。この二つはほぼ時期を同じくしているようである。そして二つとも長谷部保正氏からの伝聞によるのであった。石井次郎氏は現地を踏査し、それを踏まえて小国郷の惣庄屋《そうじょうや》・肥後細川藩の誅罰帖・奉行所日記、さらにはキリシタン関係の事件を統轄していた長崎奉行まで調査しているようであった。

両氏の記事に高橋氏の記事が加わり、それに触発された人たちが、外国人牧師まで巻き込んで臼内切を訪れさせている。そのブームの終焉《しゅうえん》を告げるのが、どうも「『臼根切』の初秋の風」であるらしかった。

今日会った時の森山さんの几帳面そうな印象から、この後に新聞などに臼内切関係の記事があれば必ず収集していると思われたからだった。

虐殺が行われた年を石井、石牟礼さんは嘉永六年と特定している、が、禿氏の

『小国郷史』と高橋氏は江戸末期とぼかしている。

秃・高橋氏は小国で生れ、そして育った人のようである。が、石井、石牟礼さんは全くの他郷の人であり、その記載の動機ときっかけはまさに長谷部保正氏であった。

この事件の貴重な鍵を握る、奇蹟的な生き残りの二人について、石井氏は氏名不明の母親と、その娘、当時四歳の「いね」としている。そしてその「いね」は明治十七年に三十四歳で死亡している。

一方、石牟礼さんは、生き残りの子を、当時四歳の「泰次郎」とし、その「泰次郎」は明治十一年に三十三歳で死亡したとしている。

高橋氏も生き残りの子を当時四歳の「泰次郎」とし、三十幾歳で世を去ったとしている。

三つの記載に共通するのは、生き残ったのは母親と、四歳になる男か女の子ということになっていて、母親の名前は不明であるようだ。

四歳の子供が「泰次郎」であったのか、それとも「いね」であったのか。ただ「泰次郎」は畳職人であったようで、石牟礼さんによれば左足は脱疽によって半分から下を切断され、無くなった膝の先に、木の義足を作って、その中にぼろ切れやら綿くずやらを押し込めて、両手で抱えあげ、こっつん、こっつんと音させ

臼内切虐殺伝聞・継承者

	起った時期	生き残りの人	殺された人数	殺害者	伝承者
石牟礼道子	嘉永6年（1853）ごろ	泰次郎（4歳）〔明治11年33歳死〕おいね（義母？）	12家族50～60名	役人	長谷部保正
石井次郎	嘉永6年（1853）	いね（4歳）〔明治17年34歳死〕母（産山から嫁す）	10数戸の全員？	肥後藩派遣の武装兵団	長谷部保正 佐藤　明 その他、地元の人
高橋国雄	江戸末期	泰次郎（4歳）母（産山から嫁す）	12家族数十人	不明	先祖、地元の人
佐藤　明		多宗殿（大三）			先祖、地元の人

（佐藤氏の見解は一七二頁参照）

て歩いていたらしかった。

長谷部保正氏から同じく伝聞されたと思われるのに、石井、石牟礼さんの間にはかなりの違いがある。石牟礼さんの方が具体性が強く、悲劇的で、「泰次郎」の悲しみとやる方なさがよく伝わってくる。

ただ、この虐殺事件にからんで、「泰次郎」と「いね」の二人の人間が存在していて、いろいろのドラマをつくったのではないかという気がしてならなかった。

虐殺を行った者について、高橋氏には何の記載もないが、石牟礼さんには検死の役人とだけ、石井氏には「肥後藩が派遣した完全武装の兵員の急襲を受けた」とある。

キリスト教に帰依《きえ》し、身も心も捧げ、殉教を天命と信じていた集団とはいえ、十二家族六十余名の人間を捕縛し、処刑にするには、その数倍の人数の完全武装兵団がいなければ出来ないことで、石井氏の記載に、より信憑性があるように思われた。

それにしても何百人もの肥後藩武装兵団が、こんな虐殺を果たして行ったのであろうか。もし、そうであれば、こんな大事件が歴史から隠蔽《いんぺい》、欠落、抹殺《まっさつ》されることがあるものだろうか。

しかし、それにしても石井、石牟礼さんといった一流の知識人を、この事件に惹き付けた語り部の長谷部保正さんとは、一体どんな人物であったのか。

森山さんによると、この長谷部保正さんは、昭和五十四年に他界しているという。

ここまで臼内切のことを知ってくると、長谷部保正さんを失《な》くしていることは、掛け替えのないほどの損失であることがわかり、絶望感さえ覚えた。

が、「泰次郎」と「いね」が確かに存在していたのであれば、過去帳や戸籍、または墓などが存在するはずであるから、そこらあたりから地道に追究しなければ、と考えた。

由布院のキリシタン

隠れキリシタンが露見して虐殺が行われたのであるから、隠れキリシタンについてある程度の知識が必要である。それに地図上でみると、由布院と臼内切はそんなに離れていない。

そのためには、森山さんが持参していた本『由布院のキリシタン史』（阿武豊著、湯布院町教育委員会出版）をぜひ読んでみたいと思った私は、次の日に出版元になっている湯布院町教育委員会に電話した。

出版されたのがかなり前のことであるらしく、電話に出た若い人には何のことかわからないようであった。が、替った人がよく知っていて、今はもう一冊も残っていないとのことであった。私はがっかりしたが、諦めきれず著者の阿武さんにお会いしたいので、住所を教えてほしいと言った。

「それがもうお亡くなりになっているのですよ、確か昨年だったと思いますが……」

「本当ですか……」

「そう、奥さんが湯布院に住んでいますので、奥さんに頼んだら残本があるかも知れませんね」

と親切に電話番号を教えてくれた。

ご主人が亡くなられて悲嘆の中であろうと思ったが、電話をしてみた。

「私の家にも残本はないのですが、主人が訂正したり、追録したりしているために残しているのが一冊だけあります。それでよかったら」

「そんな大事なものをお借りしたら、もったいなくて……」

「いいえ、構いません。利用していただいた方が主人も喜びますから」

私は好意に甘えて、その日仕事が終ると木下君とさっそく湯布院に出かけた。夜のため家探しに手間どり、阿武さんの家に着いたのは夜の九時に近かった。十一月中旬の夜の由布院盆地はもう寒いくらいで、町は不気味なぐらい静まりかえっていた。奥さんは心配して玄関の灯をつけて待っていてくれた。大きな家に一人暮らしで、子供さんたちは遠くに住んでいるとのことである。

私たちの趣旨を聞いた奥さんは、それなら主人の書斎にキリシタン関係の書物がたくさんありますから、利用して下さいと言ってくれた。

ご主人の阿武豊さんは大正六年に生れ、旧制大分高商を出て由布院で郵便局に勤め、比較的早くからキリシタン関係や、民族学の研究をはじめたらしく、由布院のキリシタン墓地は隈《くま》なく調査していた。

この『由布院のキリシタン史』を完成した数年後に、病気で亡くなられた。

私がお借りした『由布院のキリシタン史』は原本をバラバラにして、一ページ、一ページを大きな西洋紙に張り、その一枚一枚に訂正、補遺、追録が入念に書き込まれていた。もう一度出版しなおす準備をしている矢先に、亡くなられたのであった。

阿武さんの書斎はきれいに整理されていた。二十畳ぐらいの広さの部屋の本棚にはキリシタン、歴史一般、民族学などの本が分野別にきちんと並べられ、阿武さんの几帳面さが偲《しの》ばれる。

阿武さんの愛用された黒檀《こくたん》の大きな机の上には、生前のままに刻みタバコやパイプ、ライター、灰皿が置かれていた。

読みたい本がたくさんあったが、『かくれキリシタン』(古野清人)、『日本キリシタン殉教史』(片岡弥吉)、『キリシタンの弾圧と抵抗』(松田重雄)など十冊をお借りした。

湯布院は今でこそ、日本を代表するリゾート温泉郷で、大分県の湯布院というより、大分県は知らなくとも、湯布院は知っている人が多いくらいである。しかし、ひと昔前までは鄙《ひな》びた小さな温泉場に過ぎなかった。

天下の名勝、名湯の別府温泉の日陰の花でしかなかった。瀬戸内、豊後《ぶんご》水道につながる風光明媚《めいび》な別府湾をもつ別府温泉は、まさに日本を代表する花形の温泉地であった。その背後にそびえる由布、鶴見《つるみ》岳の裾野に由布院という温泉郷があるなどとは近年になるまで、あまり知る人はなかった。

が、この鄙びた温泉郷にも、四世紀ほど前に、キリシタン文化の大輪の花が咲き、今と同じような一大理想郷（ユートピア）が出現した時期があったのだ。

一五四九年、フランシスコ・ザビエルが鹿児島に上陸して、日本にキリスト教が伝来した。ザビエルは熱心に布教し、当時大分を支配していた大友宗麟《そうりん》の許可を得て、各地に教会、聖堂をつくり、一五七八年には大友宗麟をも洗礼に導いた。

戦国動乱の時代で、島津と大友の戦いで大友に加担して敗れ重傷を負った由布院の豪族奴留湯左馬助《ぬるゆさまのすけ》は、キリシタンの医術により九死に一生を得て、一五七九年にキリシタンの洗礼を受けた。

その後、左馬助は積極的にキリシタンを推奨し、身内や家来、豪族、住民と信者を増やし、大友宗麟の庇護《ひご》も受けて、一五八三年には由布院盆地の信者は一千五百人を超えた。外国人宣教師が多数往来して、教会堂、聖堂、レジンチア（宣教師駐在所）、総合施療院などが建立《こんりゅう》され、盆地をとり囲む山々には十字架が立ち並び、朝な夕なには教会からの鐘が鳴り渡り、一大聖教地（メッカ）をつくった。

教会の鐘に合せ、農民は敬虔《けいけん》な祈りをささげた。宣教師は布教に励み、数々の病《やまい》を癒すなどの奇蹟を生んで、一五八七年には、由布院はかつてない繁栄の時期を迎え、光り輝いていた。

が、秀吉が天下を統一するにつれて、大友の勢力は弱まり、一五八七年には島津軍が大分をおとし、キリシタンの金城湯地《きんじようとうち》の由布院にも乱入した。

ついに秀吉はキリシタン追放令を出し、繁栄を誇ったキリシタンの地・由布院は、大友家が廃絶され、細川家の支配下におかれるにおよんで、一五七九年から一五九九年までの二十年の、短いが充実したキリシタン時代を終るのである。

このあと二十年間は、徳川幕府が徹底的にキリシタン弾圧を行い、一六一二年頃までには、キリシタンは由布院に表面的には存在しなくなった。

が、それから百年たった一七二二年、前徳野村《まえどくのむら》半兵衛の妻マリアが死後キリシタンのことが判明、吟味を受け、家廃絶となった。それより以後は、キリシタン発覚による処刑の悲劇は起こっていないようであった。

阿武豊さんの研究は、この時点を起点としているのであった。強い弾圧のもとで、完全に火を消したように見せかけたキリシタンは、隠れキリシタンとして信仰を持ち続けながらも、権力に対する抵抗として、墓地に、その証《あかし》を印《しる》し続けたのである。

隠れてキリスト教を信じた人々は、阿武さんによると、墓石のどこかにキリストの十字架を表す「十」の字を刻み込んでいる。

それは人にわからないようにちょっとした所に印されていたり、中には稀に墓の表面にはっきりと刻まれたものもあるという。

墓石の十字が見つかれば、キリシタンとみなされて断首される。だから十字を刻むのは止めて、仏教の墓は立墓であるから、仏教と一線を画《かく》するために墓を寝かせる、つまり墓石を伏せる伏墓《ふせばか》にして、キリシタンはその証と矜持《きょうじ》を守り続けたのである。

阿武さんの調べでは、由布院盆地には十字墓が八十有数、伏墓が四百墓近くあるそうであった。

それらの墓は、露見をおそれて、叩き壊されたり、地中深く埋められたりしたものを、阿武さんはひとつひとつ発掘し調査、研究をして分類したのであった。

地域的に考えれば臼内切に隠れキリシタンが生息した可能性は充分にある。しかし、臼内切の住民がキリシタンであったのであれば、阿武さんの調査で証明されたように、隠れキリシタンの誇りである十字か、伏墓であることを、臼内切の墓地で発見する必要を私は感じた。

荻蘇源太

『肥後人名辞書』のコピーで荻昌國が文久二年に小国で自殺していたことを知った森山さんの反応は速かった。

私は、周りを固めて少しずつ攻めようと思っていたが、森山さんは娘さんが東京の報道関係に勤めていたため、娘さんを通じて、亡き荻昌弘さんの住所と電話番号を突き止めて、ただちに調査に入っていた。

私には思いもつかないことであったが、大変助かった。

森山さんによれば、電話をしたら昌弘氏の奥さんは大変驚いたようで、荻家の先祖が肥後藩の出であることはもちろん聞き知っていた。荻昌國が自刃を遂げたことも聞いたことがあるという。ただ亡き昌弘氏も故意とは思わないが、話題にすることもなかったので忘れてしまっていた。残された資料といっても、東京大空襲の時、家は燃えてしまって何も残っていないという。昌弘氏には何人かの兄弟がいるが、どの家にも残っていないようだった。

ただ、熊本の山鹿《やまが》というところに、何代か前に分家した荻家があると聞いており、あのあたりは戦災に遭っていないはずだから、何か残っているかも知れない。それと神戸の徳永洋《ひろし》さんという方から時々荻や横井小楠に関する珍らしいものが見つかると主人の方に知らせて来ていたようですから、その方に当ってみたらわかるかも知れませんと、徳永さんの住所を教えてもらっていた。

森山さんは神戸の徳永さんには手紙を書き、山鹿の荻さんの方は電話局の方から住所と番号を調べ電話をしてみたという。

荻清人《おぎきよと》さんという方で、荻昌弘さんとは従兄弟になり、荻昌國自刃のことも知っていた。家に荻家の家系図と他に若干の資料もあるようなので、いつでも来て下さいとのことであった。

臼内切の虐殺と荻の自刃がどこかで結びつくのか、それとも全く関係がないのか。とにかくこの二つを並行して追跡しなければならないことになりつつあるのを、私は感じていた。

十二月上旬、師走に入っていたが、私は山鹿を訪ねることにした。

森山さんに日田《ひた》まで汽車で出て来てもらい、日田から久留米《くるめ》を通り国道3号線で山鹿に行った。運転は木下君がした。

山鹿は温泉もあり、山鹿灯籠《とうろう》や旧盆の日に山鹿灯籠を頭に載せて踊り歩く灯籠千人踊《せんにんおど》りは全国的に知られていた。が、白昼に見る町はその割には閑散として、むしろ、うら淋しい町に見えた。昼食のための食堂を探すのに手間取った。だが、食事の後に通った町並には温泉が噴《ふ》き出す泉があり、旅館が立ち並ぶ賑やかな町であった。

荻さんの家は町の中心地からちょっと離れたところにあった。数年前まで牛乳の販売店をしていたとのことで、入り口に大きな土間の部屋があった。

荻さん老夫婦が温かく迎えてくれた。荻清人さんは風呂上がりのように血色のよい人であった。数年前に山鹿の青年会議所が荻昌弘さんに講演を頼み、その時痛飲したのが、昌弘さんとの最後であったとのことだった。

山鹿を訪れ、親戚とくつろぐ荻昌弘さん

荻家における昌弘さんの系統と清人さんの系統は初代の荻又兵衛の子、長男杢久之允《もくのじょう》と次男忠左衛《ちゅうざえ》門《もん》が寛永十年（一六三三年）に分家したことにはじまっていた。

荻昌國は本家の九代目にあたり、昌弘氏は十二代になり、清人氏は分家の十一代秋次郎《あきじろう》氏の弟であった。

初代から現代の十二代に至るまで丹念につくられた荻家の家系図を見せられた。

作ったのは清人さんの兄にあたる山鹿市会議員などをされていた秋次郎氏で、つい先年に亡くなられたとのことであった。この兄が生きていれば大概のことはわかったであろう、と清人さんは残念がった。

荻家家系図（昭和51年２月現在）

先祖　荻又兵衛

２代忠左衛門（次子・分地150石）	２代杢久之允（長子・分地250石）
３代半左衛門	３代兵太夫
４代半四郎	４代杢久之允
５代次左衛門	５代四郎左衛門
６代次三太	６代四郎左衛門
７代山次郎次右衛門	７代吉九朗
８代次右衛門宗景	８代又兵衛
９代次七郎（次子）	９代**角兵衛昌國**（蘇源太＝角兵衛弟）
10代虎蔵	10代吉九朗（昌吉と改名）
11代秋次郎（没）（清人＝秋次郎弟）	11代昌道（没）
12代昂	12代昌弘（没）
	13代昌樹

（系図＝昭和51年２月18日　荻秋次郎作。
平成15年８月１日 荻昂補遺）

この秋次郎氏と昌弘氏の父昌道《まさみち》氏が二人で、熱心に荻家の家系図を作ったり、昌國自刃の原因を調べたりしていたという。

昌道氏は陸軍大佐で、終戦時に熊本市の健軍《けんぐん》飛行場長をしていた。軍人であったため、昌國の自刃には特別の関心を持っていたものと思われる。

清人さんが仏壇に供えてあった書状を大切そうに持ってきた。

〈九代昌國と弟蘇源太《そげんた》に関する添え書き〉小楠と共に肥後の黄狄《こうてき》と呼称さる。芦《あし》北《きた》小国久住御郡代を務め文久二年正月十八日未明小国郡代屋敷に於て割腹自刃す。細川藩は乱心自殺と発表。昌國自刃の際、蘇源太宛の遺書あり馳馬《はせうま》にて在熊本の蘇源太に託す。細川藩は遺書を奪回すべく蘇源太追討を発す。

蘇源太は難を水戸に脱《ぬぐ》う。水戸藩は細川藩の追討使に対し蘇源太は病死せりと称して遺骨を交付する。

元田永孚（東野）書状

荻角兵衛昌國（麗門と号す）は横井小楠、元田永孚、下津休也、長岡監物等と親交あり実學党の重鎮であった。幕府の親藩たる細川藩は勤王派の実學党にあらゆる圧迫を加え、横井小楠は脱藩して活躍したが、荻昌國は阿蘇の小國・久住の郡代に左遷され遂に郡代屋敷で割腹自刃するに至った。文久二年正月十八日未明の事である。

後年元田永孚は明治天皇の侍講として帝王學を進講し、又畢生《ひっせい》の事業たる教育勅語の草稿に携わったが、往年の先輩たる荻昌國の遺児昌吉の養育に当り、後奉上して明治天皇の侍従たらしめた。

本書は、明治二十三年荻昌吉が侍従として初出仕の前日祝詞に加えて奉仕上の注意を与えたものである。

荻家の家系図を見ると、もともとは加藤清正の家臣であったのだが、加藤家の没落後は細川家に仕《つか》えることになる。四百石の家格であったが二代目の時に、長子と次子に分家して、本家二百五十石、分家百五十石となる。肥後藩全体から見れば中層の家格で、各代とも、平穏に任務を全《まっと》うしたもののようであった。

それだけに、九代の昌國の自刃事件は荻家にとっては衝撃であったに違いない。

「元田永孚（東野）書状」を読むと、荻昌國の自刃については、肥後藩の歴史、特に幕末の情勢、横井小楠、実学党まで勉強しなければ到底究明出来ないことがわかり、暗澹《あんたん》たる気持ちになってきていた。

荻家家系図と元田永孚書状のコピーをするため、木下君に街の中心にある文具店まで行ってもらった。

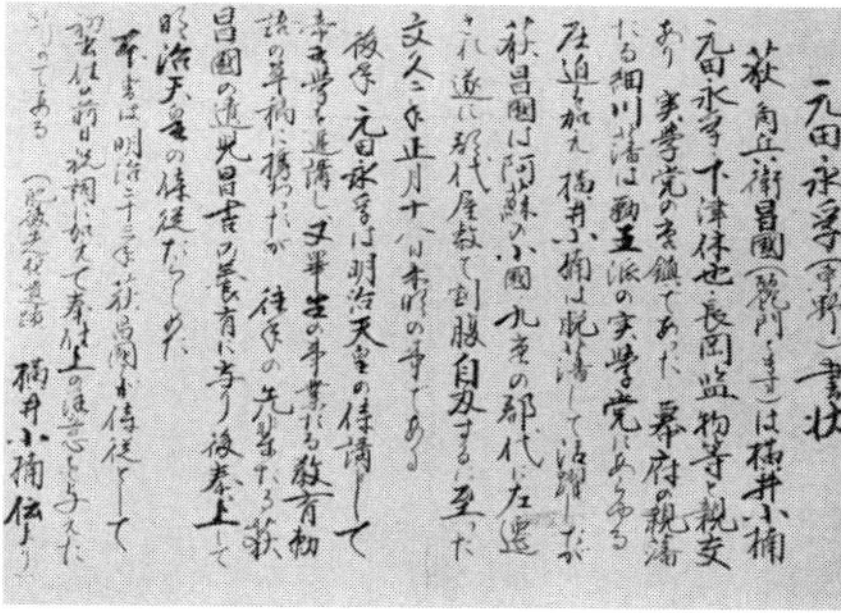

元田永孚の書状

「荻昌國の自殺の原因について、何かお聞きになっていませんかね」

と森山さんが清人さんに尋ねた。

「そうですね。兄と昌道さんが懸命に調べていた頃、私はあまり興味がなかったものですから、うわの空で聞き流していましたからね。今になって後悔しています。でも最終的にはあまりよくわからないままだったようでした。ただ、少数派であった実学党に対する細川藩の中枢部からの圧迫はひどかったようで、昌國が藩の重要事項を他藩の尊王派に漏《も》らしたとの噂を責められたとは、聞いたことがありましたがね。肝心の遺書が見つからないようなんですよ」

一年前に亡くなった秋次郎さんが生存していれば、かなりの話が聞けたのではないか、と私は釣り損なったた魚の大きさを思った。森山さんも同じ思いのようであったが、気を取り直して清人さんに再び尋ねた。

「系図に載っている、昌國の弟の蘇源太の件は真実なんでしょうかね。昌國の遺書を持って水戸藩に逃げこみ、それを肥後藩が追っかけた。しかし、蘇源太はすでに死亡ということで、水戸藩は遺骨を差し出したというのですがね。あまりにドラマ的で、今ふうに言えば、劇画的ですね。もし、それが本当なら、蘇源太が持っている昌國の遺書には自刃の真実が書かれているでしょうからね。そうなると蘇源太が鍵を握っていますね」

「蘇源太は生き残っていて、水戸藩が匿《かくま》っていたと聞いていますがね。そして明治になって東京の荻昌吉を訪ねてきたとのことです」

「えっ、本当ですか？」

「そんな風に兄たちが話していましたね。遺骨など、牛でも馬でも、犬の骨でも差し出せばわかりませんからね」

私たちは思わずうなった。

新たな蘇源太の出現が、この事件の謎を一層深いものにすると同時に興味あるものにしてきた。

夕闇が迫るころ私たちは山鹿荻邸を辞去した。

口上書

山鹿から帰った夜、小国の中学時代の友人の一人から電話があった。こちらは役場、農協でなく森林組合に勤めていた。小国郷の歴史に詳しい人がいたら、紹介してほしいと頼んでいたのである。紹介する人は小国の歴史の生き字引みたいな人だから、きっと役に立つと思う、と友人は最後に付け足した。

その郷土史家は有住典三《ありずみてんぞう》さんという人で、小国の名門上田《かみだ》の北里家の出で、明治学院大学を卒業後、小国町で銀行員や印刷業などをしていたが、今は阿蘇郡一《いち》の宮《みや》町の高森病院で事務長をしているという。

森山さんに電話すると、有住さんにお会いしたことはないが、新聞や本に書かれているのを読んだことがあって、前から是非お会いしたいと思っていたとのことであった。

有住さんに、友人の紹介であることを電話すると、快《こころよ》く承諾してくれた。

森山さんとは、宮原《みやのはる》の小国町役場前で待ち合わせた。その日は十二月十日で、山鹿行きから四日後のことであった。冷え込みが厳しく、雲が重く垂れ込めた日であった。大観峰を越える頃には雪になるのでないかと心配してチェーンを用意した。

こういう探索行は、中断すると再開するのが困難で、未完成に終ることが多い。膨《ふく》らしている風船と同じで、口をはなすと、すぐ萎《しぼ》む。出来る時に、出来るだけ探索、調査しておかねばと思っていた。

木下君の運転する車中で、臼内切伝聞の鍵を握っているのはどうしても長谷部保正という人であると感じはじめていた私は、森山さんに、長谷部保正という人間をどのくらいまでご存知ですかと尋ねた。

長谷部さんは昭和五十四年に亡くなっていたが、森山さんは生前に一度だけ、会ったことがあるという。

昭和四十九年九月の西日本新聞に石井先生の記事が載ってから一時的ではあったが、臼内切が注目を集め、地元の小国郷で、特に臼内切が所在する南小国町では町長、町議などが動き出し、調査に乗り出した。その時、隣の玖珠町で隠れキリシタンの研究をしていた森山さんに、臼内切の住民が果たしてキリシタン信者であったかの意見というか、鑑定を求められ、探索行に加わったのだという。

その時の会合で、はじめて語《かた》り部《べ》の長谷部保正さんの存在を聞き、是非会いたいと思い、そのすぐ後にひとりで長谷部家を訪ねた。

その臼内切ブームの頂点の頃、長谷部さんはすでに病の床に臥《ふ》していた。何としても臼内切のことを解明して、惨殺された隠れキリシタンの人々を供養してほしいと、長谷部さんは涙を流して森山さんに頼んだという。長い病のせいで、保正さんは少し耄碌《もうろく》していたようで、言葉も不明瞭、新聞記事以上のことは聞き出せなかった、と森山さんは残念がった。

大観峰を越えると雪が舞っていた。巨大な阿蘇カルデラは白く閉ざされ、木下君が車のスピードをおとした。

有住さんが勤める病院は、一の宮町の阿蘇神社の近くにある大きな病院であった。午前中の診察で病院はごった返していたが、有住さんはすぐに会ってくださった。そして資料の置いてある宿舎の方に私たちを案内してくれた。有住さんは単身赴任で、土、日だけ熊本市に帰っているとのことである。

もともとあまり広くないような部屋は、歴史や民族学の本で足の踏み場もないほどで、四人はやっと隅の炬燵《こたつ》に入れた。

私は学生時代の下宿屋を思い出した。

有住さんは五十代半ばの温厚な、学者タイプの人で、歴史、それも郷土史が好きでたまらない人のようである。こういう市井《しせい》の人が大学教授になったなら、どんなにかよい仕事が出来ることかと、有住さんと話している間、私は何度も思った。

小国郷史に関する有住さんの知識というか、造詣《ぞうけい》は大変深かった。小国郷に現在住んでいる人々の先祖が、昔、どこに住み何を生業《なりわい》としていたかもほとんど知っているようであった。江戸時代の、いやもっとその前の町並や地勢、生活の様子でも有住さんの頭の中にきっちりと入力されているようである。

臼内切のことも、荻自刃のことも熟知していて、一時期相当深く探索したことがあったという。

「臼内切の虐殺も荻昌國の自刃も、全て謎。闇の中ですね。幕末の大混乱の真っただ中の出来事。それに両事件とも当時の肥後藩、小国郷にとっては大変マイナスな出来事。表面に出せぬ、いや出したくない事件でしたでしょうからね。臼内切に関しては一行の文言も見つけきれなかった。北里惣庄屋、田の原や上田のお屋敷、旧家、お寺などいろいろ当たったが、結局何もなかった。荻に関しては公文書が残っていますが、あくまでも当たり障《さわ》りのないもので、自刃の原因に論及しているものは、全く見つかっていない」

有住さんは少し溜め息をつくと、立ち上がって本棚からノートと本を出して来た。本は『続小国郷史』と、分厚いノートで、私たちに見せようとするところには、栞《しおり》が挟まれていた。

棚には同じような使い古されたノートが何十冊も並んでいる。ノートには有住さんの几帳面さと緻密《ちみつ》さを示すように、細いきれいな文字でびっしりと書き込まれていて、私たちは圧倒された。

臼内切については新聞の切り抜き以上のものはない、と有住さんは言った。有住さんの示した『続小国郷史』の五ページに、荻の自刃のことが簡潔ではあるが、はっきりと載っていた。

ノートに書かれてあるのは、荻が自刃した時に、小国の郡代屋敷で立ち会った小国の地侍《じざむらい》、惣庄屋、医師などの証言書というべきもので、肥後藩に正式に提出された公文書の口上書《こうじょうしょ》であった。上田の北里御屋敷に残されたものを、有住さんが丁寧に一字一句たがわず書き写したものであった。まだ複写機のなかった頃で、その労力はいかばかりであったかと思いやられた。

報告書

一　荻角兵衛殿が郡代御用宅においでになったので、一月十二日に御挨拶に伺った。そのうち松崎文兵衛、上野柳庵も見えた。お話しをしているうちに、お酒を御馳

口上書

一　荻角兵衛方出在ニ相成居候ニ付當月十二日詰所江見舞ニ参居対話之内追々ニ松崎文兵衛上野柳庵相見へ色々咄いたし酒肴取出ニ相

走になった。私の叔母の婿《むこ》北里喜惣右衛門が病気で臥《ふ》せているので、近日中にお見舞に北里へ行こうと思っていると、私が話した。すると荻殿も同行したいと言った。それでは、私の家に一泊して、帰りに犬滝《いぬたき》で魚捕りをしたらどうですかと私がすすめると、荻殿は大変喜んで同意された。

文兵衛、柳庵が引き揚げたあとに、松崎伝之允が見え、さらにお酒が出されたので、頃合いを見て私は失礼した。

一　十七日の夕方に荻殿から「急用が出来たので北里行きは出来なくなった。明十八日早朝に用事があるので郡代用宅に来るように」との急便があったので、お伺いしますと御返事した。

成給居候内叔母聟北里喜惣右衛門相痛居此間より不塩梅之由承リ近日内北里江参候段相話申候處左候ハヾ徒然ニ有之候間北里より押廻一夕泊ニ罷越候ハヾ犬滝ニ漁ニ成共出浮申度との噂ニ付致承知左様ニ可仕段返答いたし柳庵文兵衛引取候後無程松崎傳之允罷出猶酒肴取出ニ相成を見請引取候事

一　同十七日夕方ニ急話合之筋有之候間北里行者見合候面明早天ニ参呉候様書状参り申候ニ付参上可仕段返答仕置候事

一　同十八日早暁宿元打立六ツ時分詰所江罷出候處未タ家來之者

一　十八日早暁《そうぎょう》に家を出発し、六時頃御用宅に着いた。まだ家来たちは寝入っていた。荻殿に取り次ぐように言うと、慌てて奥に行ったがすぐ戻ってきて、「大変でございます」と言うので次の間に行ってみると、床の間で荻殿が自殺していた。大変驚いたが家来の両名に部屋から離れないように申し付けて、私は会所へ行き使用人に、北里傳兵衛、松崎文兵衛へ「荻殿が急病であるのですぐ来るように」と早馬《はやうま》で知らせるように命じた。ほどなく文兵衛が駆けつけたので相談して、医師上野柳庵を呼び寄せた。橋本純左衛門も聞きつけて来た。
　私たちが立ち会って、柳庵が診察したが、既《すで》に死亡していた。武石恒太郎、北里傳兵

面々者臥居候ニ付取次申聞家來之者起上リ奥ニ参直様立出早ク御出被下候得と周章呼申候ニ付入込見候處次之間床之前ニ自殺ニ相成居申候間甚タ相驚家來兩人江番衛申置會所之様走参リ旧宅江罷越居候北里傳兵衛并松崎文兵衛江茂角兵衛急病之段早打申遣尚又詰所江立歸候處無程文兵衛駆付申候ニ付申談医師上野柳庵呼寄候其内橋本純左衛門聞付参候ニ付立會候而柳庵江脉察仕リ候處最早事切レ候由追々ニ武石恒太郎北里傳兵衛加藤恒右衛門列参着いたし候事
一　居之間机上ニ文太夫傳兵衛當

衛、加藤恒右衛門らが次々に到着した。
一　居間の机の上に文太夫と傳兵衛あての小さな文箱《ふばこ》がひとつあった。そして脇に急届状が入っていると書かれてあった。開けて見ると、弟蘇源太あての書状一通、志賀兵左衛門あてのもの一通、伝家の秘録入れの文箱を蘇源太へ手渡しで届けるようにと書かれたものが一通、計三通あった。それで早速準備をはじめた。荻殿の数日前から自殺までの行動のあらましと自殺の状況を文太夫、傳兵衛らの連名で書いて蘇源太に届け、親類の方に早くおいでになるように頼むことにした。
　蘇源太の元へ出発したのは十八日午前十時であった。

テ小キ文箱一ツ有之脇付ニ急届状在中与有之致開書候之處蘇源太當リ之書状壱書志賀兵左衛門當リ同壱書并傳家之秘録入之文箱蘇源太江手渡相届呉候様との紙面共々三書入居申候ニ付早速夫々支差立申候事
　但本行書置之紙面ニ傳兵衛列連名之添書を以荻蘇源太迄荒増之次第申遣早速親類之内罷出候様申越候尤十八日四ツ時分より使差立候事
一　右傳家秘録入之塗文箱壱ツ者刀之柄ニ結付爲有之由ニ而家來兵

一　伝家の秘録入れの文箱は刀の柄に結びつけられていたと、家来の兵九朗より申し出があった。蘇源太が来るまで刀は私が預かっていたが、二十日八時に親類の野々口又之允らが来たので同人に渡した。

一　臨終の時の様子は、右の方に鎗《やり》を置き、左に刀を置いて、横に短刀の鞘《さや》を並べていた。衣装は全て着替えていて、羽織、袴を着用されていた。座蒲団を敷き、短刀を咽《の》喉《ど》へ突き込み、刃先は後頸部《こうけいぶ》に突き出ていた。両手で短刀の柄を握り、そのまま前に伏せていた。

両手には紙を巻いていたので、それがまくられていた。

一　遺骸《いがい》は親類が着くまて、そのままにし

九朗より差出申候間請取置蘇源太方者罷出不申候間廿日五ツ比親類野々口又之允列罷越候ニ付同人江引渡候事

一　臨終之躰者右之方ニ鎗を伏左ニ刀を置短刀之鞘と並ヒ居其身者衣服改メ着替候之躰と相見へ羽織袴着用座布團を敷短刀を咽喉ニ突込裏江少々突出有之兩手に而柄を握居候侭伏居申候侭紙を巻候躰与相見江たく連寄居候事

一　死骸之儀親類中罷越候迄其侭召置候而者餘リ如何敷有之候ニ付一通片付置度段家來兵九朗よ里申出候ニ付何連茂立會之上片方致置

ていた方が良いのではないかと話し合っていたが、それではあまりにも酷《むご》いと家来の兵九朗が申し出たので、部屋を片付け、遺体も着替えさせた。

右の通り御報告いたします

文久二年一月　北里文太夫

立会人

松崎文兵衛　松崎傳之丞　加藤恒右衛門　上野柳庵　北里傳兵衛　武石恒太郎　北里喜左衛門

橋本純左衛門

中候事

右之通ニ御座候

戌正月

北里文太夫

立会人

松崎文兵衛

松崎傳之丞

加藤恒右衛門

上野柳庵

北里傳兵衛

武石恒太郎

北里喜左衛門

橋本純左衛門

荻昌國が小国で自刃して果てた時の模様が詳しく記されていた。

有住さんは小国の郡代屋敷の見取り図まで書き取っていて、その屋敷跡は現在宮原の上野医院と石屋さんになっているとのことである。また、その郡代屋敷の一部は今でもそのまま残っていて、柱には昔の刀傷《かたなきず》も見えるという。

緻密にして、粘着力のある有住さんの前で、私は無力感を覚えていた。

気を取り直して、私は有住さんに尋ねた。

「臼内切のキリシタン虐殺は、実際にあったと有住さんは考えますか。また、荻の自刃が事実とすれば、この二つの事件に関連があったのでしょうか」

うーんと言って、有住さんはしばらく考え込んだ。

一言のもとに一蹴されるのが、私は怖かった。

「荻郡代が文久二年（一八六二）に、この小国の地で果てたことは確かと思う。しかし、原因は全くの不明。臼内切の虐殺は、その真偽はまだ定かでないが、どうも嘉永六年（一八五三）のことのようです。これだけの伝聞があれば、嘉永六年にこの小国で何かあったと考えてよいと思う。が、この両事件の間には十年間のギャップがある。現代では十年なんか、あっという間であるが、あの江戸時代で、十年前に起こった事件が、尾をひいていたと考えるのは、なかなか難しい。

私も若い頃はいろいろ調べて見たが、尻尾《しっぽ》を掴めなかった。私の身の上にもいろいろのことがあって、研究に没頭することが出来なくなった。それについ最近狭心症発作を起こし、熊大病院に救急車で担ぎ込まれてしまった。あの時は本当に、胸痛が激しくて、あのまま死んでしまうのでは、と思いました。まだ、いろいろやりたいこと、特に小国郷土史には未練がありますが、あの人間の終末を告げるような狭心症の痛みを経験したら、もう無理は出来ません。私に代って、是非調べてほしい。臼内切のことはともかくとして、荻は肥後藩の実学党の首領・横井小楠の知恵袋だったと思う。後年、明治維新のバックボーンとなる思想に横井小楠は多大の影響を与えている。その小楠思想は荻ら実学党の仲間との勉強会やディスカッションによって形成されたものと思う。特に、荻は小楠と双璧と呼ばれるぐらいに優秀であったらしい。その荻が五十歳の若さで、自刃して果てるとは。それも小国の地においてであるから、よほど小国に関連した憂悶《ゆうもん》があったと考えるのが自然だと思う。だが、資料が全く残っていない」

有住さんは深い溜め息をついた。

推測では決して判断しない、あくまでも実証を大事にする有住さんらしい言葉であった。

臼内切伝聞の鍵を握ると思われる長谷部保正さんのことを、私は思い出した。

「ところで、有住さんは長谷部保正さんをご存知ですか」

と私は尋ねた。

「ああ、民話収集家の長谷部さんですね、よく知っていますよ。保正さんは上田の人でした。私の父は医者をしていましてね。あの当時の往診は馬に乗って行っていましたから、保正さんは私の家の馬の番をしてくれていました。それから江古尾の長谷部家に養子に行きました。幼い頃、保正さんから臼内切のことを初めて聞きました。臼内切の悲しい話を聞かされ、大変怖い思いをしましたね。保正さんはとても優しい人でよく私たち子供と遊んでくれて、馬に乗せて貰ったり、昔話をしてくれましたね。

童心をずっと持ち続けた人でした。

保正さんは誰からか聞かされた臼内切のことを、そのあまりの惨劇のために、なんとか後世に伝えねばと責任を感じたのではないでしょうか。ただとにかく伝聞ですから、いろんな誤りが混り込んでいることはありますがね」

と有住さんは感慨深げに言った。

午後二時頃私たちは、今後もわからぬことを教えていただきたい、と頼んで辞去した。

帰りがけに有住さんは、熊本の浄行寺《じょうぎょうじ》近くにある見性寺《けんしょうじ》に荻昌國の顕彰碑が建っているのを見たことがあることと、熊本の秋津町に最近、横井小楠記念館が出来ていることを教えてくれた。

遅い昼食を阿蘇山が見えるドライブ・インでとった。十二月中旬の阿蘇五岳はすでに冠雪《かんせつ》していて、荒涼たる原野の上に寒々と、涅槃仏《ねはんぶつ》のように横たわっていた。

三人とも疲労と前途の多難を感じてぐったりしていた。私は酒がほしくなり、森山さんに伺うと同じ思いのようだった。森山さんがコップ酒を注文したので、私もまねた。

収穫のなかった今日の探索行に、私が失望しているように感じた森山さんが、私を激励するように、この帰りに長谷部保正さんの家を訪ねてみませんかと提案した。

森山さんは十年以上前ではあるが、江古尾の長谷部さん宅を訪ねており、道はわかるという。訪ねれば、何かノートなど残っているかも知れないと言うのである。

臼内切に関しては、とにかく長谷部保正さんを調べねばならないと感じていた私は、大変有難く思った。

昼食後、小国町の宮原まで戻ると、森山さんの記憶を辿りながら、途中聞いたりして、迷いながらも江古尾の長谷部邸に着いた。山峡の淋しい所で、過疎の波が押し寄せていて、十数年前に小、中学校が統合されて、この近辺の小学校が廃校になったのが実感される。

集落に人影は全くなかった。私たちの姿を見て、どこからか犬がしばらくの間うるさく吠え続けた。

長谷部保正さんはもう十年ぐらい前に亡くなっているのだが、表札はそのまま掛けられている。家全体が傾いて見えるぐらい老朽化し、この寒いのに玄関のガラスが割れたままになっていたが、玄関横にある古い蔵の土台になっている切石を見て、森山さんは、家格の高い家ですよと私に教えてくれた。

玄関は閉まっていたので裏口に回った。裏口は開いてるのに、大声で呼ぶが返事がない。テレビだけは写っているので、近くに出ているのかも知れない。せっかく来たので何とか家の人に会いたいと待っていると、奥の障子が突然あいて中年の男性が出て来た。

保正さんのことを聞くと、私の親父だが、もう早ように死んだと面倒そうに言った。

私たちは粘って、臼内切のことを聞いたことはないかと尋ねると、そんなことは聞いたこともないと、ぶっきら棒に答えて奥に入ろうとした。

長谷部家の古い蔵

森山さんの記憶では、保正さんに会った時、付添っていたのはまだ若い女性だったので、この男性の嫁さんかと想像して、奥さんはいませんかと聞いた。

奥さんはちょっと離れた温泉の旅館建築工事現場で働いているが、えらく工事が急がれていて、年内は夜の十二時頃にしか帰ってこないという。

ご主人では埒《らち》が明きそうにないので、私たちは引き揚げて後日出なおすことにした。

森山さんが保正さんに話を聞いたとき、その若い女性はずっと傍にいて話を聞いていたという。その女性なら保正さんのこと、臼内切についても何か知っているかも知れなかった。

とにかく保正さんのことを聞くことが大事で、夜の十二時にしか帰ってこないのなら、その時間にでも出て来て話を聞きたいぐらいの気持ちになっていた。が、そんな非常識なことも出来ない。奥さんも正月ぐらい仕事を休むだろうから、その時にでもということにした。が、正月早々に訪問というのも非常識なのでは、ということで三人は大笑いになった。森山さんも随分せっかちな気質のようであった。

森山さんが早朝か、夜遅くに奥さんに電話をして都合を聞いてみるということになった。

横井小楠記念館

臼内切にはじまり、莪の自刃を調べはじめた私の前に、横井小楠とその一派の実学党が大きく立ち塞《ふさ》がってきた。

これを避けては前に進めなかった。

私の書棚にあった中央公論社刊の『日本の名著』全集の第三十巻、松浦玲責任編訳の『佐久間象山《しようざん》・横井小楠』をひっぱり出して読んだ。

高校時代の教科書には、せいぜい幕末の思想家の一人ぐらいにしか書かれていない横井小楠も、読んで見ると大変な役割を演じているのに驚愕《きようがく》した。

有住さんから小楠記念館の存在を聞いていた私は、暮も半ばを過ぎようという十二月十七日に、何としても横井小楠という人物の大略を早く知りたいと思って、森山さんと木下君とで熊本へ出かけた。

熊本の街は大きく変ってきていた。

特に北部の健軍から先は別の街に来たようである。九州自動車道が開通して、インターチェンジの出来た北部が大変貌をきたしていたのである。

木下君は熊本の大学をつい最近出ていたので、新しい熊本をよく知っていた。

私が学生の頃は、水前寺から先、特に健軍から先は田んぼか森で、人家もまばらで狸が出るとかいわれて気持ちが悪く、行ったことがなかった。

小楠記念館は健軍の先の秋津《あきつ》町沼山津《ぬやまづ》の街はずれの静かなところにあった。まだ出来て間がないようである。

九時半の開館と同時に入場したので、見学者は他には誰もいなかった。

時間が早いせいかと思っていたが、昼頃退館するまで、ほとんど入場者はなかった。

小楠は、まだポピュラーではない。明治以後の日本、特に軍国主義に傾いてからは、世界平和を標榜《ひょうぼう》した小楠は、故意に遠ざけられていたのであるから、無理もなかった。私だって、こんな機会がなければ小楠を詳しく知ろうとするわけがない。

館内は小楠の遺品や書、関係の書物など、私が想像していた以上に集められている。

館の隣に、小楠が晩年に住んでいた四時軒《しじけん》が百数十年の昔のままに保存され、屋内に立ち入って見られるようになっている。四時軒の南には広々とした熊本平野が一望され、遠く阿蘇の山々までも見られる。順路を行くと、小楠の生い立ちから暗殺されるまでの生涯が俯瞰《ふかん》できる。館長が丁寧に説明してくれた。館内の休憩室では小楠のビデオが放映されていた。

四時軒（横井小楠記念館）

小楠を知るにはどんな本が良いかと館長に尋ねると、私たちを館長室に通してくれた。そして、棚から茶褐色にやけた二冊の分厚い本を持って来て、

「横井小楠先生の研究には、この山崎正董《やまざきまさただ》先生の『横井小楠』上、下巻（明治書院）の二冊以上のものはありません。小楠研究には、山崎先生の前に人は無く、山崎先生の後にも人は無しです。山崎先生はもともと、熊本医大の学長までなされた医学者だったのです。若い頃から医学の傍《かたわ》ら小楠に

ずっと傾倒をしていたのです。が、ある時、小楠後援会の人から、『君は医師としては、これまで立派な業績をあげてきた。しかし、医術にかわって、もっともっと多くの人々を救う為に、君は横井小楠を徹底的に研究してくれ。突然君に畑ちがいのことを頼むのは、大変気がひけるが、いろんな人間と付き合って来てみて、君こそ、小楠研究を託するに足ると信じる、よろしく頼む』と説得された。山崎正董先生は、生来真面目一筋の人ですから、それからは医師をきっぱり止めて、一生小楠研究に捧げたのです。

もし、山崎正董先生が、小楠研究に携わらなかったら、現在の小楠解説はありえなかったでしょう。また、大事な資料は散逸《さんいつ》して、このような立派な記念館は出来ていなかったでしょうね」

と館長は頬を赤く染めて力説した。

『横井小楠』は上巻が伝記、下巻が遺稿編で上、下巻合せて千数百ページあり、昭和十五年刊になっている。

小楠を知るにはこの本を読まねばならないと考えたので、館長に、古本屋ででも手に入らないですかねと聞くと、館長はすぐに市内の何軒かの大きな古本屋に電話で問い合わせていた。

上通りの舒文堂《じょぶんどう》河島書店に、つい先日まであったのだが、また入りそうなので取って置きましょうと言ってくれた。

私たちは四時軒の縁側に座って、しばらくの間、熊本平野とその先の阿蘇連山を眺めた。

小楠もこうして、日本国の行く末を思いやり、弟子たちを教育したことであろう。吉田松陰や坂本龍馬は本人自らここを訪れ、勝海舟や西郷隆盛の関係者たちも訪問し、小楠に感化されたことだろう。そして盟友荻昌國も元田永孚も、ことに頻繁に往来していたことだろう。

小楠記念館から熊本県立図書館に回った。

前に訪れたことがある私は的を絞って、係の人に臼内切、荻自刃の原因を調べるにはどうすればよいかと、いきなり尋ねてみた。

係の人はどちらのことも全く知らないようで戸惑い、奥に入って相談していた。

適当な資料も探索の方法もわからないので、荻の事実関係から一歩一歩調べて行く他はないでしょうね、と答えた。

資料として、『肥後先哲偉蹟後篇（巻二）』と『改訂肥後藩国事資料（巻二）』を出して来てくれた。『肥後人名辞書』の各内容をさらに詳しく、先祖まで言及《げんきゅう》していた。

荻　麗門《れいもん》

名は昌國《まさくに》といい、通称は角兵衛《かくべえ》、また麗門と号した。禄は二百五十石で、最後は小《お》国《ぐに》・久住《くじゅう》代を勤《つと》めた。文久二年（一八六二）一月十八日に死亡。享年五十歳であった。本妙寺中東光院に葬《まつら》れている。荻家の先祖は又兵衛にはじまる。又兵衛は寛永十年（一六三三）に肥後藩に番方（軍人）として、禄四百石で雇い入れられた。

二代目は杢之允で、又兵衛の嫡子《ちゃくし》であった。

荻　麗門

（『肥後先哲偉蹟後篇（巻二）』）

名は昌國、通稱角兵衛、麗門と號す。

禄二百五十石、郡代たり。

文久二年正月十八日歿す、年五十、本妙寺中東光院に葬る。

先祖荻又兵衛、寛永十年召出され四百石賜ひ御番方。

二代杢之允、又兵衛嫡子なり。

右四百石の内貳百五十石下され、

禄四百石のうちの二百五十石を杢之允へ、百五十石を弟の忠左衛門へ与えて、荻家は二家に分かれた。杢之允は天草の乱の時に出陣し、原城の攻撃に参加した。その後江戸へ出て対外連絡役をしたあと、天草城や八代城《やつしろ》に勤務した。

三代兵太夫は八代城に勤務した。

四代杢之允は八代城勤務のあと、藩主護衛隊の副隊長を務めた。

五代四郎左衛門も護衛隊の副隊長を務めた。

六代目も四郎左衛門といった。父が病死した時、まだ幼少であったが禄はそのままいただき、後に父の跡を継いで護衛隊に属した。

弟忠左衛門へ百五十石下さる。

嶋原一揆の節、杢之允天草へ罷越原城へも罷越申候。其後江戸御留守居詰天草御城番へ度相勤、其後八代御城附。

三代兵太夫八代御城夫。

四代杢之允八代御城附、後御小姓組御番方。

五代四郎左衛門、御番方御小姓組同組脇。

六代四郎左衛門、父病死の節幼年にて御扶持方拝領。御中小姓組、後跡目御番方御小姓役御小姓組御給仕役。

七代吉九朗は警備副隊長から監察官となり、鉄砲十人組隊長、消防隊二十人組隊長となり五十石が昇給された。さらに鉄砲三十人組隊長になり、消防隊と建設隊の隊長を兼任し、その後対外連絡部長まで進んだ。

八代目又兵衛は警備副隊長を務めていたが、天保七年（一八三六）八月に二男豊熊が大塚仙之助の騒動に加わっていたことで、役職を罷免《ひめん》され、逼塞《ひっそく》五十日を命ぜられた。その後対外連絡役護衛隊員となった。

九代目角兵衛昌國は幼少の頃から学問と武術に精を出していたので何度も表彰を受け、天保十年（一八三九）には藩校時習館の寮長となり、同校の入学選抜推挙役になった。そのため毎年銀三枚を給与されるよ

七代吉九朗御番方同組脇歩御使番頭御鐵砲十挺頭火廻役二十挺頭に昇り御増五拾石。又三十挺頭に昇り火廻役御作子と頭兼帯、數十年相勤御留守居侯物頭列。

八代又兵衛、相續の二男なり御番方吉九朗と改名。御番方組脇杢之允と改名。天保七年八月二男豊熊儀、大塚仙之助列に與黨致候に付御役差除られ、御留守居御番方、逼塞日數五十日。

九代角兵衛、右杢之允嫡子、追々學問武藝出精に付賞せられ、天保十年時習館居寮。同學を誘候様仰付られ毎歳銀三枚下置れ、同

うになり、さらに学問に精を出していることが認められ毎年銀五枚が給与されるようになって警備隊に配属された。天保十一年五月、二十八歳にて父親の禄をそのまま受け継いだ。同年さらに検察官になった。十二年五月、病気のために休職する。十五年十一月に臨時的に警備隊副隊長になった。弘化二年（一八四五）に仕事に復帰し、毎年給与されていた銀五枚を辞退した。嘉永二年（一八四九）一月病気のため休職。後に対外連絡役警備係。三年七月に警備隊に戻る。六年十一月副隊長になり、七年二月に臨時的に清掃係長となり、同年九月副隊長になる。安政三年（一八五六）十月建設係となって臨時的に川尻に勤務。

年九月學問出精相進候に付毎歳銀五枚拜領御番方。

同十一年五月二十八歳にて父へ下置れ候御知行無相違拜領御番方。

同年十月御穿鑿役當、十二年五月病に付願の通御免。十五年十一月組脇當分。弘化二年二月本役。同年十一月學問出精に付毎歳下置れ候銀五枚差上願の通。嘉永二年正月病に付願の通御役御免御留守居御番方。三年七月御番方、六年十一月組脇、七年二月御掃除頭當分。同年五月本役、同年九月組脇歸役。安政三年十月御作事頭目附す當分川尻詰、同年十二月本役。

安政五年芦北《あしきた》郡代となる。同年八月小国・久住郡代となって赴任する。文久二年(一八六二)一月、五十歳にて病死。

十代吉九朗、対外連絡役警備隊、明治三年一月精鋭《せいえい》第八番隊員となる。

五年七月葦北御郡代當分。同年八月小國久住に所替。同年十二月御作事所御目附御免御番方直に御郡代當分。

文久二年正月五十歳にて病死。

十代吉九朗。御留守居御番方、明治三年正月重士八番隊。家士先祖附

『肥後藩国事史料』とは肥後藩における重要な公文書の綴りである。それは史料そのものと言ってよかった。その巻二の八百六十六から八百六十七ページにかけて荻自刃とそれに関する文書が掲載されている。

文久二年一月十八日本藩士荻角兵衛逝去 — 正月十八日本藩士荻角兵衛逝く

「荻家文書」（『報告書』から抜粋）

一　同（一月）十三日に久住を出発し、その日は黒川温泉に宿泊した。翌十四日に宮原の郡代御用宅に到着した。変った事は何事もなかった。

一　同（一月十七日）夜十一時になっても、なお、お酒を飲みたいとの事であったのでお持ちした。（中略）午前一時頃、もう飲まないとのことであったので、お酒と肴《さかな》を次の間までお引きしたところ、あと一盃飲みたいとのことであったのでお持ちすると、さらに二、三盃お飲みになり、もう片付けてよいとのことであったのでお引きし、お湯をお持ちした。

もう用事はないので休むように言われた

「荻家文書」（『口上書』の内書抜）

一　同（正月）十三日久住御出立黒川御泊翌十四日宮原御用宅に御入込ニ相成何を相替候儀無御座候事

一　同（正月十七日）夜四ツ半時比猶御酒被召上候との事ニ而（中略）左候而九ツ過共と覺御酒御止メ被成候付持下ケ候様との旨ニ付酒肴御次迄下ケ候處今一盃被召上候との事ニ付猶又差出候處二三盃被召上最早持下ケ候様被仰付候間夫々片付御湯共差上候處此上何そ用事茂無之候間寝候様被仰聞直ニ徳次郎兵九朗一同毎之處ニ伏候儘翌十八日朝北里殿御出迄一向覺不申候

ので、徳次郎、兵九朗は寝所で床についた。翌日朝、北里殿がおいでになるまで、ぐっすり寝込んだ。

一　お書き残されていた弟蘇源太殿への書状を十八日午前十時頃、便を立てて届けた。

一　御臨終の様子は右の方に鎗《やり》を置き、左に刀を置き、短刀の鞘《さや》も並んで置かれていた。衣服は全て着替えられていて、羽織《はおり》、袴《かはま》を着用されていた。座蒲団を敷き、短刀を咽喉に突きさし、刃先は後首に突き出していた。両手で短刀の柄《え》を握ったまま前に倒れていた。（以下略）

「荻家文書」

先月二十一日に発信した村井繁三郎殿の手紙を今月（二月）の六日に受け取りまし

事

一御書殘被置候荻蘇源太殿へ御狀

一封十八日四ツ時分添紙面いたし押立使を以相届ケ申候事

一御臨終之躰む右之方ニ鎗を伏左ニ刀を被置短刀之鞘と並ヒ居御身御衣服を改御着替被成候と相見へ羽織袴御着用座蒲團を敷短刀を咽喉ニ突込後首に突出有之兩手ニ而柄を御握之侭被伏居申候（下略）

〔荻家文書〕

一書拜呈仕候先以村井繁三郎先月廿一日日付之書狀去ル六日朝致被

た。

御兄上様（昌國）の御凶変《きょうへん》を知らせてくれたもので、一、二行読んでただただ驚き、茫然としています。気を取り直し読み終えました。体調を少し落とされていたとは聞いていましたが、このように急変なされたことが信じられずに涙がとめどなく出てきて、ただただ嘆息するだけです。御霊前に飛んででも行きたい気持ちですが、それも出来ずに書状にてお悔《くや》みを申し上げます。御兄上様には多くのお友達が居られましたが、私は特に深く御交際していただきました。御兄上様と私はどんな些細なことも包み隠さず、お互いに知らせて、話し合いました。身辺のこと、またある考えがま

見候處
御令兄様御凶變之段委曲申越候書中之次第未タ一二行茂讀下シ不申候而只々茫然と相成申候計ニ御座候暫仕候而反復讀終申候へ者御病氣とハ申□ら如何成事ニ而ケ様之御急變ニ者御成り被成候哉と落涙嘆息仕候外他事無之候責而者其御許へ罷在候ハヽ、何歟一書翰之御遺憾無涯次第ニ御座候
御令兄様多ク之御交友中別而□深交ニ而坐者を以御交之面々ニ者□沼山等段々御座候處少者ニ而御交之深キ者小生外無之内外公私之御話合を初書翰文詩之往復一ツとし

とまると書状を出し、詩文が出来ると披露し、批評しあってまいりました。

この深い深い交友の二十五年間、本当に一度も衝突することなく、誠に楽しい年月でございました。それなのに、この訃報《ふほう》は、天命というにはあまりに悲しいことでございます。

御兄上様の心中を深く考察いたしますと、御弔詞《ちょうじ》を申し述べる言葉もない気持ちです。

近年、小国郡代に赴任してからは、特に誠心誠意にお仕事に打ちこんでおられましたので、ただただ残念なことでございます。

御兄上様は我が実学党の中でも傑出した人物で、これから時期到来すれば国家の柱《ちゆう》

而小生ニ御示し無之事ハ無御坐右様之御深交二十五年之久キ一度之御行違も仕不申猶幾久敷御親炙仕可申と相期し相樂ミ罷在候處一朝之御訃告と相成候段人事と可申乎天命と可申乎何之故ニか斬ノ君子ニ而此急症ニ逢給ふ乎□西望悲泣仕候計ニ御座候小生御交友之狀態ニ而□ら右之通りニ御座候得者増而貴兄之御心中深察仕免角之御吊詞茂無御坐乍慮外御互ニ御互之心情察し入申外無之と奉存候承り候へ者御役中ニ而も近來ニ至り而者彌以御誠實貫徹仕次第ニ好都合ニも相成可申哉ニ御座候得者別而殘

礎《そ》となられるお方であったのに、この非運は嘆いても嘆ききれるものではございません。新堀、沼山をはじめ村井殿などの悲しみはどんなに深く、落胆していることかと存じます。

　昌國殿の跡継ぎのことなど蘇源太殿にはこれから大変な重責と存じますが、お体に呉々《くれぐれ》もお気をつけになって御指揮をとって頑張って下さい。虎之助様（昌國嫡子）のこと、私の倅《せがれ》にまで頼まれていたとのこと、誠に涙が止まりません。

　倅はまだ若輩で、まだ世話も出来ませぬが、一生懸命お力になりますように頑張りますので御安心下さい。

　まだお書きしたいことは山ほどあります

念ニ而たとへ左様ニ無之候とも吾黨之御先輩一藩之御人傑に而御身之用捨ニかゝハらす國家之柱礎ニ有之萬一有事實ニ其御運用を茂仰キ可申筈之處天命之薄キ如此ニ至り申候事一己交友之嘆惜迄ニ無之國家の爲メニ□嘆無涯次第ニ奉存候新堀沼山を初メ村井共も嘸々力を失ひ爲申と深ク被察候事ニ御座候就而者御跡式之事者彌以貴兄之御重任ニ而萬事嘸々御心配可被成下地御病氣中ニ御座候上右様不慮之御力落シニ相成猶又重荷を御受被成候處ニ而者一躰之御□梅茂如何哉

が、動転していて思うことの千分の一も書けません。なにとぞお許し下さい。

二月十六日元田八右衛門（永孚《ながざね》）

荻　蘇源太様

乍慮外案労仕候隋分々々御保養者御専一ニ而御指揮可被成奉萬祈候虎之助様御事ニ付□さ□御紙面を忰迄被下候而御頼越被成候由留守□申越御書中之趣中々拜見も出來兼候段申越候得者其事承り候而も落涙仕候計ニ御座候忰事未タ若輩ニ而何の御世話茂届兼可申候得共涯分を盡し可申殊ニ村井巳下林孫藏渡邊甚平兄弟居申候間申合せ候而先キ□迄御世話可仕□奉存候間其處□御安心被成様ニ奉存候心情萬緒ニ御座候へ共紙筆ニ臨ミ多端之言葉も無御座先々右之段御弔詞迄早々如此御座候巳上（□は判読

不能）

二月十六日　元田　八右衛門

荻　蘇源太様

午後からは有住さんが教えてくれた荻昌國の顕彰碑が建っているという浄《じょう》行《ぎょう》寺《じ》町にある見性寺《けんしょうじ》に寄ってみることにしたため、遅い昼食を浄行寺町に近い上通りのラーメン屋でとった。

食事をして外に出るとすぐ前に古本屋があった。それは小楠記念館の館長が電話してくれていた舒文堂河島書店であった。大変伝統のある書店で私の学生時代からあったことを思い出した。暗い店内に古書が足の踏み場もないほどに積まれてあった。

私たちは入り込んで、とにかく肥後藩の小楠、荻、臼内切関係を探した。

小楠記念館で見た大著ではなかったが、山崎正董の『横井小楠伝』と『横井小楠先生』、『小楠と神風連』（坂田大）、『血史』（木村弦雄）を買い求めた。

寒気が段々ひどくなってきていた。熊本独特のからっ風も吹きはじめた。

浄行寺町には木下君によると適当な駐車場がなさそうだったので、私たちは歩いて見性寺に行った。

バイパスが通って浄行寺町あたりの表通りはかなり変化していたが、一歩裏通りに入ると、二十年前と全く変っていなかった。

見性寺はそんな古い家並みの中にひっそりと建つ古刹である。境内には人影もなく、寺院や庭も古色蒼然としている。境内のほぼ真ん中に見上げるような顕彰碑が立っているが、それは荻昌國のものではなく、長岡護久《もりひさ》のものであった。

護久は肥後藩最終の主君として明治三年五月に家を嗣《つ》ぎ、藩知事となった人である。

庭の隅々、墓地に立ち入って荻昌國関係のものが何かないかと、見落しのないように探して回ったが、見つけることが出来なかった。

寒風の中を私たち三人は走るように、上通り裏の駐車場に戻った。もう暮色が森の都を紫色の大波となって襲いはじめていた。

臼内切集落跡

所用で別府に出かけていた森山さんから電話があった。今別府の古本屋にいるのだが、時間つぶしに寄ってみたら、先日熊本の舒文堂河島書店に注文していた例の山崎正董《やまざきまさただ》先生の『横井小楠』上、下巻がありますが、早い方がよければ買って帰りましょうか、とのことであった。

一日も早く読みたかった私は、とにかく値段はいくらでもよいから買ってほしいとお願いした。上、下巻で三万五千円とのことである。

その時、年の瀬も迫っていて無理かなと思ったが、一応森山さんの意向を尋ねてみた。私は気負い立って来ていた。十二月二十四日の土曜日、クリスマスイブですが、佐藤弘先生にお願いして、臼内切の隠れキリシタンたちが生活をしていた集落の跡地の方を見に行きたいと計画していますが、どうしますかと尋ねた。

「クリスマスイブに、隠れキリシタンの里を訪ねるのですか。偶然にしても大変結構ですね。私も十年以上前に訪れてから一度も行っていませんから、是非連れ

山﨑正董著『横井小楠』上・下

ていって下さい」と張り切った答えが返ってきた。

当日はうす曇りであったが、年末にしてはわりと暖かい日であった。

森山さんとは宮原で落ち合い、佐藤先生を誘った。冬場の探索行のことを考えて、木下君はスノータイヤに替えていた。

前回は酷暑の七月であったので、もう半年が過ぎていた。

佐藤先生は前回は長い鎌を持って来たが、今回は長い鉄の棒を用意してきていた。森山さんと佐藤先生は初対面であったが、隣の町の史談会同志で、お互いの存在は知っていたようである。

佐藤先生が持参した鉄の棒が、墓地や住居跡地に埋もれているものを探すのに必要なものであることを森山さんはすぐに察知し、自分も持ってこようと思っていたのをつい忘れてきた、とほっとして言った。

車中で荻自刃について、あれから調べたことを佐藤先生に話した。死亡したのが文久二年（一八六二）の正月十八日であったことなどを話すと、先生は自刃のことは知っていても、日時まではっきり知っていなかったようであった。

語り継がれている臼内切の惨劇が嘉永六年（一八五三）であることから、荻の自刃がそれより十年も後のことであることを考えて、先生は臼内切と荻は関係ないのかなと速断して、ちょっとがっかりしていた。

小田温泉の『夢の湯』旅館の前には、旅館の主人の四十代の中村忠幸《ただゆき》さんと、農業をしているという吉原集落の佐藤忠袈《ただか》さんが待っていてくれた。中村さんは父や祖母などから臼内切のことを聞いて育った人で、臼内切に興味を持っていた。佐藤忠袈さんはこのあたりの地形に詳しく、臼内切の塚のある丘や集落跡をしょっちゅう往き来しているので、佐藤先生が今日の案内役に頼んでいたのである。

私たち三人と佐藤先生と佐藤忠袈さんの五人は車で途中まで行き、そこから歩いた。中村さんは仕事で登れなかった。

前回の七月に登った時とは反対側から登ることになっていた。かなり急な坂を

「臼内切」伝説の案内板

登るうちに寒さがとれて、汗が出て来た。二十分も登ると急に視野が広がり「臼内切　切支丹伝説の地」の白い案内板のもとに辿り着いた。

前回は塚の並ぶなだらかな丘そのものを、麓から登って来たのだったが、今回は丘の裏側の急峻《きゆうしゆん》な坂を登ると、いきなり丘の頂上に出た。

冬の重い雲の下に、広大なパノラマが広がっている。臼内切の丘も夏草の繁った頃に比べると、丘全体の概要が見える。が、冬枯れの草原といっても、太い草茎で覆われた丘は、幾つもの塚の存在を詳《つまび》らかに見ることは出来なかった。

一つ一つの塚の存在確認と検証は、野焼きの時を待つことにして、私たちは丘に黙祷を捧げると、今日の目的である臼内切の集落跡地の方へ降りていった。

二、三百メートルも降るとすぐに、杉山に入った。杉山の中は竹や萱《かや》や葛《かずら》が密集して歩けないくらいに荒れ果てていて、日中でも夜のように暗い。危く笹や枯れ枝に目を刺されそうで、夏はもっとひどいだろうと思われた。

「杉の値段が下がってからは手入れをしなくなって、山は荒れ放題ですよ。杉が高い頃は毎年きちんと根ざらいや、枝打ちなどがされていたのですがね」

と案内役の農家の佐藤さんが、自分の不始末のように詫びた。

今は荒れ果てて道もわからないほどであるが、十数年ほど前までは、今通っている道は、扇というところから小田に通じる大切な町道で、郵便屋さんが毎日ここを通っていたという。そう言われれば、両側が杉山になっているが、よく見ると山の尾根であることがわかった。

十数年前に来たことがある森山さんも佐藤先生も、杉が大きく成長し、山全体が荒れ放題のため様相が一変していて、その荒廃のすさまじさに驚いていた。

七、八百メートルも行った時、先頭の佐藤さんが立ち止まり、左側の暗い杉山の中に入っていった。そこが、臼内切集落の住人たちの墓地であった。

「佐藤さんに来てもらってよかった。わしらじゃとても墓地を見つけきらんじゃったな。これじゃ見当もつかんわ。ひどい変りようじゃな」と佐藤先生が天を仰いで慨嘆した。

道から二十メートルほど入った杉木立の一部が、百年以上も前の臼内切集落の共同墓地であるらしかった。

しかし、そこには墓らしいものは何もない。

十数年ほど前に森山さんたちが訪れた時には、大小の丸石の墓石が数えきれないくらいあったという。その中の一つには『寛政弐年十月十日、俗名亀吉』と書いたものがあって、森山さんも佐藤先生も確かに見たことを覚えていた。

佐藤忠袈さんは終戦後に復員して農業を継いでからは、毎日のようにこの墓地の横を牛や馬を引いて通った。その頃にはまだ杉も植えられてなく、野っ原みたいなところに二十～三十もの丸石の墓がずらり並んでいた。臼内切の惨殺のことを知っていただけに怖い思いで通ったという。

野焼きの時も、墓地には火が届かないようにみんなで特に気をつけて行った。

戦後植林ブームが起り、この墓地にまで杉が植栽されるようになって次第に墓地は荒れていき、杉の値上がりとともに墓石も段々消えていった。それにしても誰が墓石まで動かしたのか。

「墓石と知らずに動かしたのか、杉山を高く売るためには墓地があってはまずいと、故意に動かしたかのどっちかでしょうな。私はわざと動かしたと思いますな。馬鹿なことをしたもんだな」と佐藤先生が決めつけた。

その後、森山さんと佐藤先生が鉄棒で墓地を隅々まで突いて、キリシタン墓のひとつの特徴である地中に埋まっている伏墓《ふせばか》を見つけようとした。

十数年前の時も鉄棒で探して手ごたえがあった森山さんは、今回も何カ所かに土中に墓石らしいものを感じたようで、掘ってみれば伏墓が見つかるかも知れないと、残念そうであった。

案内役の佐藤忠袈さんは他に用があるようで、墓地の探索が終ると帰っていった。

無闇に他人の墓地を掘り返すことも出来ず、私たちは墓地をあとにした。

墓地から臼内切の集落跡へのなだらかな坂道を、私たちは降りていった。尾根の道に比べると、昔村人が日常的に往来した道であったという感じの道であった。道の両側は今は杉山になっているが、昔は段々畑であった。そこに杉が無理に植られていることが、はっきりわかる。

段々畑の境界は丸石で出来ていたが、石垣に近いしっかりした段作りである。杉山の中に茶や桑や梅の木がたくさん残っている。

かつて人が住んでいた匂いが、しみじみとした。何か懐かしい囁《ささや》き声が聞こえてくる雰囲気が漂っていた。私の胸の中に、熱く切ないものが込み上げてきた。

杉山の段々畑が次第に平地のように広くなってきていた。

いつの間にか雲間から陽が漏れてきたようで、杉山の向こうにある田んぼには、冬の陽が弱くではあるが射していた。

平地のように広くなった杉山が、臼内切の人々の住んでいた家屋が集っていた所らしかった。南に面した二つの小高い丘が接して窪を造った所で、北風が避けられ、南から陽を受ける陽溜まりになる所である。

いかにも家屋が集まりそうな暖かい感じがあり、山また山のあい間の中で本当に人が住むには良い所で、隠れ里というか、埋みの里というか、別天地であったろうと思われた。

その陽溜まりの先の小さな谷川に沿ったかなり広い場所は、今でも田んぼやビニールハウスがあって、農業が営まれている。

「杉を植えてなければ、人里ということがいやが上にも実感できるのだけど。どこにもここにも杉を植えてしまったもんだから、風情も何もなくなってしもうた」と佐藤先生が憎々しげにぼやいた。

いまは杉山と化した臼内切集落跡

「このあたりに大きな榧《かや》の木があって、根元からこんこんと清水が湧き出ていましたが、どこにありますかね」

と森山さんが佐藤先生に尋ねた。

「わしも今、それを探していた。杉がこんなに大きくなっていなかったから、あの時は榧の木がすぐわかったのだが……。どうも切り倒されたみたいだな」

先生は杉の木の間を懸命に探していた。

木下君が杉木立の中の切り株の上を、まるで子供が川石を渡るかのように、ぴょんぴょんと軽々駆け回って探していたが、大きな石のあるところで、「ここに、大きな切り株があって、根元から少し水が湧き出ていますが、ここではないですかね」

と大きな声で皆を呼んだ。木下君が探しあてた所と、森山さんや佐藤先生が探している場所はかなりかけ離れていて、人間の記憶というものの不確かさを感じた。

「ああここだ。この大きな石に見覚えがある。ああ、あんないい樹を切ってしもうて。大きな樹、鎮守の森、鎮守の大石。その根元からこんこんと湧き出る清水。まさに人間の魂の根元と感じさせられたのにな……、不粋《ぶすい》な奴がいたものだ」

佐藤先生が嘆き、森山さんが何度も頷いた。

切り倒してまだあまり年月は経《た》っていないようであった。大きな切り枝が周りにたくさん散在している。

森山さんは大きな石の隅々と、水の湧き出るところに敷かれた石などを丁寧に指でなぞって、キリシタンを表す十字がどこかに隠されていないかと探していた。

清水の出るところを見おろす左手の崖の上に社があったらしい所がある、と佐藤先生が言うのでみんなで登った。そこからは焼け焦げた神木か、仏像かはわからないが、見つかった所であった。確かに石段みたいなものが三十段ほどあり、その上からは臼内切の里が満遍なく見渡せて、ここならば里を守る鎮守の社があっても不思議ではないと思った。

私は、江戸時代の隠れ里でのキリシタンの慎ましやかで、信心深い十数戸の村人の貧しくとも平和な生活を思い浮べた。

その高台から、私たちは隠れ里を見おろしながら、今でも耕作されている左手の谷沿いの田んぼ、その先の方のビニールハウス、さらにその先に長く連なる田んぼ、そして今は杉山になっているが右手の段々畑を合せると、十数戸六十余名の人数であれば、倹《つま》しい生活は可能であったろうと話し合った。

田畑を合計すれば三町歩はあるようで、段々畑には陸稲を作ったかも知れないし、生きていくために隅々の土地を利用しての二毛作は、あたり前のことであったろう。

私たちは社跡から降りて清水に戻ると、交代に湧き水を飲んでみた。温かい、おいしい水であった。岩清水であったから、冬温かく、夏冷たいのであろう。

「前来た時は、季節にもよろうが、水がもっとこんこんと湧き出ていたのになあ」

佐藤先生はぼやきっ放しで、臼内切集落のあまりの変容と破壊がよほど衝撃であったようだった。

年末の人里離れた廃墟に立った私たち四人は、暫くの間、いい知れぬ感慨に浸った。田んぼの畦道《あぜみち》を走る臼内切集落の子供たちの笑い声が聞こえたように、私は一瞬感じた。

帰途、満願寺温泉を過ぎた所で、佐藤先生はキリシタン墓があるので見ますかと言うので、私はすぐにのった。車を止めた後、これまた杉木立の急な坂をかなり登ると暗い崖下に二つの石が重ねて置かれていて、石の中央部に細い「十」の字がはっきりと刻まれているのがわかった。

これは昭和四十六年の大雨の時、山腹からここに落ちてきていたのを通行人に偶然発見されたものであった。

石の表面に細い線であるが刻まれた十字をみると、キリシタン信仰の思いが胸を打った。

佐藤先生によると、この他にはどこにも発見されていないという。が、このような石が存在することは、この近辺にキリシタンが確かに存在したことを伝えるものである。

私は隠れキリシタンの証である十字を見たのは初めてであったが、もっと仰々しくはっきりしたものであると思っていたので、細い十字を見たとき、その簡略、素朴さにむしろ真実のキリシタンの姿を見た思いであった。

真夏の時に寄った市原の食堂で遅い昼食をとった。

佐藤先生は自宅に寄って『肥後国誌』（補遺・索引）を持って来てくれた。『肥後国誌』は十八世紀に編纂《へんさん》されたもので、時代が下がるにつれて、それを補遺、改正したきたので、肥後藩にとっては大変貴重なものであった。

それによると前回、佐藤先生が『うすねぎり』は臼根切でなく、臼内切であると口を酸《す》っぱくして言った根拠がはっきり出ている。

一黒原村　百六十七石余
一扇村　百六十六石余

志賀親有墓、志賀山城守親有ノ墓ナリ、志賀氏家伝ニ豊後直入《なおいり》郡白丹原村ノ内南山ノ城主志賀兵庫頭親正ノ男山城守親有　言ニ依《より》テ大友氏ノ為ニ於扇　村《おおぎむらにおいて》切《せっ》腹《ぷく》ス、

・高花・星和《ほしわ》・船熊・吉原・臼内切・小田・白川村等ノ小村アリ。（二十五ページ）

この『肥後国誌』によると、十七世紀末から十八世紀には、現存の地名がはっきりと記載されている。臼内切を取り巻く、小田、吉原、扇、黒原などは現在でも人が住んでおり、臼内切だけが廃村になっている。

佐藤先生は昨日飲み会があって遅くまで飲んでいたらしく、前回の七月のようにはあまり飲まなかった。森山さんも、昔はかなり飲んでいたとのことであったが、六十歳近くになって深酒は慎んでいるようであった。私だけが、臼内切の人々の住んだ跡地を確認できた嬉しさにぐいぐい飲んで酔っていた。

食事をしながら、これまで調査したことと、これから進むべき道を話し合った。臼内切という集落が存在したことは信じてよいようである。またその集落の六

十余名が、何かの原因で惨殺されたであろうことは状況から想像できた。

埋もれたままになっていたキリシタン虐殺を蘇生させた陰の功労者は、長谷部保正さんという話になったが、荻昌國のことを含めて、前途が暗澹たることに変りはなかった。

長谷部保正さんは、ついこの十数年ほど前まで生存していて、佐藤先生や森山さんも会ったことがある人である。先ず長谷部さんの周辺を調べ、その周辺から伝聞に出てくる二人の人物、「泰次郎」と「おいね」が本当に存在していた人であるかを証明しなければ、この問題は解決しないだろうということになった。

そして、これまで書かれた記事が、何故、嘉永六年に事件が起こったことにしているのか、それが単なる伝聞によるのか、それとも、それに係わりのあった人々の確かな証拠によるものか。

役場に長いこと勤めていた森山さんはいろんなことを経験していて、「泰次郎」と「おいね」の存在を証明するには、幕末から明治の初期であれば、寺院の過去帳か、役場の除籍簿か、墓そのものを探し出す以外になかろうということになった。

長谷部保正

年が明けると、「泰次郎」と「おいね」を探索すべく、私たちは行動を起した。その鍵を握っていた長谷部保正さんのことを聞くため、保正さんのことに一番詳しいと思われる、息子の嫁の百合子さんに会える約束を森山さんが取り計らってくれた。

建築仕事が忙しいため正月休みもあまりとれないようであったが、一月十四日（土）の午後を無理矢理に仕事を休んでもらうことにした。

その休んでもらった分の給金は御仏前として保正さんの仏壇にお供えすることにした。森山さんも私も強引になってきていた。

午前中は小国町役場を訪れた。今日は木下君は都合で同行できなかった。私に森山さんを紹介してくれた小国町の町会議員のKさんの肝入《きもい》りで、小国町役場の戸籍を扱う住民課を訪れることになった。

「泰次郎」や「おいね」の戸籍を探すためである。が、K町議の意図には、この探索は小国町にも関係があることであり、隠れキリシタンの悲劇が解明できれば、観光にも役立つことであったから、小国町にも協力させる思惑もあったようだ。住民課長、住民係長、総務課長、それにK町議も同席してもらった。

臼内切のことも荻自刃のことも、役場の人は全く知らなかった。古い戸籍も保存されているが、どこまで遡《さかのぼ》って存在するのかもわからないとのことであった。今は戸籍の閲覧はプライバシーの侵害になるとのことで、近年殊《こと》にそれがやかましくなり、戸籍は法務局に保管され封印されているという。よほどの理由がなければ何人と言えども、それを破ることは出来ないとのことである。

除籍簿であれば、裏の倉庫に入っているかも知れないということである。「泰次郎」も「おいね」もいつ、どこで死亡したかわからなかったし、また存在そのものが疑わしい人間の除籍簿を探すのであるから、気が遠くなる思いであった。

役場の裏の土蔵造りの倉庫の二階に上っていった。階段がみしみし鳴って、床も抜けそうで、クモの巣が顔を包んだ。小さな裸電球ではとても読めない状態で、役場の人が懐中電灯を持って来てくれた。たくさん積まれた古書の中に交って除籍簿があった。どれも虫に食われ、変色退色して字が読めないものがほとんどであった。

長谷部保正さんが住み、「泰次郎」と「おいね」も住んでいたであろうと想像される上田の江古尾の長谷部姓の明治時代のものが見つかってはらはらさせられたが、「泰次郎」も「おいね」も発見できなかった。全部目を通したら、昼過ぎになっていた。

小国の丘の上に最近建った、総杉づくりの山小屋風のレストランで揃って昼食をとった。

ピラミッドの形をした建物のまん中には、大きな杉丸太を八角形に削った柱が立っている。屋内は壁も床も全て木で出来ている。木の香りが充ちていて、気持ちを穏やかにした。

戸籍や除籍簿から「泰次郎」と「おいね」を探し出すことは絶望的に思えてきた。除籍簿が残っているのは、今見てきた倉庫の他には北里にある北里農業倉庫しかない。が、北里の方は、明治以降の各地の新聞類が主なようで、あまり期待できそうになかった。

午後私たちは江古尾の長谷部邸に向かった。K町議、役場の人も同行してくれた。長谷部百合子さんが仕事を早引して待っていてくれた。百合子さんは五十歳ぐらいの健康そうな明るい人だった。

保正さんの遺影の置かれた仏壇にお詣りした後、私たちは百合子さんにいろんなことを尋ねた。

百合子さんは長谷部家に嫁いで来て三十年近くになるが、保正さんから臼内切のことについて直接詳しく聞いたことがなかったとのことで、他人に話しているのを立ち聞きしたていどのことであった。ただ保正さんは民話や俚謡《りよう》の収集、郷土史の研究、各年代の墓碑の変遷などといろんなことに興味を持って調査していたので、百合子さんは混乱して詳しいことはわからないようである。「泰次郎」や「おいね」のことも、百合子さんは全く知らなかった。

保正さんがいつ、誰から臼内切のことを聞き知ったかを知りたかったが、嫁いで来た百合子さんには無理なことのようであった。

百合子さんは宮原に住んでいる保正さんの実の妹に電話をして聞いてくれたが、要領を得なかった。私が電話を替り、もし時間が許せば、これからタクシーでここまで来て貰えないかと頼むと、快く承諾してくれた。

妹さんが着くまでの間、保正さんの持ち物の本やノートなど調べさせてもらった。保正さんが亡くなって十年ほどになるが、ほとんど未整理の状態で、離れの倉庫の二階の屋根裏にあるものまで全て見せてもらった。

臼内切に関する調査ノートがほしかったのであるが、どうしても見つからない。使い古された厚いノートが何冊かあったが、中には小国郷のいたるところの墓が、大きさ、形、銘まで図入りで詳しく書かれてあって、不気味であった。臼内切関係のものはなかった。

本棚は郷土史から世界史、日本史、民族学から、志賀直哉、武者小路実篤の文学書まで多岐《たき》にわたり、保正さんの勉強ぶりがうかがえた。

保正さんは小国に伝わる民話の本も出していたし、テレビにも出演していた。その本に長谷部さんの略歴が出ていた。

「明治三十一年四月二十九日に小国町上田仁瀬《かみだにせ》の松崎市太郎の四男として生れる。大正二年阿蘇北部高等小学校を卒業、大正九年に上田の江古尾《えこお》の長谷部家の養子になる。爾来《じらい》農業自営のかたわら、郷土史の研究を志す。禿迷盧氏の『小国郷史』の編纂にあたり資料の収集提供に全面的に協力、昔話の伝承者として今日に至る」

『小国郷史』の中の臼内切の件《くだ》りも、保正さんからの伝聞の可能性が強くなった。妹さんは八十歳に近かったが、記憶力もしっかりしていた。保正さんとは十歳近く年が違うし、江古尾に養子に出たため、そんなに話す機会はなかったが、臼内切のことは保正さんから何回か聞いたという。

長谷部保正さん（前列中央）

臼内切の近くの小田の農家の中村家（現在は小田温泉の旅館「夢の湯」）へ保正さんの十歳年上の姉のツタエさんが嫁いでいたため、保正さんは子供の頃からしょっちゅう小田に遊びに行っていた。その頃の小田には臼内切の惨殺を実際に見た人たちが生き残っていたはずだから、保正さんは恐らく小田で初めて耳にしたと思われる。

小田の姉の家から、保正さんは臼内切の惨殺の丘を見て、いつも涙ぐんでいたという。多感にして心優しい保正青年は、強い衝撃を受け、一生かけて臼内切を伝承したものと思われる。

そうして保正さんが養子に入った上田の江古尾の家（現在のこの家）のすぐ上の段の長谷部家に、臼内切の生き残りの「泰次郎」が養子に入っていたと言う事実を知らされた、と保正さんは後に語っていたという。

「泰次郎」が養子にいった家のすぐ下に、保正さんも養子に入るとは、これは奇蹟に等しかった。保正さんと「泰次郎」は同じ長谷部という姓になったことになる。

この機縁が保正さんをますます臼内切の丘に登らせた。その回数は何百回にもなったという。そして、その熱意と誠意が石井次郎先生、作家の石牟礼道子さんに通じて、あのような文章を書かせたものと思われる。

上の段の長谷部家は、今は家もなくなり、熊本県の鹿本《かもと》の方へ移ったと聞いているが、全く消息もないという。

「おいね」については何も聞いていないと妹さんは言い、この江古尾の請寺《うけでら》は玉岑寺《きょくしんじ》であったから、もし「泰次郎」や「おいね」が実在していたのであれば玉岑寺の過去帳に残っているかも知れない、と教えてくれた。それから思い出したように、そうそう、この上の段の長谷部さんの身内の人という方が今小国の老人ホームに入っているはずです。盆、正月にお墓詣りに帰って来ているようですから、あの方に聞いたら何かわかるかも知れません、と教えてくれた。

そして、私たちが辞去する時に、百合子さんが急に思い出して、保正さんが死を迎えた最後の病院で、何か大切なノートの行方がわからなくなったと嘆いていた、と話してくれた。ノートはとうとう見つからずじまいで、保正さんは死んでいったという。

大切なノートには一体何が書かれていたのか。夕方近く長谷部さんの家の前で、K町議と役場の人たちと別れた。臼内切に関するノートが見つかったら、是非知らせてほしいと百合子さんに頼んだ。

私と森山さんの足は小国の老人ホームに向っていた。調べられる時に調べておくことが、探索行には大切なことである。正月早々の訪問で係の人も驚いたが、当の長谷部さんも全く未知の私たちの来訪に怪訝《けげん》な表情であった。

長谷部さんは七十五歳ぐらいの小柄な人で、作雄さんという名前であった。最初私たちの来意を解《げ》せないようであったが、次第に理解してきた。

作雄さんは保正さんを確かに知っていて、臼内切の話も聞いたことはあるという。が、「泰次郎」や「おいね」の名前は聞いたことはなく、その墓も見たことはなさそうだった。

作雄さんは、姉が上田の江古尾の保正さんの家の上の段の長谷部家に嫁に行っていたが、子供がなかったために弟の作雄さんを養子に入れたのであった。しかし、養子にいったすぐあとに姉さんも旦那さんも亡くなったので、作雄さんは間もなく江古尾を去って南小国に移った。だから、作雄さんが江古尾にいたのは、昭和三十年代のほんの二、三年間であった。

これ以上のことを作雄さんが知っていそうもなかったので、お礼を言って引き揚げた。外はとっぷりと暮れていた。一月の冷い風が身を切るようであった。

混迷

小国町の上田の江古尾の長谷部さんの家を尋ねてからしばらくの間、私はこれまで訪ねた人々から集めた資料、書籍などの整理、読書に打ち込んだ。

少し整理しないと頭が混乱しそうだし、荻関係を調べるには、どうしても江戸末期の情勢、肥後藩の内情、とりわけ横井小楠を徹底的に調べる必要があるために山崎正董の大著『横井小楠』をはじめ、『熊本県の歴史』『熊本の先駆者たち』『新・熊本の歴史』などを読み漁《あさ》った。

いわば、私自信の内容充実を図るためであった。それに寒さがひどく、インフルエンザも流行《はや》りはじめていた。小国地方の冬は冷凍庫の中に住むみたいなものであったから、動きにくかった。が、その間も森山さんとは綿密に連絡をとっていた。

臼内切の伝聞は長谷部保正さんが、大変な役割というか鍵を握っているのは間違いないことがわかった。その伝承者の保正さんが死亡していて話を聞けないこと、また保正さんの自宅の遺稿にも臼内切に関しては何も残されていないことがわかった。私は、これまで保正さんから一番詳細に話を聞き調査をして、西日本新聞に掲載した故石井次郎先生の自宅を、西日本新聞社を通じて調べて貰い、電話をした。

電話に出た奥さんは、石井先生がちょくちょく調査といって阿蘇の方に出かけていたのは知っていたが、どんなことを研究していたかは全く知っていなかった。私が説明すると大変驚かれた。

何か調査ノートらしいものが残っていないかと尋ねてみた。が、死後一年目に書斎を隈なく整理したがそのような物は全く見なかった、とのことで、石井先生のお弟子さんに聞いた方がよいでしょう、と数名の名前と電話番号を教えてくれた。

石井先生の専門は宗教学ということで、九大の教育学部の教授をなされていた。先生が臼内切のことを知り、それの究明にあたったのは、どうも九大を定年退官される数年前の頃からかと思われた。

先生のお弟子さんたちも奥さん同様、先生が何かに興味を持たれて阿蘇の方に出かけているらしいのは知っていたが、そのことを先生は何もおっしゃらないので、聞くこともなく終ったとのことであった。

石井先生が臼内切究明のために学生やお弟子さんたちを動員というか、誘って一緒に出かけることもなかったようだ。

奥さんから聞いたお弟子さんたちは福岡、大分、長崎などに散っていたが、みんな、高校か大学の先生をされていた。どの先生に電話してみても石井先生が隠れキリシタンの悲劇を探索していたことを知ると、一様に驚いていた。

西日本新聞に載った先生の記事も読んでいないようであった。そんな訳で石井先生に近い人々から臼内切について新しいことを聞き出すことは不可能に思えた。石井先生と長谷部保正氏の接点も、どうも謎のままにしておくより仕方がなかった。

『西南役伝説』の石牟礼道子さんも、西日本新聞社を通じて住所と電話番号を調べてもらった。高名な作家であり多忙ではと気がひけたが、強引に電話をしてみた。

水俣病で有名な水俣市を離れて、今は熊本市の寺院に住んでいるようで、最初電話に出た秘書みたいな若い男性は、先生は留守であると告げた。居留守を使っているのではないかと勘ぐり、私は強引に臼内切の話を持ち出し、先生に長谷部保正さんについてお聞きしたいので明日の正午、再び電話を入れるからと頼んだ。

石牟礼さんが明日電話に出てくれなければ、諦めようと思っていた。

次の日、正午きっかりに電話を入れると、すぐ替って石牟礼さんが出た。私は『西南役伝説』を読んで、いま臼内切を調査していることを説明した。鍵を握ると思われる長谷部さん、石井次郎先生がすでに亡くなっているためにきっかけがつかめず難航していると話した。

石牟礼さんは昭和六十三年に朝日選書の一冊として『西南役伝説』を出版して以来、臼内切のことがずっと頭から離れず、その後どうなっているか知りたかったという。穏やかではあるが、熱気のある口調であった。

私は、石牟礼さんが長谷部さんに出会った機縁と、臼内切に関してどんなところまで知悉しているのかを伺った。

「『西南役伝説』に書いている通りなんですが、ちょっと補足しておきましょう。あの頃私は久住高原に一度行ってみたいと思っていたら、俳句仲間の九重在住の熊谷陵蔵さんと、北九州の穴井太さんが九重に連れていってくれたのです。その帰りに小国町の上田小学校の廃校式があるので、なにかのためになるかも知れないので、どうしても式に出なさいというものですから、のこのこ付いて行ったんです。熊谷さんは上田小学校の卒業生でした。それで、廃校を記念して作った上田小学校九十年誌の編纂を手伝っていたので、廃校式に招待されていたのです。その席で私は実に朴訥《ぼくとつ》で素晴らしい老人の長谷部保正さんを知ったのです。そして、長谷部さんの口から、それはまるで民話でも語るように臼内切の惨劇を聞いたのです。それから二度長谷部さんにお話を聞きに行き、一度は臼内切の丘にも連れて行ってもらいました。長谷部さんはえらく足の丈夫な人で、どんどん登っていくのでついて行くのがやっとでした。事実関係を究明して、臼内切の隠れキリシタンを供養するのが長谷部さんの念願だったんです。それで隠れキリシタンの専門家を中央から呼んで調査をしようと、日程まで決める段階になったところで、長谷部さんが亡くなったのです。私たちもがっかりしたんですよ」

石牟礼道子さん（昭和40年代）

「そうですか、そこまで進んでいたのですか、それは本当に惜しかったですね」

「あと半年、長谷部さんが長生きしていてくれたら、何らかの解明がなされたのでは、といつも頭から離れないのですよ」

「『泰次郎』や『おいね』について長谷部さんは、もっと詳しいこと、例えば二人がどこで亡くなったとか、何歳であったとか、戸籍やお墓などが存在したとか、何か調べたことをまとめたノートとかそんなものをお持ちでなかったのでしょうかね」

「ノートなどは全然見せて貰いませんでしたね。ただ、語り部みたいにぽつりぽつりとゆっくり語るのを私が書き留めただけでしたね。『泰次郎』や『おいね』については、もっと詳しく聞きたいと思っていた矢先にお亡くなりになりましたので、あれ以上のことはわかっていません」

「そうですか、残念ですね。ところで石牟礼さんは、臼内切の丘の十二の塚をはっきりご覧になりましたか。そうですか、夏草の頃ではっきりとわかりませんでしたか。私もまだはっきりとは見ていないのですが。三月中旬にあのあたりの野焼きがありますので、三月末から四月上旬が一番よくわかると思いますので、よい季節になったらご連絡をいたしましょう」

石牟礼さんは本当に、臼内切のことが気に掛かっていたようで、私たち探索者の出現に、ある面ほっとしたような気持ちになったのではないか、とも感じられた。

私たちの探索行のきっかけになった二つの記事、石牟礼さんと石井次郎先生のを調べてみても、はっきりした結論は見つけ出せず、むしろ混迷してきた。

熊本日日新聞に臼内切に関する随想を載せた高橋国男さんは南小国町役場で調べて貰うと、すでに数年前に亡くなっていた。臼内切のことを本格的に調べた形跡はないようであった。

そこで私は西日本新聞社の日田支局に、石井先生の記事と呑人の署名のある囲い記事、「風車」の両記事に関係した新聞記者がわかれば教えてほしい、と厚かましくも頼んだ。記者がわかれば、石井先生の取材に同行などして、臼内切のことにも詳しいのではないかと思ったからだ。

もう十五年も前のことだから、とてもわかるまいと私は半分以上諦めていた。記者も定年で辞めているかも知れないし、どこか遠くに転勤しているかも知れないと思っていた。

ところが、二日後に両記事に関係した人が見つかったと連絡があった。現在は本社で文化部長をしている山下国詰《くにつぐ》さんとのことであった。私は早速電話して、その日の夕方に会っていただくことにした。福岡へ車をとばした。興奮しているのが、自分でもわかった。

夕方の新聞社は締切り前で、活気に満ちていた。場違いのようで、私は怖じけづいた。

山下さんはいかにも聡明そうな方であった。カーテンで仕切られた狭い応接場で話を聞いた。

石井先生とは、まだ山下さんが若い頃、教育関係の記事を石井先生に書いて貰って以来、懇意にしていたという。そして昭和四十九年に石井先生に文化欄に記事をお願いしたら、自分の専門分野のことでなくてもよいかとおっしゃるので、何でも良いですということで、あの記事が出来た。

だから、山下さんはあの記事に直接には何も関係しなかったそうであった。ただ記事の内容には少なからず驚いたし、興味も湧いた。が、それより石井先生の情熱に感動した。そしていつの日か、続編を書いていただこうと思っていたら、昭和六十一年の春にお亡くなりになったという。

「風車」の記事については石牟礼さんのことが書いてあるので、筆者の呑人は熊本の同人誌「暗河《くらごう》」の同人ではないかと二、三人の名前をあげてくれた。「暗河」は石牟礼さんを世に送り出した同人誌であった。山下さんは熊本に勤務していたことがあり、「暗河」同人の人々を知っていた。

帰ると私は、教えられた人々に電話をしてみたが、記事を書いた人はいなかった。ただ石牟礼さんの『西南役伝説』は「暗河」に連載されていたので、臼内切についてはどの人も読んだことがあると言っていたが、「呑人」というペンネームについては記憶がないとのことであった。

多宗殿

語り部たる長谷部保正さんを探索し、その継承者と思われた石井先生、石牟礼さんから新しい事実や確証を掴めなかった私たちは、臼内切のことを知っている保正さん以外の語り部を捜さなければ、と森山さんと話し合った。森山さんからK町議を通じて役場に協力を依頼した。

臼内切の近くの小田温泉の旅館「夢の湯」に、臼内切の惨劇を語り伝えられる人々に集まってもらうことにした。

二月八日、極寒の時に決まった。

私はその日、仕事を早めに切りあげて、木下君に運転してもらって出かけた。厳冬の小田温泉は高原であるだけに寒さはひとしおで、天気がよければ陽のあるうちに臼内切の丘に登ってみようと思っていたが、日が短くて出来なかった。

道路が凍結しないうちにと、明日の仕事もある木下君は帰した。

森山さんは少し暗くなりはじめた五時頃に到着した。私たちはひと風呂浴びて早めに夕食をとった。

現在は旅館「夢の湯」を経営しているが、昔は農家であった中村家に、長谷部保正さんの姉のツタエさんが嫁いで来て、現在の当主中村忠幸《ただゆき》さんの父、忠《ただし》さんを産んだのである。忠さんは八十歳近かった。保正さんは姉のツタエさんの所に訪ねて来て、はじめて臼内切の悲劇を聞いたものと思われる。

保正さんは、忠さんがまだ子供の頃、忠さんの手をひいて、よく臼内切の丘に登ったという。

夜の七時に、K町議と役場の関係者、「泰次郎」と「おいね」の請寺と考えられる北里のA寺の住職Gさん、小田とは反対側にある吉原集落から大工をしている佐藤明《あきら》さん、この「夢の湯」の当主、小田集落に属する中村忠幸さんたちが集まってくれた。

佐藤さんは五十代、中村さんは四十代であった。私はもっと地元の古老の方々が集まってくれていると思っていた。が、臼内切を記憶していて、今でも興味を持ち続けている古い人は、もういないとのことであった。それに極寒の季節でもあり、またあまり思い出したくない話題でもあったのかも知れない。

私にとっては、少々期待はずれであった。

私は、集まった人たちに臼内切の探索の動機とこれまでの経過を話した。この臼内切の虐殺が今までのところ伝聞によるとしか考えられないこと。特に長谷部保正さんの伝承の域を出ていないことを伝えて、長谷部さん以外の伝聞を知りたいために、ご足労を願ったことを説明した。

K町議も、役場の二氏も、G住職も臼内切伝聞は初耳に等しいことであったし、中村さんは長谷部保正さんの親戚であったため、長谷部さんの伝聞の域を出ないようであった。結局、吉原集落の佐藤明さんから新事実を聞き出すような会になった。

佐藤さんは小柄でやせていたが、精悍な目つきをしていた。

佐藤さんは、私たちの前に石井次郎先生の例の新聞記事のコピーを出した。そして、石井先生は十数年もの間、年に二、三回探索に見えた。その度に手土産を持って佐藤さんの家を訪ねて、話し込んでいったという。

石井先生は穏やかな方で、臼内切の悲劇が事実であれば何とか世に知らせたいと繰り返していた。先生の秘めた情熱を佐藤さんは感じ、出来るだけ協力して来た。

話を聞いていると、物凄く記憶力の良い人という感じをうけた。佐藤さん自身も先祖、先輩から伝聞された臼内切の悲劇をいつの日か何らかの形で、世に出したい情熱を秘めているようだった。

大工修業中も、一人前になってからも、佐藤さんは戦後の食料難の時代から親と一緒に、大工仕事の傍ら臼内切で畑を耕して来たという。佐藤さん自身は戦後からではあったが、先祖は、何代も前から臼内切で作物を作り続けていたのである。

狭く貧しい国土であったから、少しでも田や畑が耕せたら、少々の困難や苦労は厭わなかった時代が、日本にはずっと続いていたのである。

佐藤さんも臼内切の惨殺の怖い話は、子供の頃から聞かされて知っていた。だが、怖いから臼内切で農耕をやらないということは出来ない時代であった。その怖さを堪《こら》えて臼内切で、唐芋《からいも》やトウモロコシ、陸稲《りくとう》、大根など、作れるものは何でも工夫して作った。

今でこそ段々畑は杉山に替ったが、昭和の四十年代までは、江戸末期に臼内切の住民が惨殺に遭った当時の農業と、ほとんど同じことをしていた。だから、臼内切の土地を耕すと、茶碗のかけらや石臼、屋敷の土台石、焼けた鴨居、さびた庖丁などがぞくぞくと出て来た。

佐藤さんは何度も怖い思いをした。が、怖いというより食べることが何よりも優先された時代であったから、我慢して畑を耕した。現在のように減反をしたり青田刈りをしたりして、農業的なものが蔑《ないがし》ろにされたり、疎《うと》まれたりしはじめたのは、日本の歴史から見れば九牛のなかの一毛の期間にしか過ぎない。

ただ、ある時、耕していると、石で出来た函みたいなものを見つけた。何か宝物が入っているのではないかと野心を起して掘り続けた。後で考えると古墳時代の石棺だったようであるが、突然猛烈に腹が痛くなり、転げ回って悲鳴をあげた。一緒に掘っていたあとの二人も同じ症状を起こし、村人に助けを求めてやっとその場を逃れたそうだ。

宝物を求めるという野心と、もともと臼内切への恐怖心があったため、その後ろめたさからの精神的な反応による腹痛と思われたが、それは本当に脂汗の出るような痛みであったという。

佐藤さんは私たちを見て、実際腹痛を起した自分を迷信まがいと考えるかも知れないが、同じように、その時期、キリシタンが断首され埋められた丘の塚に、キリシタンの金の十字架があるかも知れないと掘ったある集落の何人かも、歯らしきものを掘りあて腹痛と高熱に何日も悩まされた。またずっと遡った明治時代に臼内切の神社の跡と思われる所で、小田集落の人たちが仏像か神像の焼けただれたのを見つけた。単なる木像とみて持ち帰っていたが、その途中に木像が突然重くなり、それは石の何倍もの重さになって、とうとう運びきれなかった、という話などを披瀝した。

人間の弱さというか、実際になると佐藤さんの言うようなことは起こり得ると思った。

臼内切集落跡から出土した食器類の破片

十数年前に臼内切を訪ねていてくれたら、本当に人間が住んでいたのが目で見るだけでなく、鼻からも、耳からも感じ取れたであろうに、と佐藤さんは何度も嘆いた。

佐藤さんは昭和ひとけたの生れであった。曽祖父にあたる松の十という人が、臼内切の惨殺を見聞していたのか、よく知っていて、その曽祖父から幼い頃聞いた。が、今から逆算すると、それは明治十年生れの祖父市義であったかも知れない、と近頃佐藤さんは考えはじめていた。

臼内切に来る度に菓子箱を持って寄ってくれた石井先生に、佐藤さんは好意と敬意を持っていた。が、西日本新聞に載った臼内切の記事の中の、「臼根切は『治外法権』であった」という点には今でも疑問を持っていると言う。新聞記事では「臼根切の住民は、どこか他所から来て、体格も言葉も違い、年貢も納めず、踏絵踏みにも誰も参加せず、近隣との婚姻もせず、請寺もなく、二百年の間独立しつづけた」となっている。

佐藤さんは自信を持って、口をとがらして自説を述べた。段々激してきて、汗が噴き出し、頬を真赤にしながら滔々《とうとう》と、しゃべり続けた。

「あの厳しい封建時代に、ガラシャ姫の関係でキリシタンに因縁のある細川藩とはいえ、臼内切だけに、治外法権を許すわけがない。

まして、臼内切の周囲の村々と半里、今でいう二キロと離れていないのに、全く交流がないなどあり得ない。いつの時代も男と女の仲、ましてや若くて健康な男女が近隣に相手を求めないわけがない。臼内切と近隣の村々は婚姻関係、即ち親戚関係は絶対にあったはずだ。特に吉原集落とは、何らかの、深い親密な間柄であったと思う。臼内切の惨殺があった十年ぐらいのあとの明治になると、吉原集落は臼内切の跡地に田畑を耕し始めているのだから。あれだけの惨殺のあと、普通であれば永遠に廃村になるところだが、吉原の人たちがは入り込んだのは、臼内切と深い交流のあった証しと私は思う」

と佐藤さんの顔が輝いてきていた。

先ほどまで人間は生きるためには、どんな怖いことでも我慢して行うと言っていたのとはちょっと矛盾していたが、説得力はあった。吉原の住民と臼内切とは深い関係にあったから、虐殺のあとも、田畑を耕し出したという方が、より人間的であった。

私もあれだけの惨殺のあとでも農作物が作られていることを最初奇異に思っていたが、佐藤さんの話を聞いていて段々得心がいってきた。信頼があったからこそ、その跡を継いだということが理解できた。もし敵対関係にあったのであれば、人間の良心があれば、そのあとに田畑など耕せるわけがなかった。

「そして、今でも地形的にそうであるが、臼内切という所は江戸時代は交通の要所であったんだ。その要所が隠れキリシタンの隠れ里ではあっても、閉ざされた所ではなく、他所とも自由に交流はあったと思う。臼内切の名の通り、臼の中心を谷というか道が通じていたのだ。他の集落とも交通があらねばならない所であった。そして、惨殺のあった日、竹矢来を組んで見せしめにしたといわれるが、私は吉原集落の人は見に行かなかったと思う。

臼内切の跡地を引き受けて耕した吉原集落の人たちは、以前から交流があったからこそ見に行くような気持ちにならなかったと思う。だから、今でも臼内切の惨殺を証言する証人は吉原には少なく、小田や他の集落に多いのもそれを物語っているのだ」

佐藤さんは体を小刻みに震わせながら力説した。

同じ臼内切の伝聞にも、ひと山越えただけの地域によって反応というか、見方に大変な差があることを私は感じた。

そこで私は、「泰次郎」と「おいね」の生き残ったと思われる人物について、佐藤さんに尋ねてみた。佐藤さんは驚いた風で、そのような人物は全く聞いたことがないと否定した。それには私たちの方が気抜けして、呆然とした。

一方、小田集落の中村さんは、よく「泰次郎」や「おいね」のことは聞かされたという。私たちが一番頼りにしているというか、追跡の鍵を握っている人物にも、こんなに差があった。

そして佐藤さんは、臼内切の集落の住民がキリシタンであったかどうかは五分五分ぐらいであろうという持論を披瀝した。

「医術、武術、占いなどの特殊な技術を持った集団、あるいは新興宗教的なものであったかも知れないし、一般の村々とちょっと違った習慣を持っていたのではないか。そして、彼らは誰かの讒訴《ざんそ》によって惨殺に陥《おとし》いれられたと思う。臼内切の住民の存在に何んらかの危険を感じた者たちの讒訴によると思う」

と、佐藤さんは何度も讒訴説を繰り返した。

佐藤さんは長年臼内切を見続けて、その眼力から言っているので迫力があった。将来必ずこれを証明してみせる、と念を押した。みんな、その気迫に押されて、しばらくは沈黙が流れた。

私は話が途切れがちになったので、まだ調査の途中で、臼内切とは全く関係はないかも知れないが、と前置きして、小国の郡代であった荻昌國が小国の郡代屋敷で文久二年正月に、謎の自刃を遂げていることを話題にした。初めて聞いたらしい佐藤さんは驚いたようで、しばらく考え込んでいたが、

「私は先ほど、生き残りの『泰次郎』という人の話が出て来た時に言おうかと思っていたのだが、実は私たち吉原集落に伝承されている生き残りは、『泰次郎』とは全く別の『タソウどん』という人なのです」

と言った。

「『タソウどん』とはどんな字を書くのですか」

と私は、思わず大声で尋ねた。

「よく知らないが、多いという字と、宗教の宗と、殿様の殿と聞いている。『多宗殿《たそうどん》』は、奇蹟的に武装軍団の捕縛の縄から逃れて廃村と化した臼内切に残り、そこに庵《いおり》を結び、明治まで生きていた。そして吉原の人たちに、自分は幕末に役人を殺して、遂に臼内切の仇《あだ》を討ったと言っていたというのだ。これを知っていたので、今、荻昌國のことを聞いて、私は驚いたわけです。この『多宗殿』というのは忍者のように素早くて、彼には矢も鉄砲の弾も当らなかったというのです。おそらく大勢の軍団の追跡にもかかわらず、彼だけが逃げおおせ、その復讐の機会を狙っていたのでしょう。

臼内切の惨劇から明治初期まで十五年近くありますので、いかに『多宗殿』が隠棲していたとはいえ、近くの、特に吉原の人々と接触があったことは間違いないと思いますよ」

佐藤さんたちは幼い頃に何度も「多宗殿」のことを聞かされ、今でいうスーパーマン、ヒーローとして「多宗殿」に胸をときめかしたという。

夜神楽《よかぐら》のある日は、毎年古老たちからこの話をよく聞かされた。

私の頭は混乱してきた。「泰次郎」と「おいね」の他にも生き残りがいて、臼内切の仇、それも役人を討ち取ったという。正直いって私には信じられず、まやかしとしか思えなかった。あの長谷部保正さんですら、その存在を明らかにしていない人物がいたとは――。

私たちはしばらく呆然としていた。

時間もさがってきたので、宿の人に用意を頼んでいた夜食とお酒を出してもらった。

江戸末期の小国から熊本への年貢米を運ぶ道とか、牛や馬で大観峰ぐらいまで運んだであろうが、大変であったろうなどと、昔の生活の話が弾んだ。

K町議がG住職に、このあたりの請寺は昔、A寺であったので、出来たら過去帳に「泰次郎」や「おいね」、または先に出た「多宗殿」などが載っていないか調べてほしいと頼んだ。

住職はちょっと難しい顔で考え込んでいたが、みんなの熱い眼差《まなざ》しを感じて、出来るだけやってみましょうと言った。

冷え込みが一段と厳しくなっていたので、熱燗が身にしみた。

窓外には、極寒時の幽《かす》かな月明かりのもとに黒々としたシルエットで、臼内切の塚のある丘が横たわっていた。

二時間ほど飲みながら話していたが、十二時を過ぎたためにみんな帰っていった。

翌日、私たちは「夢の湯」の忠幸さんのお父さんの忠さんに会った。旅館の別棟で隠居していた。夢のお告げで温泉を掘り当てたという人であった。八十歳を越していたが、矍鑠《かくしやく》としていた。床の間には温泉を掘り当てた神である龍神様が飾られていた。

忠さんは幼い時から長谷部保正さんによく臼内切の話を聞かされ、またよく臼内切の丘に連れていってもらった。長谷部さんは他にも民俗学、わらべ歌、民話の収集もしていたので、里や山をしょっちゅう歩いていたという。

　忠さんは「泰次郎」や「おいね」のことは聞かされて知っていたが、「多宗殿」については全く聞いていなかった。ただ今でも妙に記憶に残っているのは、終戦後すぐの頃、長谷部保正さんがあまり身なりのよくない男を臼内切の関係者だと言って、ここに連れて来たことがあったという。

　玖珠の人だとか、鹿本《かもと》の人とか聞いたようだったが、記憶ははっきりしない。そうして、雪が残る寒々とした臼内切の丘に二人で登って行ったという。臼内切の生き残りと言えば、「泰次郎」か「多宗殿」の子孫しかいないはずだ。何か妙に薄気味の悪い感じがした。

　その後、私たちは小国の宮原に出た。先日小国町役場で荻昌國自刃のことを話した時、郡代屋敷は役場のすぐ裏手にあると教えられていた。その時ある課長さんが、郡代屋敷のすぐ前にある善正寺というお寺に、荻昌國がよく囲碁を打ちに来たということを聞いたことがあると言った。

　そのことを確かめるためもあって、善正寺を訪ねることにした。

江戸時代の名残りをとどめる郡代屋敷跡の一角

小国町役場の横から入り込んだ路地は、賑やかな前通りと比べ、ひっそり静まり返っていた。道もやっと車が一台通れるくらいで、ほとんど江戸時代と変わっていないのではないかと感じた。

郡代屋敷は現在は上野医院と石工屋になっているようで、石工屋の方に郡代屋敷の大きな梁《はり》や土壁が残っていた。この屋敷の一室で荻昌國が自刃して果てたと思うと、感慨が込みあげてきた。そこから小さな川に架かった古い橋を渡って、善正寺の山門をくぐった。江戸時代のものと思われる大きな門だった。霙《みぞれ》が降り出して冷えてきた。

郡代屋敷と善正寺は本当に目と鼻の先にあり、郡代が無聊《ぶりよう》を慰めるために、善正寺に碁を打ちに通ったのもうなずけた。

境内正面には納骨堂と、寺院会館みたいな新しい鉄筋コンクリートの大きな本堂と思われる建物が建っていた。本堂はいつの時代にか類焼したものと思われた。本堂に声を掛けたが返事がないので、左手にある木造の住居らしい所を訪ねた。住職の禿《かむろ》浩道さんが出て来た。来意を告げると、最初は怪訝《けげん》な顔をしていたが、すぐに会館の座敷の方に案内してくれた。

善正寺山門

話し込んでいるうちに、大著『小国郷史』を完成させたのは、現住職の祖父の弟・迷廬氏であることを聞いて汗顔した。『小国郷史』編さんの協力者、長谷部保正さんがこの善正寺によく出入りしていたのが、住職の記憶にあるという。が、祖父の弟・迷廬と保正さんから直接に臼内切や、荻郡代のことを聞いたことはないとのことだった。

住職は禿家の系図を出して来て、荻昌國が

碁を打ちに来ていた時代ならば迷盧の祖父、自分からならば五代前の安慧《あんえい》（妻タネ）か、次の卓英《たくえい》（妻ミサヲ）の時代であろうと推測した。

文久二年（一八六二）に荻が自刃していることを話すと、系図を見ていた住職が、「文久二年に荻が五十歳の時に自害しているのであれば、荻より年上の浄空《じょうくう》が碁の相手をしたのかも知りません。安慧ならば四十歳ぐらいですから。安慧の父、浄空の方でしょう。これは偶然でしょうけど、安慧とタネの長女ミサヲが生れたのが文久二年になっていますね。このミサヲは安慧の次の住職になる卓英を養子に迎えた人です。この曾祖母にあたるミサヲは昭和十九年に亡くなっているのですが、私にはかすかに記憶があります。

八十二歳まで生きていましたが、少しもボケてなくて記憶力のよい人だったと子供心ながら感心しましたね。もう少し長生きしていたら、江戸末期や明治のことを聞くことができたかも知れません」

と、曾祖母を懐かしみながら説明した。

そのあと役場近くの食堂で昼食をとりながら、私たちは今後のことを打ち合せた。

A寺のG住職に頼んである過去帳調べの結果を待つこと。

「多宗殿」については、もう一度吉原集落の佐藤明さんとは別の人にも当ってみる必要があること。

横井小楠と実学党について、熊本大学の先生にお話を聞く必要があるので、伝《つ》手《て》を頼って調べてみること。

昨夜が遅かったので、昼食がすむと帰途についた。

横井小楠と実学党

荻昌國自刃の原因、またこれと臼内切の関係を調査していくと、どうしても荻昌國の同志で国政・藩政の改革に取りくんだ大思想家、横井小楠を勉強しなければならなかった。

山崎正董の『横井小楠』（明治書院）、中央公論社刊の『日本の名著』の中の横井小楠（松浦玲著）、『熊本県の歴史』（山川出版社）、『実学党人名録』（水野公寿著）、『国是三論、横井小楠』（講談社学術文庫、花立三郎著）などを読んだ結果、私は花《はな》立《たち》三郎先生に話を聞きたいと思い、『実学党人名録』の編者として載っていた先生の家に直接電話をした。

最初の時は東京に出張中であったが、二回目に連絡がとれて、二月十八日の土曜日の正午に熊本市役所の図書室でお会い出来ることになった。

先生は熊本大学を定年退官して、現在は熊本大学教養部の講師、熊本女子大学の非常勤講師をしながら横井小楠の研究、また熊本市から委嘱《いしょく》されて、『熊本市の議会史』の編纂をされていた。

私の熊本大学での学生時代は昭和三十年代であった。あの頃の市役所は熊本市でもかなり目立った建物だった。現在のものは、前と同じ場所であったが、シックでありながら豪華な十三階建ての立派な建物に替わっていた。街路と壕を隔てて、真向いに天下の名城・熊本城が聳《そび》えている。

熊本城

私たちは、ちょうど十二時に市役所の受付を訪ね、議会棟の図書室に案内された。議会棟は一般棟とは別棟になっていて、そこに入ると照明も途端に柔らかくなって、床の絨毯が厚くふわふわになった。

花立先生は図書室のコンパートされた読書室で調べごとをされていたが、私たちが挨拶すると、すぐに仕事を終えられた。

室内には他に誰もいなかった。土曜日であったので、ちょうど切りがよかった。先生はもの静かな、学究肌の紳士であった。歴史をやっている人は、皆もの静かな人ばかりである。過ぎてしまった過去のことを調べるには、根気と冷静と静《せい》謐《ひっ》が必要なのだろう。

先生に面会できるのが急に決まったのと、土曜日であったために適当なホテルが取れなかった。最近の熊本に不案内であったので、ゆっくり話し合える場所も探せず、宿泊予定の場末のホテルのロビーで話を聞くことにした。ホテルの和室を取りたかったのだが、これも取れなかった。市街から離れた所にあるホテルはかなり古いものであったが、中は客でごった返していた。ロビーは狭く、とても話を聞ける状態ではなかった。

とにかく昼食をとるため七階の食堂にあがった。レストランもバイキング式の質素なもので先生にはお気の毒に思ったが、先生はあまり気にもされていないようであった。

酒を三本ほどとって、てんぷら定食を食べた。玄関のロビーでは騒がしくてどうにもならないので六階の、日頃は結婚式や大きな会合の控室を使わしてもらうことにした。光の入らない暗い部屋で、置いてある椅子も粗末なものであった。

控室周囲は最初のうちは静かであったが、二時過ぎになると近くの高校の先生の組合の会合がはじまって、うるさくなった。

花立先生は少しも嫌な顔をなさらなくて笑顔を絶やさず答えてくださった。

先生はつい先日、東京での横井小楠研究会から帰ったばかりのようで、研究助成金を貰っていることもあって、研究の成果を必ず発表しなければならないとのことである。

私たちも小楠のことは少し勉強してきていたので、あまり基礎的なことは質問しなかった。またあまり専門的なことも、私たちには難しいことであった。私と森山さんはあらかじめ質問する項目を決めていたが、先生の話をお聞きしているうちに、私たちが聞きたいことはほとんど含まれていた。

熊本でも近頃やっと小楠を見直すようになり、小楠記念館が出来たりしてきたが、長いこと小楠は地元の熊本でも片隅に置かれていた。攘夷《じょうい》を捨てて開国を唱え、世界はひとつと謳《うた》った小楠は、明治維新のほんの初めまでは評価された。が、明治から昭和の軍国主義時代の、世界を征服していこうとする軍部からは認められない存在になり、むしろ隠蔽《いんぺい》し果《おお》さねばならない邪魔な思想家であった。

小楠が思想家として脚光を浴びなかった原因は、そこにあった。ところが研究すればするほど、現在にも通じる新しい考えをもった思想家であったことがわかる、と花立先生は繰り返した。

先生は私たちに、小楠とその実学党一派について諭《さと》すように話してくれた。

江戸幕府がはじまって二百四十年を越えた天保十二年（一八四一）頃に、民衆の生活をいかにして豊かにするかを真剣に論議研鑽《けんさん》するグループが、肥後藩の中に誕生した。

幕府は爛熟期にあった。腐敗や矛盾が出はじめていたが、まだその頃の幕藩体制は磐石《ばんじやく》の構えを崩していなかった。

肥後藩は徳川幕府の譜代《ふだい》で、その中でも、もっとも幕藩体制に忠実な藩であった。その肥後藩で封建制を改革しようとしたグループの牽引者《けんいん》が横井平四郎、のちの横井小楠である。

小楠は文化六年（一八〇九）八月十三日、横井大平（時直）の次男として、熊本城下内坪井《うちつぼい》（現在の熊本中央女子高校校地内）に生れた。横井家の知行は百五十石で、父・時直は穿鑿役《せんさくやく》目付、郡代などをやっていたので、藩内では中堅の地位にあったが、生活は決して豊かではなく、むしろ貧しいといった方が当っていた。

下級武士の次男・小楠が封建武家社会で生き延びるには、文武両道で精進努力して頭角を現す以外になかった。小楠は生れながら頭脳明晰《めいせき》にして、進取の気質に富む英才であった。

八歳頃、藩校時習館《じしゆうかん》に入った小楠の秀才ぶりは群を抜いていて、二回にわたって藩主からの特別表彰を受けたりもした。そして天保四年（一八三三）、二十三歳の時に居寮生に選ばれて菁莪斎《せいがさい》に寄宿した。

居寮生というのは時習館の秀才の中からさらに選ばれて、特別の教育を施す制度であった。重役の子弟が優先される中で、下級武士階級から選ばれたことは、よほど優秀であったかがわかる。

菁莪斎に入寮して勉学に励むのだから、今でいう特待生よりずっと優遇されているわけで、それだけ藩の期待も大きかった。

天保八年には居寮長に抜擢されている。時習館の塾頭になったわけで、給与として米十俵を支給されることになる。

さらに、二年後には勉学のため藩費で江戸に派遣されることになる。帰れば時習館の教師に採用されることは間違いのない、超エリートコースに乗ったわけである。が、順調に出世コースを辿る小楠の心の中は、栄光と希望ばかりに充ち溢れいたわけではなかった。

文義や字句の解釈といった枝葉末節に傾く藩校の学風に疑問を抱き、治国安民の道を探すことこそ、真の学問と考えはじめ、危惧《きぐ》と憂悶を心に深く秘め始めていたのである。

江戸に出た小楠は精力的に立ち回りながら人脈をつくり、知識の吸収につとめた。林大学頭《だいがくのかみ》の門に入り、佐藤一斎、松崎慊堂《こうどう》らの門も叩き、藤田東湖、川路聖《かわじとし》

横井小楠記念館の小楠像

謨《あきら》らと親しく交わった。特に水戸藩の藤田東湖にはその学問、人物に魅了され、肝胆相照らす仲となった。

江戸留学一年になろうという頃、酒の上の失態で、熊本に至急呼び戻されることになる。小楠は酒に飲まれる体質であったのだろうか。生涯に何度も、酒の上の失敗を繰り返している。酒には精神高揚の働きがあるが、小楠の場合は、その度が過ぎて怒《いか》り酒、絡《から》み酒、説教《せっきょう》酒、さらに暴力も振うこともあったのだろうか。それとも心神喪失《そうしつ》まで行っていたのであろうか。

酒癖のことだけでは勿論ないと思うが、なぜか肥後藩上層部の小楠に対する不信と不安と忌避《きひ》は、生涯つきまとっている。

元の木阿弥に戻った小楠は、兄の家の六畳間に謹慎した。そして藩から七十日間の逼塞《ひっそく》の処罰を受けた。小楠は終日部屋にこもり、ひたすら学問の仕直し、人生観の建て直しに打ち込んだ。部屋の畳は破れ、壁はぼろぼろに崩れ落ち、雨戸はもともと無いので、藁蓆《わらむしろ》を軒からつり下げて風雨を凌《しの》いでいた。

下男は一人しかいなかったので、小楠は水汲みから飯炊き、風呂焚きなども手伝った。もともと小まめで、器用であった。

エリートコースを邁進《まいしん》していた若者が急転滑落《かつらく》すると、失望のあまり精神的に落魄《らくはく》して、再起できない場合が多い。

が、小楠は違っていた。

元の居候《いそうろう》に戻りながら、孜孜《しし》として勉学に励んでいた。小楠には取り組まねばならぬ問題が山のようにあったし、どうしても遣《や》り遂《と》げねばならぬことに、責任感と自負心を強く持っていた。そして、失意と不遇の身になった小楠を、友人が見捨てておかなかった。

時習館時代、軽輩の出でありながら、臆《おく》することなくどんな人にも自分の意見を正々堂々と述べる平四郎（小楠の若い時の名）に、密かに注目していた男がいた。下津久馬（蕉雨）であった。彼は知行千石の大奉行の嫡子であった。

小楠は小柄ではあるが槍術に長《た》け、講読においては時習館の教授でも回答に窮するような鋭い質問をした。この眉のきりりと上がった一重まぶたの聡明な男に、下津は心惹《こころひ》かれていた。何とか平四郎に近づきたいと思った久馬であったが、自分からは近づけなかった。千石と百五十石の身分の差があり、自尊心もあった。

その時、平四郎も久馬も十三歳であった。

男女の間にある初恋みたいな感情を、久馬は平四郎に覚えていた。何としても平四郎に近づく機会を狙っていた久馬は一計を案じ、城南田迎《たむかえ》にある騎射場で、馬を試走させていた平四郎の横を追い抜き、そのはずみでわざと落馬しそうな体位をとった。

平四郎はそれを見て、すばやく駆け寄ると瞬時に、右腕で落馬して地面寸前の久馬を助け起こすと、鮮やかに平四郎の馬に乗せた。

久馬は眩《まぶ》しそうな目で平四郎を見て、感謝の言葉をかけた。

「いや、いつの日か、貴殿が私の馬の前で落馬するのを予測していたので、貴殿を助けるのは、そんなに困難なことではございませんでした」

と平四郎は平然と言ってのけた。

自分の心を見すかされた久馬は一言もなかった。それから二人の仲は急速に深まっていった。二人の中に階級の差などは全くなかった。久馬は、とにかく平四郎から湧出する深い知識と多彩な言葉に酔った。この世の中に、これほどに勉学し、そして人を魅了する人間がいることをはじめて知った思いであった。

二人は馬を走らせながら、また熊本城から深い森におおわれた城下町を見渡しながら、青雲の熱い思いを語り合った。

平四郎が、居寮生から居寮長、そして江戸留学派遣とエリートコースと突っ走るなかでも、二人の友情は続いていた。

天保十二年の正月、逼塞の身の平四郎は誰ひとり訪ねて来ることもない正月を淋しく送っていた。元旦に兄が、あまりに不憫《ふびん》に思って屠蘇《とそ》酒を持ってきたが、平四郎は断った。

正月八日の夜半、下津久馬が密かに二人の部下を連れて平四郎のもとを訪れた。手には一斗樽の酒を提げていた。

久馬の他二人は、荻角兵衛（昌國）と元田八右衛門（永孚《ながざね》）であった。いずれも、平四郎が居寮生、居寮長の時の後輩であった。

平四郎は涙が出るように嬉しかったが、謹慎の身であったので、三人に引き取るように懇願した。

「今江戸では天保の改革とか言って騒然としているむきもあるようだが、ここ肥後藩は安泰そのもの。平四郎殿が少しお酒を飲もうと、それは藩には何の波風も起こさないでしょう。それより、飲みながら江戸での見聞、最近講読した本の話など聞かせてくれないか」

久馬が平四郎の手を懐かしそうにしっかり握りながら、さらに頼んだ。

この夜の会が、後の実学党の始まりの日であった。

小楠は生涯のうち、何度かその酒癖と激しい個性のために命を落す危険に陥るが、幸運にも免《まぬが》れた。だが結局、最後は暗殺という凶刃《きょうじん》に倒れる。が、その生涯で何度か襲われた危険を切り抜けたのは、小楠の生来の真面目さと、その反面をなす楽天的な気性からだったと思う。

一派を旗上げして、その一派を引きつれ育て上げるには、人間的魅力と実力と度胸胆力《たんりょく》がいった。頭抜《ずぬ》けた頭脳から実態を理解し、発展させる能力は小楠生来のものであった。度胸とか胆力というのは言ってみれば開き直りで、ある程度誰にもいざとなれば発揮出来るものであるが、人間的魅力となると、なかなか難しい。仲間や部下や弟子と親しむには、彼らとあまり変らない水準の、愛すべき稚《ち》気《き》が必要であった。

小楠には、それが天性に備わっていた。

ある時、釣り好きの小楠は釣りの最中に大声で、「おお、ここだ」と奇声を発し、釣り竿を川に投げ出して家にすっとんで帰ったりした。「おお、ここだ」と叫んだのは、小楠が懸案の大事な藩政の運営策を思いついた時だったのである。

また逼塞の処分を受けた時にも、兄嫁が神棚に毎朝上げるお神酒《みき》を隠れて飲んでいたという。

後年、弟子たちと碁の相手をする時も、不利になると小楠はよく「待った」をした。弟子がそれを許さないと、弟子に本気に飛び掛かっていったりした。

剣術の練習でも弟子に打たれると、相手が参ったと言うまで真剣に打ち返したという。

こういう稚気はなかなか出来ないことであった。師匠と弟子となれば、一歩隔てて、対等な付き合いはしないものである。

一方で、弟子に対する思いやりは、日頃が厳しいだけに、いざとなれば、大変優しいものがあった。ある時、山奥の弟子の病状が悪化したと聞くや漁村から魚を取り寄せ、弟子に食べさせるために、昼夜を分かたず歩き続けたこともあったという。

ただ、小楠には生涯付き纏《まと》う酒癖があった。陽気な良い酒の時には唄ったり舞ったり、三味、太鼓の「八人芸」で、客人を飽くことなく喜こばせた。が、悪酒に飲まれると天下の時勢から政治に悲噴慷慨《ひふんこうがい》して、「江戸へ上る」と言って突然家を飛び出し、夜道を江戸の方へ向って駆けだすことが再々あったという。そういう時には足の速い弟子が先回りして、酔いが醒めた頃を見はからって、連れ帰ってくるのである。酒乱がはげしい時は、始末に困って布団で掩《おお》い押え込まねばならないこともあった。越前福井藩では小楠の酒狂に備えて、力士を雇っていたとも言われている。

だが、どんな酒乱の時でも、翌日は全く平然として、しっかりした言動であったという。酒癖の悪いだけの人間であれば、世間から必ず排除されるが、小楠は生き残り続けた。

小楠は一度会った人には、忘れさせない強烈な印象を持たせた。もちろん、小楠の言辞が勉学に裏打ちされて理路整然とし、人を納得させるに十分なものではあったが、小楠は人を説得する術も持っていた。

百の内容のものであれば、それを百二十ぐらいに見せる演技力もあった。ただ単なる演技力であれば、そのうち化けの皮が剝《は》がされるが、小楠のものは無意識の演技であった。それは天性のものであり、情熱そのものであったので、人の心を打つのであった。だから、当り所が悪ければ相手を打ちのめすこともあった。

小楠を徹底的に嫌う者もいたが、反対に熱狂的な、献身的な信奉者、援護者、庇護者もいた。

酒失《しゅしつ》で江戸を去らねばならない破目になった小楠を、水戸藩主徳川斉昭《なりあき》は藤田東湖を介して自藩に登用しようとした。

後年、越前藩主松平春嶽《しゅんがく》は小楠を招き、藩政改革の指揮を執らせている。

一方、肥後藩は生涯、小楠を全く認めようとせず排斥し続けた。

これほど、好悪《こうお》両極端に遇《ぐう》された人物も、古今あまり聞いたことがない。

話を戻すと、逼塞の身であったが、訪れた旧友の顔を見て、小楠は生き返った。下根は楽天家で小事にこだわらない質《たち》であったので、久しぶりの酒も口にした。

津、荻、元田は三人とも時習館時代、平四郎から教えをうけ、小楠を敬愛していた。

堰《せき》を切ったように平四郎の口から情熱がほとばしり出た。江戸留学中に見聞したこと、邂逅《かいこう》、交際した人物の評、逼塞後読んだ書物、いま頭の中で形成されつつある学問や政治に対する考えなどが、熱っぽく語られた。

三人はただ耳を傾けるだけで、体が熱くなり、自然と涙が溢れてきた。

下津、荻、元田は真面目な性格で日頃から藩政のありかたを憂慮していたので、平四郎の説く藩政改革への情熱に心を打たれた。

元田はその頃、家老の長岡監物に親炙《しんしゃ》していた。監物は齢《よわい》二十歳で一万五千石の家老職を継いだ、英明の誉《ほま》れ高い青年武将であった。

ある日、元田は平四郎のことを監物に話した。監物は自分より四歳年長の英才、横井平四郎のことは聞き知っていたが、元田が話す平四郎に多大の興味を持った。

七十日間の逼塞の明けた後、監物は平四郎と会見した。

平四郎の知識の広さ、見識の深さ、理念の高さに監物は驚愕し、圧倒され、魅了された。ものおじせず、堂々と家老と渡り合う知行わずか百五十石の次男坊の小柄な男に、監物は長く探し求めていたものを見つけた思いであった。

監物は学問に打ち込みたい思い、それも民衆の生活を豊かにする方法を探究する気概を持ち続けていた。

これを機縁に横井、長岡、下津、荻、湯地、元田の六人による講読討論の勉強会が始まった。

天保十二年（一八四二）の早春の頃で、熊本の町には冷たいからっ風が吹いていた。

六人の情熱は寒天にもかかわらず、燎原の火のように疾《はや》く烈《はげ》しく燃えあがった。連日のように集まり寝食を忘れて、古今東西の書籍を講読し、研究討論を繰り返した。

江戸時代も末に近づくと、中国の書はもちろんであるが、西欧、アメリカの書物が漢訳されて、それが中国を経てすぐ日本に上陸していたので、世界の出来事や思想、政治、経済などの動向が半年と置かず知ることが出来た。古書の再検討そして新事実、新知識に六人は驚愕し、貪欲に吸収していった。

連日のように長岡監物の下屋敷に集まった。勉強会に家老の監物が参加したことが皆を勇気づけ、鼓舞し、熱中させた。若くはあったが、肥後藩三大家老の一人の参加が、新しい藩政を模索し実践しようとしていた動きに拍車をかけた。

この当時、小楠三十三歳、下津三十三歳、監物二十九歳、荻二十九歳、元田二十四歳、湯地二十四歳とまさに江戸時代では分別盛りになる一歩手前の年代で、道理の追求に邁進する最後の年齢層であった。

長岡監物という後ろ楯《だて》がなかったら、のちに実学党と呼ばれる一派まで成長していくのは困難であっただろう。平四郎はまさにその点では幸運であったし、監物はよほど人物の出来た人で、また真に学問の好きな包容力のある人であったのであろう。

平四郎は百五十石取りの貧しい下級武士の次男坊で、しかも逼塞を科せられた、もうこれ以上失うもののない身の上であった。一方監物は大家老で動乱の幕末の肥後藩を背負って立つ、と嘱目《しょくもく》されている人物であった。危険この上もない会派の橋を渡らずとも、黙って座していれば、道はおのずから開かれていく監物であった。

ちなみに石高は監物は一万五千石、下津千石、元田五百五十石、荻二百五十石、横井は百五十石であった。まさに身分の上下にこだわらない会で、よくこの会合が続いたものである。

最初は顧問か後ろ楯のつもりで参加していた監物は、平四郎や荻の熱心で真摯な姿に惹かれて、抜き差しならぬ身となり会派の領袖《りょうしゅう》に担《かつ》ぎ上げられてしまった。しかし、それは監物の本意でもあった。藩政を改革しなければどうにもならなくなり、行き詰まることを監物は上層部にいるだけに一番危惧していたのであった。

横井小楠の墓（小楠公園）

監物に藩政の危機感を持たせ、藩政改革の必要性を実感させたのが平四郎の魔力であった。

六人は講読に講読、研究に研究を続けていくうちに自ずと、ひとつの到達点に達して来ていた。それは、政治の根本理念は治国安民、利用厚生にあり、学問はそれをいかに実現するかの研究のためにあると結論した。国家を安全に統一維持し、国民の生活を豊かで、健康に保ち、いかに楽しく人生を送らせるか、学問はその爲にすべきものである、というのであった。

それまでの時習館は、古典の文義や字句の解釈を、重箱の隅を楊枝《ようじ》でほじくるように細かくする傾向であった。その学風を打破して、治国安民の道を研究し、時局に応じて実践躬行《じっせんきゅうこう》、すなわち、各人各人が現実に必要なことを、まず、実行することにあると主張した。

この結論に達すると、彼等はあらゆる機会を掴まえて主張し要求した。監物が後ろ楯にいるとはいえ所詮は下層階級の戯言《たわごと》、と藩の上層部は無視していたが、次第に下層部に同調者が増えてくると上層部は危機感を覚え、彼らを謀叛者《むほんもの》の集まりの実学党と位置付けた。江戸幕府の泰平の世を維持し、学問はあくまでも従来通りに行い、政治は江戸幕府が行うものと主張し、自分らを学校党と称して実学党を非難し、敵対の姿勢をとった。

学校党は藩の上層部のほとんど全てを網羅し、監物との対抗上、長岡帯刀《たてわき》、有吉将監《しょうげん》の二大家老を領袖にした。

江戸では天保の改革による幕藩体制崩壊のきざしが見えはじめていたが、西国の雄藩・肥後藩ではまだまだ泰平の世をむさぼっていた。小楠率いる実学党の出現は、まだ弱犬の遠吠え、または、いじめの対象が出現したぐらいにしか考えられていなかった。

小楠の生涯と思想を語ってもらうには、あまりにも時間が足りなかった。花立先生に語らせたら、何日あっても語り尽くせないことかも知れなかった。

先生は、東京から昨夜遅く帰ったばかりでお疲れのようだったので、冬の日が暮れはじめると、話を中断して私たちはホテルを出た。そして、近くの商店街の中の和食の店に移って寄せ鍋をつつきながら酒を飲んだ。

先生は、小楠は幕末の最大の思想家で、吉田松陰や坂本龍馬、勝海舟、西郷隆盛などに多大の影響を与えた。明治維新後も、小楠の思想が取り入れられていたら、日本は全く違った道を歩いていたであろうことを強調した。

私の勉強の程度では小楠が幕末最高の思想家という評言は理解できなかったが、日本は大変惜しいことをしたという思いがひしひしと伝わって来た。

明治以後、あまりにも偉大であり、先見性があり過ぎたために、故意に排除された思想家小楠。その畏友《いゆう》、荻昌國の自刃との関連性。さらに遡って臼内切の虐殺との関連性を、何とか追跡出来ないものか、と酔って高揚した頭で私は考えていた。

食事が終りに近づいた頃、私は唐突と受け取られるとは思ったが、敢《あ》えて、臼内切のことを花立先生にお尋ねした。先生は臼内切の惨殺に関しては全く知らないようであった。が、荻昌國の小国における自刃は知っていた。

「荻は小楠と黄狄《こうてき》と並べ称されるほどの俊才だった。黄は小楠、狄は荻です。小楠の思想の発生、発展、完成には荻との研究、討議、また荻の具申もあったでしょう。荻は特に経済政策には強く、農業生産の実践には、小楠は荻に大きく触発されたことはあり得る。小楠の思想も年々発展していくわけで、ことに尊王攘夷から尊王開国に変っていくあたりは、まだまだわかっていないことばかりなのです。荻の自刃は小楠に大変な打撃であったでしょう。あのあたりから小楠は、急に死を意識したように、激しい行動に拍車がかかりますから」

と丁寧につけ加えてくれた。

酔いが回ってきていた。先生も疲れたうえの酒であったので、気持ちよくなってきていた。

また勉強してまいります、と先生に言うと、先生は快く引き受けてくれた。

木下君と、森山さんは友人に会うべく外出した。私は狭い部屋に並べられた三個のベッドのひとつで眠りについた。ホテルというのに日本式旅館と同じように、客の動きや声がうるさく聞こえてきた。暖房が効きすぎて、うなされたように夢を見続けた。

大草原に白鉢巻きの侍の大軍団が押し寄せてきた。

臼内切の集落に大きなローソクみたいな煙突が立っていた。

淋しげな灯のなかに、私は荻の顔を見て、目が覚めた。

まだ、木下君も森山さんも帰って来ていなかった。私は部屋の冷蔵庫をあけてビールを飲んだ。

大草原

小楠研究の第一人者である花立三郎先生から小楠の波瀾の生涯と、深奥《しんおう》な思想のほんの一端を聞いただけでも、私たちは圧倒されていた。

雄大で高遠な小楠思想を根源から理解することは絶望的に思えた。小楠や彼が率いた実学党が、肥後藩の片隅の小国で伝聞かも知れない隠れキリシタン虐殺と結びつくことは、ほとんど不可能かも知れないと思い始めていた。が、千里の道も一里からの譬《たと》えの通り、どんな堅牢な扉でも、先ず叩かずば永遠に開かれないだろう、などと私たちはお互いに励まし合った。

花立先生から教えていただいた小楠研究家、幕末の肥後藩史に詳しい方々、郷土史家などを訪ねたり、電話をしたりした。が、ほとんどの方々があまり興味を示さなかった。

臼内切のことが、たとえ事実であったとしても、すでに歴史の彼方に埋もれてしまったことであり、追究する価値のあるものと思われなくても、仕方のないことであった。横井小楠ならまだしも、幕末の最激動期に先立って、辺境の小国で自刃して果てた一介の郡代・荻昌國に興味を抱こうとする方が、土台《どだい》おかしいのかも知れなかった。

厳寒の気候が日々に薄れて、三月に入ると、阿蘇・小国地方で野焼きのシーズンが始まる。枯れた大草原に火をつけて焼くことによって、美しい緑豊かな大草原が出現する。阿蘇地方の大風物詩である。

森山さんに連絡する度に、野焼きが終ったら是非臼内切の丘に行ってみたいので教えてほしい、と口を酸《す》っぱくして頼んでいた。

三月十七日に森山さんから、天気さえよければ三月十九日の日曜日に臼内切あたりの野焼きが行われる予定です。野焼きの一週間ぐらい後が塚は一番見やすいでしょうと電話があった。

久しぶりに私の心は躍った。

二十日に森山さんから予定通り野焼きが終ったと知らせがあった。二十六日の日曜日に臼内切の丘に登ることを決めた。私と木下君が玖珠へ森山さんを迎えに行き、それから小国に出て、史談会長の佐藤弘先生を同乗して現地に入る段取りにした。

朝早く出発すれば、丘だけなら数時間もあればすむので、その後臼内切の生き残りとされる「泰次郎」と「おいね」の母親の里とされ産山《うぶやま》に回り、その帰りに北里のA寺で過去帳を見せてもらうという行程を、森山さんが提案した。私に異存はなかった。

全て森山さんが手配はしてくれることになった。昼食は「夢の湯」を予約しておくことも頼んだ。

しかし、私は何か忘れ物をしているようで落ち着かなかった。そうだ、石牟礼道子さんに、野焼きのことを知らせておかねば、と思い出した。さっそく石牟礼さんに速達を出した。

「今年の小国地方の野焼きが終りました。臼内切のキリシタン虐殺の塚をご覧になりたいようでしたら、二十六日の日曜日の午前九時に小国町役場の前で待っています」とだけ書いた。

私は日曜日しか動けない。少々の風雨ぐらいならば決行する積もりでいた。千載一遇のチャンスであった。その日は、曇天《どんてん》の暗くてうすら寒い、今にも雨が落ちそうな天気であった。

私と木下君は七時半に家を出て、森山さんの家に寄り、九時ちょうどに小国町役場に着いた。役場前のガランとした駐車場にワゴン車が停っていて、男の人が車の外で煙草を吸っていた。その横で写真で見たことのある石牟礼さんが立ち話していた。

挨拶をすますと、すぐに出発した。石牟礼さんの車は私たちの後をついてきた。石牟礼さんは張り切った顔をしていた。運転している中年の男性の他に、車の中に若い女性が三人いた。石牟礼さんの文学仲間というか、ファンというか、支持者といった人たちのように見えた。いずれも石牟礼さんと心でしっかり繋がっているに違いなかった。

南小国で佐藤弘先生が待っていてくれた。

地下を探る直径一センチぐらいの鉄棒と大きな巻尺、線香とローソクを持参していた。

佐藤先生の指示で最短距離を走った。

黒川温泉へ抜ける道から右折して小田温泉を通り、臼内切への道なき道を進んだ。今にも霙《みぞれ》でも降りそうな天気がみんなを寡黙にしていた。

私は、石牟礼さんたちがわざわざ熊本から足を運んだだけの価値のあるものであればよいが、と心配していた。一方では、あれだけの本にして発表しているのは石牟礼さんの方で、それに触発されたのが我々だから、こちらの方が気が楽か、などとも考えていた。

去年の夏、車を停めた所に駐車した。

夏草の時とは随分印象が違って索漠《さくばく》としていたが、思ったより穏やかな風景であった。佐藤先生の先導ですぐ丘に登りはじめた。山々は野焼きがすんで一週間目であったので、見渡す限りの黒一色であった。

坂は、やはりきつかった。すぐに体が温まった。草は焼けていたが、焼けたのは表面だけのようで茎の太いのは焼けずに残っていた。そこに足がいくと滑ったりするので、結構登りにくかった。みんな一列になって黙々と登った。

曇天と春霞のため大気が暗く、丘からの視界はあまり遠くまで利かず、阿蘇や九重は見えなかった。近辺の山々も野焼きのために黒ずんで異様な光景であった。野焼きの煙をまだあげている山もあった。

佐藤先生が塚の円周を鉄棒で一つ一つなぞっていった。野焼きのあとの黒い灰のため、肉眼では塚の境界はほとんど見えなかったが、足で踏むと確かに球形に盛り上がっていた。何人ずつかの組になって、それぞれ塚を確かめ合った。

先生が十メートルの巻尺の端を木下君に持たせて丘全体の直径を測っていた。

約八十メートルぐらいあるようで、田舎の小学校の分教場の校庭ぐらいはあった。塚は十二あった。南に向って鳥の翼のような形に配列してあって、直径大体四メートルぐらいであったが、二メートルぐらいの小さいものもあった。

塚が三、四基みえる千人塚

塚には一体何が埋められているのか。これまでに正式に掘った者は誰もいなかった。それを行うには、勇気がいることであった。やるならば古墳の学術調査のような公式な形を取らないと無理である、と私は思った。

急に冷えてきて、風が冷たくなった。みんな黒い丘を見て、どう行動してよいのか困ったようであった。

佐藤先生が持参したローソクで線香をつけて全員でお詣りをすませ、旧臼内切の集落の方へ降りて行った。質問したり、討議するにはあまりに空漠たる光景であった。

臼内切千人塚（前山光則氏提供）

私は坂を降りながら石牟礼さんと話した。

石牟礼さんがこの丘を訪れたのは、もう十数年も前のことで、長谷部保正さんに引っ張られるようにして登ったとのことであった。夏のことで、草が繁っていて、塚そのものもよくわからなかったし、ただ、長谷部さんの健脚ぶりが印象に残っているという。

石牟礼さんによれば、丘に比べ、旧臼内切の集落の方が、昔確かに人が住んでいたという形と匂いがはっきりしていた。が、この十数年に集落内のどこもかしこにも杉が植え込まれ、それが成長したために様相が一変しているという。

石牟礼さんは戸惑っているようであった。

私たちは塚のある丘から、臼内切の集落を通って降りた。

小田温泉の「夢の湯」に着いたらちょうど昼になっていたので、みんなですぐ食卓についた。山菜、こんにゃく、豆腐料理と肥後牛の焼肉が用意されていた。食事をしながらの話題は、現地調査が虐殺の丘だけに、あまり話が弾《はず》まなかった。塚の形状がもうひとつはっきりしないこと、塚の中にはっきりと人骨があることが確認されていないもどかしさもあった。

塚にしてはもうひとつ盛土が低いのでは、と誰かが質問した。

「斬って蹴込《けこ》んだ塚ですけん、しっかり石組した塚ではありません。長い間の風雨で盛土が削られるから、あれくらいでもおかしくありません。あそこなら風と雨には不自由しませんもんなあ」

と、佐藤先生が冗談まじりに説明した。塚の直径が四メートルぐらいだから、十二の塚はそれぞれ一家族ずつを埋めたのではなく、一つの塚に一人で、処刑されたのは六十名でなく、十二名かもしれないと誰かが言った。みんな黙った。

「直径四メートルと言えば八畳の部屋ぐらいありますけん、かなりの人数を放り込めますすばい」

と、先生が平然と半畳《はんじょう》を入れたのでみんな笑った。

掘って見れば、人骨が次々と出てくるものでしょうか、と若い女性が尋ねた。

「いや百年も過《た》っていれば、骨はもう溶けてしもうて、歯が見つかればいい方でしょう。あのあたりは酸性の強い土壌ですけん、歯も溶けてるかも知れません。特に江戸時代の農民はカルシウムもあまりとってなかったから歯は弱かったでしょう」

と、先生がこともなげに言った。座に失望が流れた。

「あんな眺望のよい所で人を斬れるものでしょうかしら」

と、別の若い女性が言った。みんなもうなずいて黙った。

「人間はどげなこってんします。動物の中でも、どげなこってんするのは人間だけでっしょう。人間は自分のエゴや利益、権力を守るためには平気で人を殺します。残虐、蛮行の言い訳、理由や理屈は後で貨車で何十台でもつけられますけん」

と、先生がまた平然と言ってのけたので、今度は座が水を打ったように静まり返った。

「塚を掘ってみないと何もわからないが、掘らない方がロマンがあるのかも知れない」ということで話題が途切れた時、私は荻昌國が小国で自刃している話をした。

石牟礼さんはじめ、熊本から来た人は、誰もその事を知らなかった。臼内切の虐殺から荻の自刃は十年も後の事ですから、関係はないと思うが何かあったら教えてほしいと、私は頼んだ。

歴史的事実を解明していく作風ではなく、現実を聞き書き的手法で、土俗的な粘着性の文体で書いていく石牟礼さんは、過去の謎を解いていく手法には、興味が湧かないかも知れない、と私は思った。

昼食が終ると熊本の人たちはひと風呂あびて帰るとのことで、私と森山さんと木下君は、臼内切の生き残りの子「泰次郎」の母親の里とされる産山を目指した。佐藤先生は所用があって帰っていかれた。

雨は今にも降りそうであったが、気温が下がってきたために辛うじて持ちこたえていた。三月の忘れ雪になるかも知れなかった。

小田温泉から瀬の本高原に出て産山までは六、七キロの距離で、江戸時代でも里帰りするには、遠くはなかった。車で野焼きのすんだ大草原を十分も走れば着く。やまなみハイウエーを熊本に進み左に折れ込んだ。

産山は大草原の中で、高原野菜と牧畜の村である。坂を下って行けば村の中心部に出るらしいのだが、時々ぽつんぽつんと民家があるだけで、中心部的な町並もない。

日曜日で役場もあいていなかった。途方に暮れたが、民宿の看板のあがった大きな民家に寄ってみることにした。玄関戸を開けても、しばらくは暗闇に目の調節がいるぐらい奥深い大きな家であった。私たちは大きな囲炉裏でお茶をいただいた。運がよかったことに当主の井《い》信吾さんは元役場に勤めていた人で、インテリであった。

運良く生き残った子と母が里帰りしていた産山《うぶやま》の田尻《たじり》というところは、まさにこの民宿のある一帯のことで、現在は三十戸ほどあるという。井さんは臼内切でのキリシタン虐殺のことは知らなかった。

現在でも産山と、小田や吉原あたりとの婚姻はあるので、昔、ここから臼内切に嫁入ってもおかしくはないと言った。

「泰次郎」が弟子入りしたという畳屋は現在はないが、戦前確かに一軒あったのを憶えていた。が、その畳屋も戦後、熊本か大分に移ったらしかった。

このあたり一帯の過去帳を持っていた長蓮寺は小国の方へ越していって今はないとのことであった。それに「泰次郎」の先祖を戸籍で調べようと思っても、産山村役場が明治時代の末頃に火災に遭い、現在残っているのは明治四十年頃からのものしかないという。

産山村の生き字引きみたいな井さんの言葉に私たちはとりつく島がないのを認識せざるを得なかった。

雨が降り出したので、雪になってはと、私たちは井さん宅を辞した。

臼内切の丘でも、産山訪問でも、収穫らしいものがなかった私たちは、北里のA寺に期待をかけた。途中で森山さんが、念のためA寺に電話をした。が、電話は出なかった。とにかくA寺に行くことにした。

臼内切も「泰次郎」が養子に入ったとされる上田もA寺が請寺であった可能性があるので調べておきましょうと、G住職は言ってくれていた。

雨で暗くなった道を一時間ほどで北里に着いた。いつも北里から東方向に額縁の絵のように、ぴったりはまって見える小国富士の別称のある涌蓋山も、今日は霧がかかって全く見えなかった。

A寺に着くと奥さんが出てきた。

由緒ありそうな古い寺である。

奥さんは、

「主人は今し方急用が出来て外出しました。過去帳の検分は手を尽くして見たが、人権の問題があって出来ないので断ってくれとのことでした。最近人権問題がうるさくなって、人の過去調査することは法務局からやかましく禁止されている。よほどのことで、公的な機関か、人であれば別ですが、それも法務局の許可書がなければ出来なくなっています。これはどこのお寺も同じことと思います」

と気の毒そうに言った。人権問題に係わるような大層なことでないと思うのですが、と粘ってみたが頑として受け付けられなかった。境内を出ながら、「大学教授の肩書でもあれば、見せてくれるかも知れないが、民間人では駄目か」と私は思わずぼやいた。

雨がひどく、寒く、暗くなったので私たちは帰路についた。

こうなれば、何としても「泰次郎」と「おいね」の墓を探し出すしかない、と三人で話し合った。

「風車」の人たち

昭和四十九年に石井次郎先生や石牟礼道子さんの臼内切に関する新聞記事や著書が出てから、臼内切は隠れキリシタンの悲劇の地として、一時かなりのブームを呼んだようであった。佐藤先生や石牟礼さんの言葉によれば、中央の著名な歴史学者に来て貰い、塚の発掘を行う一歩手前まで進んでいたようであった。

そのブームが頓挫したというか、先細りしていったのは、語り部の長谷部保正さんの死であった。

ブームの終焉を告げたのが西日本新聞の「風車」欄に載った「『臼根切』の初秋の風」であったようで、それ以後、臼内切が何らかの記事になったことはないようであった。

「風車」欄は千字ほどの囲み欄で、数名の文化人たちが交代で、筆名で書いていたらしかった。臼内切について書いた人は、「呑人」の筆名になっていた。

以前にも西日本新聞社で調べて貰い、私自身も当たってみたが全くわからずに終っていた。私はこの記事が気になっていた。外国人牧師ジョセフ・ディ・プリジオさんまでも同行していたので、相当熱心なグループであったと感じていたからである。

森山さんにも、この記事のことを話していた。

野焼きの後の臼内切を訪ねて十日も経った頃、森山さんから封書が届いた。

前略　先日は最後の方が雨になり、しかもA寺では過去帳を閲覧させてもらえず残念至極でございました。あれから法務局関係の知人に当ってみましたが、今はやはり過去帳でも何でも、人権に関する書類の閲覧は大変な制約があり、過去帳などは封印して保存してあるところもあるくらいだそうです。住職の態度はある面、正しかったと言えます。こうなれば自力で探し出す以外にはありません。

さて、先般から「風車」のメンバーとその目的について大変興味を抱き、私にも調べてくれないだろうかと依頼されて、私も気がかりになっていました。

先日久しぶりに「風車」を読み直してみましたら、迂闊《うかつ》なことに、あの記事に書かれている臼内切行には、実は私もメンバーの一人として参加している時のことであることに気付いたのです。もう十数年も前のことで、記事が出た時に読んで、切り抜きまでしているのに、自分自身のことが記事になったことがありませんでしたので、他人事と見ていたようです。

まさに汗顔の至りといった心境です。

私は当用日記を付けていますので、その頃のを出してみますと、運良く当日は記録してありましたので、そのまま書き写します。

「昭和五十一年十一月十四日

飯田《はんだ》高原には小雪が舞っていた。

午前十時三十分すぎ神父さんの車で大波多先生、轟さんと熊谷陵蔵氏宅に行き昼食をいただく。

午後一時半前後めざす臼根切に向う。

三十分前後で現地に着く。草原の中をしばらく歩いて行く。十分ぐらいで臼根切の古い墓所と言われる処に着く。

小高い頂上の五十坪前後の墓所は、小杉の中に静かに横たわっていた。

いくつかの野石の墓らしきものと、名前の入った墓石があり、『俗名亀吉　寛政弐年十月十日』と刻まれている。

他に人工の切石みたいな墓石等は見当らなかったが、熊谷さんが地下に伏墓みたいな墓石らしきものを発見する。

若干仏門の墓石と違う様に思われる。

たしかに一般の墓地と異なるものが感じさせられる。

三十分前後調査して、斬殺された場所へ行く。草茫々たる草原の丘にかすかに塚らしき物が見い出せる。

塚数はむつかしいようだ。

草むらに向って手を合せる。

そして、かつての居住地に行く。

きれいな清水が榧の木の下から湧出し、流れ出ている。

生活の場としては恵れている地形だ。

土地は肥えている、水がある、しかも暴風雨等さける地形だ。

推測する限りにおいては、地元の導きで他所から来た人か、相当すぐれた指導者により導びかれたか。武将達の末裔《まつえい》と思われる。
斉藤南小国町会議員宅に上りお世話になる。
感じた事、そして今後の事について提言する。
1、石井先生は物的証拠はないがキリシタンと言われているが、二百年も信仰が続いた集落に遺物がないとは考えられない。
短期間の教えが、これだけ長崎を中心にして全国に遺物が残されているので、ここにも何か残っていると思われる。

調査不充分と、何が遺物かの知識がないのでわからない、それが本当であるまいか。
2、赤石の使用。立塔的墓がない。亀吉には釈《しやく》がない。これだけでも異常である。
話し合いして帰宅する事にする。」
臼内切が臼根切になったままであることからも随分前のことになります。
数えて見ても十数年も前のことですから、同行者ははっきりは憶えていませんが、熊谷陵蔵氏、ジョセフ・ディ・プリジィオ神父、轟義礼氏、大波多高校教諭、少し遅れて来たと思いますが穴井太氏と、私の六名であったと記憶しています。

熊谷陵蔵氏は小国町の上田出身で、上田は長谷部保正さんの居住地であり、幼い頃から長谷部氏と知り合い臼内切に興味を持っていたのでしょう。斉藤氏は熊谷氏の実弟で臼内切のある南小国町の町議。この臼内切行を思いつき実行したのはこの方ではないかと思います。もし臼内切のキリシタン虐殺が真実ならば、殉教の地として観光にも役立ちますから。穴井太氏は有名な北九州在住の俳人で、熊谷さんも俳句をなさいますようですから、その縁からと思います。轟義礼氏は私と同じ玖珠町に住む郷土史を研究している人で、そんな関係から参加したものと思います。

さて、私は誰からの誘いであったか、ちょっと定かでないのですが、当時私が役場勤務の傍ら隠れキリシタンの事に興味を持ち、玖珠町のキリシタンの事を調査していたものですから轟氏あたりの紹介で現地点検に加えられたのではないかと思います。

このメンバーの中で『風車』の執筆をしたのは、間違いなく、その有名度から言っても穴井太氏と思います。

当時のメンバーを振り返って、私も含めてですが、隠れキリシタン研究の専門家はいなかったようでした。

昔の遺跡を発掘調査するには、やはり公的な行政機関が先導しないと、なかなか民間人で行うには法的なものもあるでしょうし、いわゆる〝祟《たた》り〟というような事もありますので、行いきれないものなのです。

あの臼内切行に何故長谷部保正氏が同行しなかったかを今から考えますと、不思議でなりませぬが、恐らく病気をして寝込んでいたのではないかと思います。元気であれば、あの方こそ一番に同行しなければならない人だからです。

と申しますのは、臼内切行きから暫らくして、疑問の点がありましたので、私は一人で上田の長谷部保正さんを訪ねた記憶があるのです。

残念ながら、この日のことは日記に書いていないようなのです。

私が訪ねますと、長谷部保正さんは暗い仏間に寝ていて、娘さんか息子の嫁さんか知りませんでしたが、中年の方が付き添っていました。

腰が痛くて起きれないようで、耳はかなり遠かったようですが、元気で記憶力などもしっかりしていたように感じました。

当時の私は隠れキリシタンの物的証拠にだけしか興味がなかったものですから、今から考えれば適格な質問は全くしてなかったようです。

木を見て森を見ないの譬《たと》えどおりです。

「泰次郎」のことも、「おいね」のことも、またそれらの過去帳や墓などのことも、何も聞いていないのですね。

「嘉永六年」の根拠、この伝聞の経路なども。

今から思うと残念でなりません。

ただ不思議だったのは、こちらがかなり難しい質問をしても、保正さんはノートなどを取り寄せて答えるのでなく、そのまま即答をしました。

記憶力がよいためでしょうが、私としては調査したノートでもあれば見たいと思っていたのです。

石牟礼さんも言っていたとのことですが、資料も何も見ずに語り部のように語ったと言います。

話し終って帰ろうとした時に、突然長谷部さんが私に言ったのです。石井先生も石牟礼さんも、自分が話したことと違うことが書いてあると、慨嘆するのですね。

当時、私は石井先生の記事は読んでいましたが、石牟礼さんのは読んでいませんでしたから、どういうことかわからなかったのです。

どこが違うのですかと言っても、要領を得ないのですね。

今から考えますと、「泰次郎」と「おいね」の関係が逆だったり、明治十一年が明治十三年だったという些細なことだろうと思うのですけど。

語り部から聞いて書くわけですから、語り違い、聞き違いということはおこりますわね。

元気になったら、自分で書くんだと言っていたのを今でもはっきり記憶しています。

長谷部保正さんに、その時臼内切が隠れキリシタンであったという物的証拠がありますかと聞きますと、隠れキリシタンの科《とが》で処刑されたから、キリシタンに間違いないと信じていたように思いました。

が、長谷部さんも臼内切が隠れキリシタンであったことを証明したい気持はもっていたようでした。それは言葉の端々からわかりました。

さて、臼内切の住民が隠れキリシタンであったかどうかの問題ですが、これは大変に難しいことです。

何が難しいかと言っても、物的に発掘調査が行われていないものですから、表面に残っているものだけで、判断することは不可能に近いと思います。

『由布院のキリシタン』を書いた阿武氏のいうように、隠れキリシタンたる物的証明は墓石でも、何でもよいから十字章を見つけ出すこと、伏墓を探し出すことになるわけですが、臼内切ではそれがはっきりしない。

臼内切の村人の墓地の地下に鉄棒をさしてみた手応えでは、地下に伏墓が存在する可能性はあります。

墓石に赤石が使ってあること、立塔墓がないこともキリシタンを示唆します。仏教では赤は火を呼ぶということで忌み嫌う。キリスト教では赤は、情熱として歓迎されている。

何と言っても私が一番関心を持ったのは、寛政年間の亀吉の墓石に俗名亀吉と書かれて、戒名《かいみょう》がないことです。普通仏門であれば、墓の法、戒名の頭文字には釈《しゃく》や皈《き》、または○等が使用されます。宗派によって違いますが、亀吉の墓には全然使用されていないことは仏教に縁がないということになります。

亀吉の墓には寛政弐年十月十日と刻まれていました。十の字が二つ使用してあります。明らかにギリシャ十字であると思いました。縦と横の長さに相違のある十の字と読みとれました。キリストの十字架をふたつの十に仮託したと思いました。

臼内切の村人がキリシタンであった可能性は、その虐殺の伝聞とともにあると思います。

江戸初期には日本中どこでも徹底的にキリシタン弾圧を行って、ほとんど撲滅させています。

キリシタンが発覚した者は、見せしめのために塩漬けにされて何代もあとまで、人目にさらしたりもしています。

それでもなお、キリシタンは一部で生き続けたわけです。

私はキリシタンにも、これはどんな宗教でも言えることですが、信仰心には非常に篤《あつ》い人と、そうでもない人がいると思うのです。

キリシタンにも、隠れてでもその篤い思いを、十字章や伏墓に残す人もいれば、証拠を残さないように密かに信心する人もいた、と思います。

臼内切ではまだはっきりしたものを見つけ出されていませんが、これから証明出来るものがはっきり見つかるかもしれません。

が、見つからなくてもキリシタンであることの可能性は充分にあります。

これから記しますことは私見としてお読み下さい。前から疑問に思っていたのですが、辺境の地小国の臼内切に隠れキリシタンの疑いを持たれた人々がなぜ居住していたかということです。

御存知のように細川家は細川藤孝《ふじたか》にはじまり、その子忠興《ただおき》も共に織田信長に重んじられ、丹後宮津城主になっています。忠興の妻は明智光秀の三女・玉で、後にキリスト教に入信してガラシャ夫人と呼ばれます。本能寺の変の時に忠興は光秀に招かれますが、それを受けず、かえって豊臣秀吉に従い、秀吉の死後は徳川家康に心を寄せ、関ケ原の軍功によって豊前小倉三十万石に移封されます。忠興の妻ガラシャ夫人は本能寺の変で離縁されますが、豊臣秀吉のはからいで復縁をしています。そして関ケ原の戦いの時、石田三成から人質として大坂入城を強要されますが、承知せず、邸をかこまれるに及んで自殺しています。ガラシャ夫人の子忠利《ただとし》が肥後藩の初代藩主となり、肥後五十四万石を領有するようになるのです。ガラシャ夫人は細川家のみならず、徳川家をも助けた、ある意味で細川五十四万石の大功労者であったのです。時代がさがってキリスト教は禁教となり、迫害、虐殺がはじまります。

細川藩には、ガラシャ夫人についてキリスト教の洗礼を受けた熱心な武将が大勢いたと思われます。細川藩は彼等に転宗、棄教を強硬に迫りますが、その過程のなかでどうしても同意しなかった者たちが居たと思います。

なかでも、玉造細川屋敷で、上杉征伐のため出陣した細川忠興からガラシャ夫人・玉の警護を命ぜられたのは、小笠原秀清、河北一成、河北六右衛門、河北助六、山内新左衛門の五武将でした。夫人の自刃に至り、その介錯をしたのは家老の小笠原秀清でした。五武将は夫人に殉死します。秀清の三男・玄也は敬虔にして熱烈なキリシタンに成長します。

キリシタン禁教になり忠利は玄也に棄教を命じますが、玄也は頑として拒みます。忠利は玄也の本禄は召し上げますが、二十三人扶持を与えて田舎に追放します。幕府の追及厳しく、玄也一家をついに処刑にしたのは、家康の大禁教令が出て十九年後のことだったのです。

細川藩とキリスト教の繋がりは想像以上に深遠で、秘奥だったと思われます。そんななかに辺境の地小国で密かに帰農させた者もいたと思われます。このことは細川藩の上層部の一部の人だけしか知らず、密かな監視のもとに置かれたと思います。

小国の惣庄屋の北里家には知らせ、彼らを秘かに庇護させたのかも知れません。と申しますのは、肥後藩の五十二家あった惣庄屋で江戸時代を通じて幕末のほんの一時期に惣庄屋を止めていた以外、その地位を守り通したのは小国の北里家の他二家だけだったのですから。そして不思議なことに、北里惣庄屋が免職になっていたのが、嘉永元年五月から嘉永六年十二月の間だったのです。この期間に虐殺が行われているのです。とにかく、そのキリシタンの血は、深い地下水となって、かすかではあるが脈々と流れ続けていたのではないでしょうか。

石井次郎先生の新聞記事に、臼内切の住民は、よそから来て定住し、その言葉は小国地方のものとは、まるで違っていたとのこと。近隣とのつき合いは全くせず、治外法権的なところがあり、「踏絵踏み」もしなかったと書かれています。
ここまで特別扱いされたことは疑問ですが、習慣、言葉、体格など違っていたの

細川家略系図
（『新熊本の歴史』より）

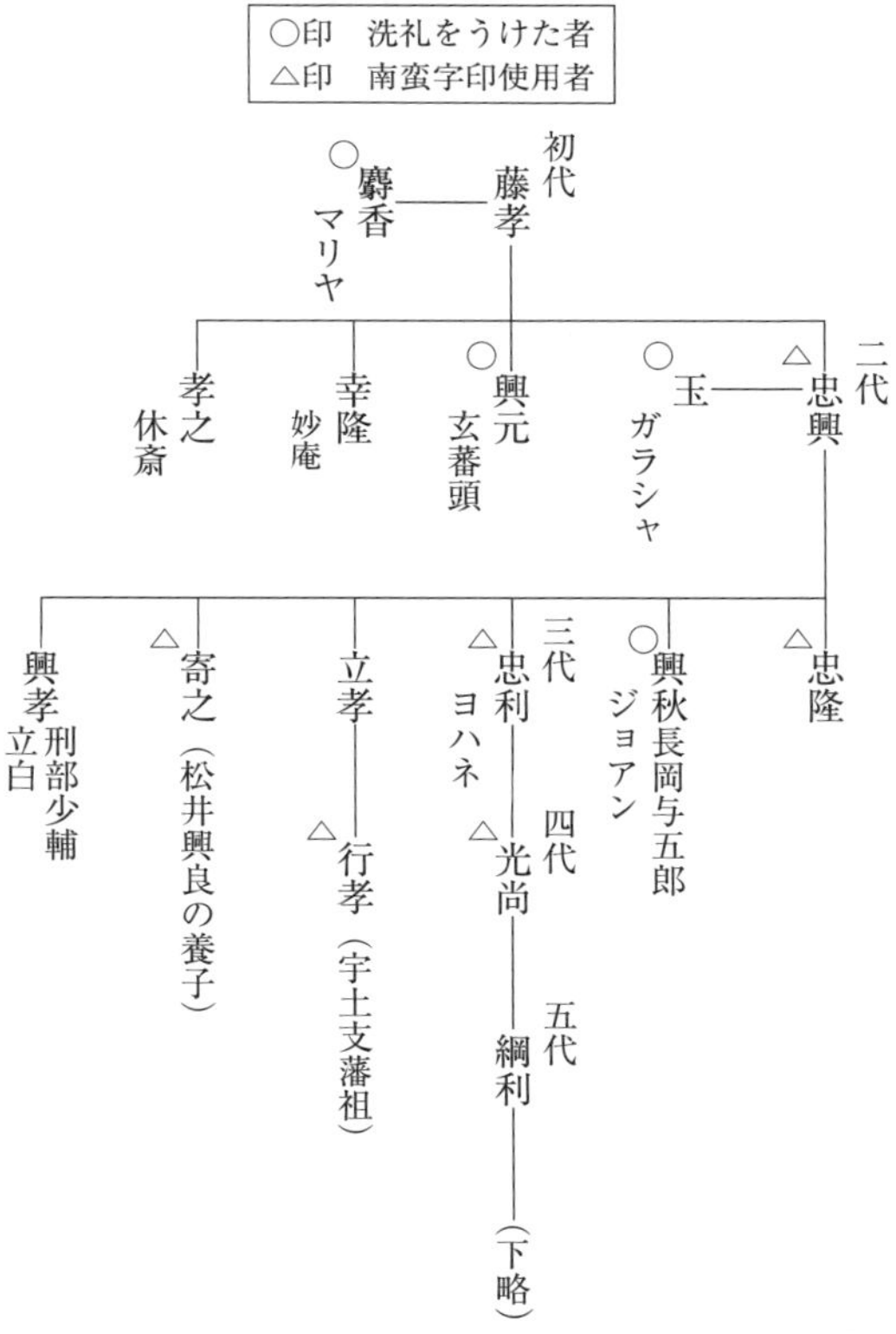

かもしれません。それが幕末に露見して、虐殺の対象とされたのかもしれません。それから、もうひとつ、臼内切の地名のことですが、一時期臼根切と書かれ、ディウスの根を切ったから、この地名がついたと言われた時があります。臼内切という地名は文献にもあるように、確かに室町時代から小国にあったと思われますが、嘉永六年の虐殺のあと、一時期キリシタン退治をしたという暗号の意味で、臼内切が臼根切に故意に書かれたのかもしれません。と申しますのは、江戸時代にキリシタン退治を行った証拠として、根切《ねぎ》り報告書というものが、日本の一部にあるのです。臼内切の虐殺があまりに残酷であったため、誰かがその秘密を地名に託したのかもしれません。歴史というものは謎が多く、奥が深いとしみじみ感じています」

以上、述べたことはあくまでも、私見でございます。

長くなりました。これからも臼内切の探索が続けられることを願っています。

水戸藩

森山さんの手紙に続いて、佐藤弘先生からはハガキが届いた。

前略　先日は野焼きの直後の臼内切の丘の印象はいかがでしたか。もう少し先で、焼けた草の灰が風で飛んだあとだったら、塚もよくわかったかもしれません。草が伸び出すとまた見えなくなります。土盛りが風雨で流されていますので、あれだけ残っているだけでもたいしたものです。

あれから石牟礼道子さんの著書『西南役伝説』を買い求め読んでみました。それによりますと「泰次郎」は明治十一年に三十三歳で死去とのことで、臼内切の処刑のあった時「泰次郎」は四歳であったということですから、逆算すると処刑は嘉永元年か二年ということになります。

そうしますと、時の小国郡代は、手元にあります『肥後藩史』によりますと、岩崎物部《ものべ》（弘化四年四月着任）か井上久之允（嘉永三年二月着任）になります。荻昌國が郡代に着任したのが井上の七代あとの安政五年八月であり、小国で自刃して果てたのが文久二年正月でありますから、処刑から実に十三年後ということになり、臼内切の処刑と荻は関係ありそうにありません。

私もちょっとがっかりしているところです。

先日、ほしいと言っていました臼内切一帯の航空写真は十数年前のもので現況とは大分違っています。近年中に役場で再度撮影するとのことです。臼内切の丘の実測図は正確ではありませんが、南小国史談会で作ったものがありますから、次回にお渡しいたします。

昔の惣庄屋、庄屋、旧家などの古文書を史談会員を動員して、臼内切処刑の一文一行でも見つかればと探しています。

気付いた事を取り急ぎお知らせまで。

私も小国・久住郡代年表は熊本県立図書館の『肥後藩史』をコピーしていた。

「小国・久住郡代年表」

岩崎物部　（弘化四・四〜嘉永元・五）（一八四七・四〜一八四八・五）
井上久之允　（嘉永三・二ごろ〜嘉永　）（一八五〇・二〜　）
佐久間角助　（嘉永三・二ごろ〜嘉永　）（一八五〇・二〜　）

河喜多助三郎　（嘉永三・八～嘉永四・三）（一八五〇・八～一八五一・三）
入江次郎太郎　（嘉永四・三～安政二・一）（一八五一・三～一八五五・一）
熊谷市郎右衛門（安政三ごろ～安政　　）（一八五六～　　）
木村得太郎　（安政三・七～安政五・六）（一八五六・七～一八五八・六）
永屋猪兵衛　（安政五・七～安政五・八）（一八五八・七～一八五八・八）
荻　角兵衛　（安政五・八～文久二・一）（一八五八・八～一八六二・一）
元田源右衛門（文久二・一～文久三・八）（一八六二・一～一八六三・八）

臼内切虐殺と荻自刃との間がどう見ても、十年近くの断層があることは、有住さんからも指摘されていたし、私自身も調べて気付き、苦慮していたところであった。

荻が臼内切処刑と関係して自刃したのであれば、処刑発生時に荻が小国郡代であることが一番考えやすいし、納得のいくことであった。

が、「泰次郎」や「おいね」の生年も没年も、また両者の関係も「嘉永六年」という年の根拠も、はっきりとしていないのである。はっきりと信用できるのは

『改定肥後藩国事資料』にある荻昌國が文久二年一月十八日に小国宮原の郡代屋敷で自刃していることだけであった。

とにかく、「泰次郎」と「おいね」、嘉永六年前後の荻の動向を掴むことが大事なことであった。

この頃になると私と森山さんが手分けして、関係者に照会したものの返事が来はじめていた。江戸時代の刑罰法に詳しい元熊本大学教授で、現在は東京の大学で教鞭《きようべん》をとっておられる鎌田浩先生から森山さんに届いた。

拝復　御返事が遅れて申し訳ございません。

此度は荻昌國と臼内切の関係についての御質問に接し、何もお答えできない事を申し訳なく存じます。私は荻の死に深い疑問は持ちましたが、臼内切の話は知りませんでした。却《かえ》って御教示いただいたことに御礼申し上げます。ただ新聞の石井氏説の嘉永六年と荻の死の文久二年があまりに離れすぎているのが気になりますが、現在の処《ところ》史料的には、この関係のものは発見しておりませんので申し訳ありません。

石井次郎先生の奥様に電話で、臼内切に関する先生の遺されたノートはないかと問い合わせた時に、奥様は自宅にはそのような物は見当たらないようで蔵書も大学に寄贈したということで、石井先生のお弟子さんたちに聞いてくれないかと、お弟子さんの名前と住所を教えていただいていた。大概の人は電話の上で、よく分らないとの返事だったが、福岡の女子高校の先生をなされている増田栄先生から手紙が届いた。


拝復　桜の便りもあちこちから寄せられ、日増しに春たけなわとなってまいりました。

さて、先日は、石井先生の「臼根切の千人塚」のコピーをお送りいただきありがとうございました。先生より一部お話は聞いていたのですが、今回、より詳しく知った次第です。

新聞執筆の当時、私は修士論文の準備で追いまくられていた頃ですが、先生が、よく満願寺《まんがんじ》温泉に行ってくると言ってお出かけになったことを思い出します。ところが、ご依頼にありました資料の件ですが、蔵書の一部しか整理されておらず、今、行っているところです。もし、関係する資料が出てまいりますれば、ご連絡いたしたく存じます。

また、同僚に、この件で資料が無いかと尋ねたところ、東京の知人に、九州のキリシタン史を研究しているものがいるので、尋ねてみようと言ってくれましたので依頼しているところです。

何か分りましたら、こちらの方もご連絡いたしたく存じます。

お役に立てず申し訳なく思います。

映画評論家の荻昌弘氏（既に故人になられたが）は荻昌國から直系の四代目（荻家始祖からは十二代目）にあたる。

昌弘氏の父は昌道といい、陸軍大佐、特警隊長、終戦時は熊本市の健軍《けんぐん》飛行場長をした人であった。

昌弘氏の遠縁にあたる人に堀川龍巳さんという方がいることを、去秋、熊本県山鹿市に住む荻清人さんを訪ねた時に教えてもらった。堀川さんは昌道氏より二十歳ぐらい年下であったが、やはり軍人で戦後は自衛隊に入り、最近定年退官していた。昌道氏と堀川さんは、荻昌國の自刃に疑惑を持ち二人でかなり追跡をしていたという。堀川さんは東京都東村山市に居住されていた。

荻昌國の自刃の原因、弟蘇源太の水戸藩への逃亡の真否、臼内切キリシタン処刑と昌國の関連性などを尋ねる手紙を、私は出していた。

拝啓　返事が遅くなって失礼しました。要旨のみ下記のとおりです。

一、昌國は実学党の長老として、横井、元田、宮部、下津休也、長岡是容、海老名、徳富、嘉悦、木下、太田黒、財津、白杉等二十三名の士を友とし、水戸の会沢正志斎、藤田東湖、高橋氏と結び、吉田松陰、西郷隆盛、僧月照、坂本龍馬、小河、切南氏等とも交友した。

従って、細川の家臣加屋等は、昌國を取り囲み、「反逆者、禄盗人、同志の名は、企図は、組織は」と強迫したので、発覚を防ぐには死人に口なしの手が最良と考え、自決したようです。

このようなことは、明治政府に対する明治維新史資料として藩からの報告にも記されず、でたらめの報告をしたようで、大正時代に細川の池部氏等が修文提出したとはいえ真実ではなく、現在のところ徳富氏の著書がより正しいと思うと昌道氏は述懐していた。

二．弟蘇源太は水戸に逃れ姓を改めた。明治に入り東京の荻家に一族のものという人が、水戸から上京してきたとか。

昌國の遺した二通の文書は、蘇源太より、水戸の会沢正志斎のところに渡り、そこで守られ代々門外不出のままになっているようです。手紙など高く値が付くのか、すぐに抜かれるとのことです。

三．荻家にあった約二千部の明治維新史資料は戦災で全部焼失した。

四．臼内切の件、不明です。大友の領内からの信者ではないでしょうか。但し、荻家と天草の乱とは何かの関係があるようです。

宇土《うと》にいたキリシタン大名、小西の浪人益田らと加藤の遺臣とではともに通じ合う不満が、農民の窮状を発火源として、天草の乱を生じたとも私は思います。

その他

一．荻家は美濃で刀鍛冶の家、加藤清正の臣であって、後で細川の臣となった家です。

熊本では細川より清正公さんをたたえ、この点小国でも洋学、農林、酪農、医学と民生を主とした昌國に対する農民の心も、強いものがあったと私は思います。維新倒幕の発火点は、さらに九州熊本を中心として再研究の余地があるようです。

二．山鹿荻家は、二代杢久之允の弟、忠左衛門（百五十石）からの分家です。取り急ぎ返書致します。御活躍を祈ります。

横井小楠については、山崎正董の大著『横井小楠』をはじめ、徳富蘇峰の著書など幾多のものが出ている。が、荻昌國や肥後実学党に関するものはなかなか見つけることが出来ず、私は国立国会図書館に参考文献の存否を手紙で依頼した。「荻にしても、実学党にしてもまとまった文献はない。わずかに徳富蘇峰の『近世日本国民史』に散見できるだけのようである。それらを選んでコピーすることは、この段階では出来ないので必要であれば、別紙の申し込み用紙、ならびに料金表を送りますので申し込み下さい。

なお、荻昌國に関して参考までに、ほんの些細な紹介記事ですが、角田政治著の『肥後人名辞典』をコピーしておきました」

という返事が来た。

そのコピーは、熊本県立図書館ですでに入手済みのものであった。

いかに国立国会図書館と言えども、地方のことは、地方の図書館には及ばないと考えた。荻蘇源太の水戸藩への逃亡、またそれより以前の、横井小楠の江戸留学の時から関係の深かった水戸藩と肥後藩のことを茨城県立図書館に問い合わせ、場合によっては水戸を訪問することを、私は決意した。

横井小楠は江戸滞在時代、諸藩儒者の集まりである海鴎社文会に出て、水戸藩の藤田東湖に出会って意気投合している。年齢もほぼ同じで、小楠が三歳下であった。藤田東湖が安政二年の江戸地震で圧死するまで親交が続いた。

幕末の尊王攘夷派の志士は多かれ少なかれ、水戸藩の藤田幽谷《ゆうこく》、会沢正志斎の影響を受け、会沢の著書「新論」はバイブルの役目をした。荻昌國も小楠を介してであろうか、会沢正志斎に傾倒し、遠く書を寄せて意見を交換していた。

生涯を通じて、荻昌國は熊本を離れることはほとんどなかったようで、その憂国の念を他藩の同志にも求めて書の往復を行っていることが、荻家文書の中に残っている。

その相手としては水戸の会沢正志斎、久留米の村上守太郎、柳河の立花壱岐、池辺藤左衛門、豊後竹田の岡藩の小河《おごう》一敏等がいた。

なかでも荻はよほど会沢正志斎を尊敬し頼りにしていたのだろう。今でも荻家の子孫に連綿として伝っているように、弟蘇源太は荻昌國の遺書を持って水戸藩の会沢を頼って逃げ込み、また水戸藩はそれを助けて匿《かくま》ったという。

肥後藩の追手《おって》が水戸に押し寄せると、牛か馬の骨を見せて、蘇源太の遺骨だと言って追い返したと、伝えている。

事実はともかくとして、荻と会沢は心でしっかり繋がっていたのだろう。そのことを日頃から弟蘇源太にもよく言い聞かせていたと思われる。

それほどまでにして託した荻の遺書には、一体何が書かれていたのか。

茨城県立図書の電話にでた女性の係員は、私の概略を聞いて、とても難しい事と思いますが、お手紙を下されば出来るだけ調べて見る、とのことであった。

私は荻家の系図と、遺書と蘇源太のこと、それに臼内切隠れキリシタン虐殺の新聞記事のコピーを送った。

二週間ほどして返事が来た。

調査の内容

「蘇源太に託された肥後藩荻昌國の遺書が会沢正志斎の子孫宅に残されているか」

記

当館が所蔵している著書からは、浅学にして、ご参考になる記述を見つけることができませんでした。会沢正志斎に関して書かれた本は三冊ほどありますが、西村文則氏の著書の中に、会沢塾の記録がありましたので、目次をお送りいたします。しかし、本文の中に荻氏に関しての記述はありませんでした。また正志斎の子孫に関してわずかながら書かれた箇所がありましたので、ご参考までにコピーを同封いたします。

現在、当地方で、貴殿の御質問にお答え出来るかも知れない方をご紹介いたしますと、左記ご両先生と思います。
○瀬谷義彦先生（茨城県日立市）
○水戸史学会　名越時正先生（茨城県水戸市）
なお、同封していただきました資料は、コピー保存させていただきました。何かの機会に解明いたしましたら再度お答えいたします。

私は瀬谷、名越両先生に、茨城県立図書館に送ったものと同じ資料を書いて送った。

名越先生からのご返事
拝復
先月二十六日の御電話及び芳翰《ほうかん》並びに資料のコピー書、二十八日確かに拝受いたしました。荻昌國の事承りました。早速調べて見ましたが会沢正志斎の遺した資料、書物などはその本家の当主安之氏（水戸市曙町八―二一）の他、専門家、熱田家等に三分し、全部を検することは出来ない状態にあります。しかし、水戸安之氏蔵書は先年全部拝見しましたが、荻氏遺品のごときものはありませんでした。

尚昨日、県立歴史館資料室安見隆雄氏に会い、聞きました処、氏も御手紙をいただき調査中であり何とか結果を御報告することと存じますが、何しろ長い歳月を経たこと故に、御遺族が想像されるようなことがあるとは到底推察出来ず、まず発見は殆んど不可能と存じます。御研究の御意図は分りましたが水戸へお出でになっても、残念に思はれる事の方が多いのではと案じて居ります。

御役に立ちませず申しわけありませんが御返事申上げます。

瀬谷先生のご返事

拝復　ご芳書並び荻家関係史料のコピー等をご恵送頂き拝見致しました。

大層意義深く且つ興味ある問題ですが、只今のところ二、三調べましたがご報告できるような史料が見当たりません。少々時間をかして頂いて調べてみますので、お待ち下さい。

なお、現在二、三執筆中ですので時間がかかるかも知れませんので、ご了承下さい。

幕末水戸藩の争乱の中で、蘇源太に対してとった水戸藩士の態度が真実とすれば大変面白いことで、私共にとりましても探求すべき重要問題であります、ご教示を頂き有難うございます。

なお、錦地《きんち》日田は十年近く前お訪ねしまして何ともいえぬ人情味を感じ、忘られない曽遊《そうゆう》の地であります。

右ご返事まで

私は五月の連休を利用して水戸を訪問するように準備をすすめて、往復の飛行機、汽車の切符を入手していた。

その後に名越、瀬谷両先生の手紙が届いた。

もともと、荻の遺書が水戸にあることは絶望的と考えていたが、一層その念を強くした。

水戸行きを止めようかと思ったが、水戸にはまだ一度も行ったことはなかったし、荻が思い詰めた会沢正志斎の住んでいた場所を見ておくのも大切なことと思って出発した。

夕方家を出て夜遅く東京に着いた。東京駅前のホテルに泊った。朝、常磐線の特急電車で水戸に向かった。連休中の割には電車は混んでいなかった。東京から水戸がこんなに近いのかと思うほどに早く、昼前に着いた。天気もよかった。

私はホテルに荷を置くと、すぐに水戸歴史館に行った。大きな立派な建物であった。

私は三時間ほど粘って探したが、とても私の目的を達成するのは不可能と感じた。

歴史館を出ると私はタクシーを拾い、東海原子力村へ行った。前から一度見てみたいと思っていたのを思い出したのであった。

歴史という暗い重箱の片隅を針の先で穿《うが》っている者にとっては、現代の最先端をいく原子力発電所はあまりにもかけ離れていたが、私は何故か無性にそうしたかった。

探索行の困難さに、私は疲労し少し倦《う》んできていた。原子力村への道はゴルフ場銀座であった。

原子力村は私が想像したものよりずっと巨大で、しかも静謐であった。

翌日、茨城県立図書館に行った。

幕末の水戸藩のコーナーがあり、夕方近くまで頑張ったが手掛りは掴めなかった。その後、旧水戸城趾にある梅林で有名な偕楽園へ行った。園内を一周したあと、好文亭に登った。一番上の部屋は多角形になっていて、四方八方が眺められた。熊本によく似た街並を見ているうちに、急に心の底から寂寥《せきりょうかん》感が溢れてきた。偕楽園は天保十三年（一八四二）に水戸藩第九代藩主徳川斉昭（烈公）が自ら設計して造ったものだった。天保十三年と言えば、小楠や荻が集まって勉強会をはじめた頃であった。水戸藩では藤田や会沢が勤王攘夷を唱え、倒幕運動が胚《はい》芽《が》してきていた。弘道館を見たあと、常磐公国の梅林と千波湖畔を散歩した。

梅の終ったあとであったが、連休のために人出は驚くほどに多かった。街の中央にあるため、観光地と言うより市民憩いの広場という感じであった。

水戸では街中で流しのタクシーを拾うことが困難であった。タクシーは時々しか通らないし、それらは客を乗せているか、予約車であった。九州の大きな街のように手をあげると、数台が競って寄ってくることなどないようであった。私は九州と東北の違いを感じた。

が、水戸は熊本に似ていると思った。緑の多いところも同じであるが、根本的に静謐で陰翳《いんえい》のある旧弊な街と思った。

育《はぐく》んできた歴史が相似の街を造ったのであろうが、それは深い情念と因循《いんじゅん》とから出来ていると感じた。

私は立ち去り難い旅情を覚えながら、水戸をあとにした。

永青文庫

水戸から帰ってしばらくの間、虚脱した日々が続いた。全く収穫のなかった水戸訪問について、私は森山さんにも木下君にも言い出しきらなかった。

臼内切惨殺のことを初めて耳にしてから、一年の月日が流れていた。去年末から半年間、あまりに積極的に動いた反動で心身共に疲労してきていた。

臼内切のことも荻のことも杳《よう》として進展していなかった。

臼内切と荻を結びつけて考えること自体にも、無理があるのかも知れないと思い悩んでいた。

十数年前にはかなりの人々が臼内切惨殺の存否を調査しているのだが、頓挫している。荻の自刃に関しては、手付かずというか、単なる自刃として看過されているのか、論究している文献は全く見当たらなかった。

とても素人が手を出すことではないとも考え始めていた。が、森山さんは私が躊躇《ちゅうちょ》している間にも、活発に行動していた。それは主に熊本大学の日本史学の教授や高校の歴史の先生に当って、何とか活路を見い出そうとしていた。

森山さんによれば、歴史学を専攻している先生方は、ずぶの素人に近い者の質問にも、花立先生がそうであったように、ほとんどの方が丁寧に答えて下さるとのことだった。

歴史学というのは生き馬の目を抜くような学問ではない。生き馬の目を抜いた奴らの業を見つめるものであった。人間そのものに思いやりがなければ、出来ない学問であった。

六月のはじめに、森山さんが「永青《えいせい》文庫」の話を持ってきた。「永青文庫」と

細川家累代の墓

は、肥後藩の大資料館と思えばよい。

私はその存在を全く知らなかったが、森山さんは前から聞き知っていたという。

肥後藩細川家は日本歴史上から見ても屈指の近世大名であった。肥後細川家は初代藤孝（幽斎）以来でも幕末まで三百年近い歴史を誇り、その統治記録や所有する文書、蔵書、消息文などは二万点に及ぶ膨大な量であった。

これらは近世史・藩政史の研究の格好の史料として、歴史家には垂涎《すんぜん》の的であった。細川家の北岡旧邸内倉庫に架蔵されていたので、「北岡文庫」とも呼ばれているが、正式には細川家「永青文庫」といわれるものであった。

この貴重な資料は細川家の私有物であった。そのために、一部の限られた人たちを除いては一般には公開されなかった。

このような体制は明治維新後、百年近くも続き、武具、書画、写本等を除く古文書類が熊本大学に寄託されることになったのは、昭和三十九年（一九六四）東京オリンピックの年であった。武具、書画等は現在も東京・目白台の旧細川邸の永青文庫に保存されている。

戦後、上妻《こうづま》博之氏の献身的な努力によって「北岡文庫蔵書目録」が出来たが、熊本大学に寄託してからは、それをさらに発展させ新しい分類目録と索引が「永青文庫、細川家旧記・古文書分類目録」正・続編として刊行された。それらは正・続編で四百ページに及び、完成までに十数年の歳月が費やされた。

森山さんは、熊大図書館で目録の正・続編に目を通し、臼内切と荻に関係ありそうな項目をコピーして、続編編集の代表者で細川藩政史研究会の幹事である松本寿三郎《すみお》熊大教授に問い合せの手紙を出していた。

私は後にこの目録正・続編の二冊を入手したが、その目録でみる「永青文庫」は、ありとあらゆるものが網羅された大文庫で、宝の山と言えた。

通史年表、地誌地図、伝記、学芸、国文学、漢文学、思想、武芸、芸能、博物、有職故実《ゆうそくこじつ》、官制、法制、軍事、外交、勤役、賞罰、異国船警備、戦記、侍帳、知

行俸祿、騒擾、犯罪、司法、誅伐《ちゅうばつ》帳、キリシタン等々であった。

これまでに調べた肥後藩の公式史料を集めた「肥後藩国事史料」などには臼内切のことは全く記載されていなかったし、荻自刃についても、ほんの数行しか触れてなくて、しかも、その原因などに言及したのは皆無であった。

私や森山さん、木下君の素人考えでは、この多種、多量、多岐にわたる「永青文庫」の屹立《きつりつ》する高峰のなかに、我々が探究しているものが存在する可能性は大いにある、と武者震いする思いであった。

そこに森山さん宛に松本寿三郎先生から返書が届いた。


拝復　臼内切についての新聞記事、および永青文庫目録抜刷り拝見いたしました。

臼内切については今回はじめて拝見いたしましたが、何とも不思議な事件のように思われます。

お尋ねの史料類につきまして、今のところ解読出来ておりません。永青文庫は今月一杯、書庫改装中のため閲覧できません。四月になれば閲覧できますので、お出で頂ければ可能です。

一般論で申しますと、永青文庫の史料には、こうした地方の事件はあまり含まれていないようです。

と申しますのは、当時の事件処理は、それぞれの地方の役所で内済にすませ、表に出ることは稀だからです。臼内切事件ももし小国地方の史料に見い出すことができないならば、永青文庫の史料には出て来ないのではないかという気がします。

しかし、当時の史料はありますので、その中に見い出せるかも知れません。どうぞ、六月に入りましたならば閲覧可能となりますので、ご調査頂きますようお願い申し上げます。

私たちの勇みかかった出足に、少し水をさされた。

何十人もの専門家が、十数年もの歳月をかけて解読、吟味し、要旨を記し、分類したものである。従って永青文庫そのものが持つ正確度、傾向、限界も自ずからわかっているのだろう。

私たちは永青文庫目録を再検討し、嘉永六年を中心として、その五年前から、文久、元治頃までの騒擾・犯罪、宗門改《しゅうもんあらため》、刑事、誅伐帳、キリシタン関係を重点に調査することにした。

都合でのびのびになり、出発したのは梅雨の走りの雨が降りはじめた六月の中旬であった。土、日曜の二日間を充てていた。

「永青文庫」の寄託資料は熊本大学法文学部構内の、熊大付属図書館の地下に保存されている。

「永青文庫」にかかる前に、森山さんは午前十時半から授業の間の休みの三十分間だけ、熊大教養部の日本近世史の猪飼《いかい》隆明教授に面会の約束をとっていた。授業から帰ってくると、猪飼先生は廊下で待っていた私たちを教授室に招じ入れてくれた。先生は四十歳代初めの体格のよい、豪放そうな方であった。

前もって森山さんから史料を送ってあったので、時間の関係もあり、挨拶もそこそこに、こちらから質問する形でお願いした。

幕末の肥後藩が、隠れキリシタンを虐殺した可能性は否定出来ない。が、公表すれば、幕末までキリシタンを摘発していなかったことの証明になる。また一方ではペリー来航の非常時に、いかに国内が攘夷で沸き立っていたとしても、虐殺は外国を刺激することになり、まずい。

血気の至りで残虐を働いたとしても、冷静になれば、必死に隠蔽《いんぺい》せざるを得なかったのではないか。それと虐殺されたのは隠れキリシタンではなく、幕末に発生し、当時邪教と考えられていた黒住教とか金光教とかの可能性も否定できないかも知れない。

そして、キリシタンでも邪教でも、その他のことであっても、一村全員を断首まではしないような気がするのだが、と先生は大きな溜め息をついた。

小国は他藩との境界だったので、あの頃いろんなことが起こった可能性はある。荻昌國についてはあまり知らないが、学校党と実学党の争いは、現在で想像するよりも熾烈《しれつ》であったようだ。

最後に私たちがこれから「永青文庫」を調べに行くと聞くと、先生は「永青文庫」は膨大な量で、私も目を通しているのは極く一部です。それに史料として残っているのも歴史のほんの一部なんですから、忍耐強くやれば何かどこかで見つかる可能性はあります、と私たちを励ましてくれた。

これから学生を連れて、野外授業の史蹟見学だと言って急いで出ていかれた。

雨は止んでいたが、暗く陰うつな天気であった。朝早く出て来ていたので、早めの昼食を学生会館でとると、熊大図書館に出向いた。

午前中の授業がちょうど終った頃で、構内は学生でごった返していた。

熊本大学附属図書館

図書館内は驚くほどに閑散としていた。

「永青文庫」を閲覧するには、所定の用紙に借りたい書名を書き、地下の所定の場所でしか読むことが出来なかった。私たちは江戸時代にタイムスリップするような不安と期待を抱いて、静かにエレベーターで地下に降りた。

「永青文庫」に関しては、貸し出しも、コピーもできない決まりで、どうしても内容が欲しい場合は筆記するか、写真で撮るしかないらしかった。

地下の閲覧室は思ったより広く、何か芳《こうば》しい匂いがした。室内の真ん中に閲覧用の大きな机が置かれていた。その横で大きな絵図を広げてカメラを固定して、しきりに写真を撮っている人がいた。

私たち三人は机に座って静かに注文した文献を待った。先ず手始めに、キリシタン関係のものから見てみることにしていた。高級のビーフステーキを注文して、それを密かに待つ、高級レストランでの気持ちであった。

やがて、ドアが開き車つきの荷台で、人の背丈もあるくらいの古い和紙の書物が、山のように積まれて運ばれてきた。私は、誰か他の人が注文したものだろうと思っていたら、それは私たちの文書であった。

「永青文庫」の目録ではほんの半ページのまた半分に書かれているものであったが、実物の文献は荷台で運んでこなければならなかった。それもまだ半分でしかなく、読了したら次を運び込むということであった。

古文書に慣れている森山さんはさほど驚いた風ではなかったが、私と木下君は肝を潰《つぶ》した。染《し》みが入り、虫食いのあとのある褪色《たいしょく》した古文書を私たちは読みはじめた。古文書の所々にある知った漢字以外は、ほとんど読めなかった。みみずのような字もあれば毛虫のような字もある。面倒そうに書きなぐった乱雑な字もあれば、一字一字丁寧に書かれた字もある。いずれも読むには難しい。

私はキリシタン虐殺、臼内切、小国、嘉永六年、荻昌國といった文字だけを探して懸命に読んだ。何でもいいから探し出したくて、眼を皿のようにして読んだ。

隣の木下君は珍糞漢糞《ちんぷんかんぷん》と言った感じで書物を見ているようであったが、それでも懸命に頑張っていた。

森山さんは古文書が読めるので、一ページ一ページ丁寧に読んでいた。

地下だったので時間の経過がわからない。眼がぼやけてきたので、時計を見ると三時間たっていた。私たちは休憩のため地上にあがり、学生食堂にコーヒーを飲みにいった。土曜の午後で大学構内も食堂も人影は少なかった。雨もあがり、かすかに陽が射していた。

樹木の多い構内はとても静かな感じがした。こんな心静かな土曜日の午後に穴ぐらに閉じこもって、昔の文献を読んでいることが、信じられないような気がした。眼が疲れて、頭もぼおっとして、耳鳴りがした。高い山に登った時の状態に似ていた。

森山さんによれば、キリシタン関係には臼内切のことは全くないようなので、走り読みにして、これから閉館までは犯罪関係の誅伐帳を読むことにしましょう、ということになった。

閉館まで二時間を誅伐帳の嘉永元年から、三年まで目を通すことで時間は終った。

私たちはビジネスホテルに帰って近くの食堂で、馬刺《ばさし》と辛子《からし》れんこんで焼酎を飲んだ。

収穫がないので疲れも激しかった。

木下君は大学時代の友だちに会うということで出かけていった。私と森山さんは部屋に引き揚げ、早々と床についた。ホテルはインターハイがあっているのか、高校生たちが一杯でうるさかった。

私は変な夢を何度も見て、なかなか寝つかれなかった。

翌日の日曜日、私たちは朝早く図書館に行き、昨日の続きの誅伐帳を読み続けた。図書館の日曜開館は今はどこでもやっていて、休みは平日である。

松本寿三郎先生が言われたように、地方の出来事は、とても「永青文庫」に載っていないのかも知れなかった。

今日の誅伐帳は嘉永三年から元治元年までであった。私も木下君も読めない古文書を眼を皿のようにして臼内切の字を探した。午前十時頃の中休みで、森山さんが言うには「誅伐帳」には窃盗や不倫、喧嘩ばかりで、とても臼内切や荻の白刃はありそうもないので、これから昼までは「風聞帳」を見ようということになった。が、「風聞帳」は私の期待した、熊本から見て辺地にあたる小国あたりの風聞かと思っていたら、外国や黒船や他藩のことであった。

昼から犯罪関係に重点をおいて、諦めずに探した。予定したものは全部に目を通したが、何も見つからなかった。午後三時、私たちは熊大図書館から県立図書館へ移動した。

その日の午後三時半から、県立図書館で熊本県の歴史愛好者で結成された「近世史談会」が開かれることを、先に県立図書館を訪れた時に聞いていた。私は敢えて、この会の人たちに臼内切と荻のことを聞いてみようと思ったのであった。「近世史談会」は図書館の特別室で始められた。毎月一回開かれているようであった。大学、高校の先生、郷土史家の集まりで、当日は十数名が集まっていた。「伊能忠敬の九州測量と藩の対応」という題で、高校の歴史の先生の発表だった。

幕府の指示で日本全国を測量して回った伊能には、九州各藩が宿泊の世話から、加勢の人員、道路の整備の他に、伊能自身に金品の授与があったことが史料から証明されていた。

貧困苦と肉体苦の中で、大変な努力をして大偉業を成し遂げた、と教科書で習っている伊能像とは、あまりに違うので唖然とした。

私は会の人たちに承諾を得て、臼内切キリシタン虐殺の伝聞のこと、荻の謎の自刃のことを説明して、歴史の専門家たちの意見を聞いた。

しばらくの間、誰も答えなかった。

地道に史料に基づいて研究している人たちにとって、伝聞を相手にするのは、嫌な闖入者《ちんにゅうしゃ》と感じたことだろうと思った。

そのうち少しずつ口を開いてくれた。

元禄の末頃までには肥後藩のキリシタンは完全に撲滅したはずだから、臼内切の伝聞は、あくまでも伝聞で、事実ではなかろう。日本国中には、いろんな伝聞が山ほどあって、掃《は》いて捨てるぐらいある。虐殺は、そう簡単に出来るものではない。斬り捨て御免と言っても、藩の許可が必要であった。

村がなくなったと言っても、あの時代は村全体が移住したことも度々あった。それだけの事件であれば、何か史料が残っているはずで、史料がないということは事件はなかったのではないか。もし史料があるとすれば地方の庄屋以上の家にあるかも知れない。あの頃の庶民は、字の読み書きはほとんど出来なかったのだから。

肥後藩の史料にはっきり残っている荻自刃について、私は尋ねた。

沈黙が続いたので、私は学校党と実学党の争いのために荻が自刃することがあるだろうかと尋ねた。

なかのひとりが、たしかに両派の争いは激しかったが、その争いは自らの人生論というか、政治論、民生論であるから、そのためにいかに迫害を受けようとも、自刃することは考えられない。あの頃の武士はそのくらいの覚悟は出来ていたし、荻昌國が、学校党からの迫害ぐらいのことで死ぬとはとても思われない、と言い切った。

他の人たちもみんなうなづいた。

私たちはお礼を言って帰路についた。

雨がまた降りはじめていた。本格的な梅雨になりそうである。帰りの車の中で、森山さんが「永青文庫」探索に何の収穫もなかったが、誅伐帳が慶安四年から文久三年まであった中で、嘉永六年の分だけが抜かれているのか、存在しなかったのです、と言った。

「泰次郎」と「イ子」

「永青文庫」の厚い壁に跳《は》ね返された一週後の日曜日、私は一人で熊本大学図書館を訪ねた。

臼内切があれだけの状況証拠を残していれば、嘉永六年に虐殺があったということを前提にし、それに荻が絡《から》んでいるとすれば、嘉永六年の荻の行動をどうしても知りたかったからである。

山崎正董の大著『横井小楠』の中にも、小楠の親友荻の自刃に触れて、「其の自殺の原因には定めて已《や》むにやまれぬ理由があったであろうが、詳《つまびら》かでない」と書いている。そして、小楠と荻と元田永孚（東野）の三人が仲の良かったことと、三人の切磋琢磨ぶりを述べている。

「荻とは時習館時代よりの親友で兄弟も啻《ただ》ならぬ間柄であった小楠の右訃報に接しての驚きと哀しみとの如何ばかりだったかは想像に餘りがある。小楠・荻・元田の三人は倶《とも》に詩文をよくし、一文を艸《そう》し一詩を得る毎に互に之を交換して添削を加へ批評を試み、甚だしきは秘密に附すべき書翰類さへ三友の間には些《いささか》の隔意も無かったことは今なほ傳はる三家の文書中歴々之《これ》を證明してゐる。三人の詩文稿を見ると、行間や欄外に評語や改作案が遠慮なく加へられてゐるが、著者の見た東野の詩稿には、小楠又は荻の批評及び改作案に對して『敬服』『服』『不服』『固然』『果然』などの東野の書込があるものもあって頗《すこぶ》る興味を覚えた」

そして山崎正董は荻の小伝を記している。

「荻角兵衛、名は昌國、麗門と號した。細川侯に仕《つか》へて世祿二百五十石を食《は》んで居た李之允の嫡子として文化十年熊本市高麗門に生れた。彼は幼より學を好み、夙《つと》に藩學時習館に入り文武兩道出精の廉《かど》を以て屢《しばしば》、特別の賞賜を受け、天保十年居寮生となり同學誘導方《かた》を命ぜられた。同十一年二十八にて家督を相續してから其の死に至るまで約二十餘年の間は、役人生活で終始し兩度病氣のため一時閑退したことはあるが最後は小國・久住の郡代であった。

彼の閲歴は一見平々凡々で何の精彩も無く唯孜々《しし》として其の職責を守った一介の循吏《じゅんり》に過ぎなかったやうだが、其の人物と云ひ其の學識と云ひ實に偉大なるものがあり、文學の才にも頗る秀でてゐた。彼は時習館在學中から時事を慨して經國の志を抱き、藩老長岡監物を始め下津休也・横井小楠・元田東野等の同志と深く交《まじわり》を結び盛《さかん》に實學を唱へ同志中に重きをなした。後監物及び小楠の間に意見合はずして兩派互に分立した後も、彼は超然として兩者の間に介在して兩者と親交を續けたのみならず、兩者から深く信頼された。

彼は其の在官中、一時川尻・葦北及び小國・久住の任地に居った外は殆ど熊本に居り、かの嘉永六年ペリー来航の時在江戸藩主の召命により、一隊の兵を率ゐて出府の途中大坂より引返した事はあったが、其の外には一歩も國外に出なかったやうだ。然るに憂國の念已《や》み難く遠く書を寄せて天下の士に交り意見を交換したことも少くなかった。水戸の會澤正志・久留米の村上守太郎・柳河の立花壹岐・池邊藤左衛門・岡の小河一敏等がそれである。水戸の碩學《せきがく》栗田寛曾《かっ》て會澤正志の家に遺《のこ》れる麗門の書翰を閲《けみ》し、感想を記して『獨《ひと》り其の文章の雄壯快濶《かいかつ》なる

東光院にある荻家の墓(右)と昌國の墓(左)

のみならず、其の氣宇《きう》の博大《はくだい》なる議論の充實せる心を天下に注ぎ意を經濟に用ひたる極めて常人に非《あらざ》るを知れり云々』と云つてゐる。又元田東野の『六友歌』中には『忠實精悍には狄子《てきし》有り。網を掲げ目を張りて遺漏《いろう》無し。經濟の才誰か右に出でん』、『懐昔行』の中にも『就中黄狄《なかんずくこうてき》二子最も俊逸。吾之を友として交ること膠漆《こうしつ》の如し。黄子は恢廓《かいろう》にして志氣高く。蒼海に跨《またが》り鯨□(不明)に乗ぜんと欲す。狄子は是れ脚地を履《ふ》むの士。經濟の才自ら胸裡に蘊《うん》す』と謂《い》つてゐる。黄は横井、狄は荻であるは云ふ迄もない。上記の彼是《かれこれ》を綜合すれば、麗門の人物を髣髴《ほうふつ》することが出來よう。

かくまで有爲の才たる角兵衛も在世中には思ふまゝに驥足《きそく》を伸ばし得ず、纔《わず》かに藩の一小吏として五十歳を以《もつ》て世を去つたのは遺憾であつた。然るに彼の長子昌吉が後年元田東野・米田虎雄の推薦によりて明治天皇の侍従として永く奉仕したのは地下の彼にとつて切《せ》めてもの本懐であつたであらう」

私が衝撃を受けたのは、荻は生涯熊本を出ることはほとんどなかったが、ただの一度だけ、それも嘉永六年ペリー来航時に江戸在の藩主の命令で一隊の兵を引き連れて、江戸に向う途中、大坂まで行って引き返して来ていることである。

これまで調べたものには、このような記載はなかった。やはり、荻は嘉永六年に熊本を出立しているのだ。私は以前に『肥後藩国事史料』で嘉永六年の年を詳細に調べてみたことがあったが、もう一度史料を点検し直した。

嘉永六年六月三日ペリーの率いる艦隊が浦賀に現われると、幕府は慌てふためいて、各藩に浦賀、本牧《ほんもく》に防備のために出兵することを命じた。

肥後藩もそれに従って直ちに出兵している。『肥後藩国事史料』で順次出兵の頃を追っていく。

〔本牧警護のための出兵の件〕——六月八日我藩兵を本牧に出す

六月十七日〔本牧表御警衛一巻〕

去る八日、江戸から届いた早便《はやびん》によると、異国船が江戸湾に乗り入れて来て、大変重大な事態になったので、我が藩から本牧周辺警護のために大隊が派遣された。
委細は追って報告する。

六月十七日
一去る八日江戸差立候上々御飛脚今書着異國船内海に乗入候も難計に付本牧邊に御人數被差出候段申來候事但委細者自筆置キ六之事

このあとに出兵する主な兵士の数十名の名前が記されている。一番隊と二番隊の二隊が出兵していて、一番隊の隊長は都築四郎、二番隊の隊長は志水新亟であった。

六月八日先遣隊と一番隊は午前五時、二番隊は午前十時に出発した。
先遣隊は八十人、一番隊は二百八十三人、二番隊は二百四十一人、合計六百四人であった。内訳は足軽以上が二百三十九名、若

〔癸丑以降秘録〕
六月八日早駈手一番手暁七半時分被差出（政府録ニハ昨夜九ツ過早駈手・出立一番手ハ八日暁ト有之）
二番手四時分被差出候　急速手八

党以下が三百六十五人である。
さらに詳しくは、侍が六十五人、徒士《かち》三十人、足軽百四十四人、若党二十七人、槍、馬番百名、臨時雇用《こよう》兵二百三十七人であった。

拾人　一番手貳百八拾三人　二番手貳百四十一人　合六百四人—六十五人士席巳上　三拾人歩段以上百四十四人足輕　貳拾七人若黨百人御長柄之者御厩者　貳百三十七人雇之者

これらは全て日頃から江戸に詰めている肥後藩士、雑役からなる兵士団であった。
しかし、藩主はさらに国元の熊本在の藩士にも本牧への出兵を命じて来ている。
特に大筒打手を求めていた。
〔六月二十日、本藩の江戸本営は小笠原備前に江戸へ出兵することを命令した〕

六月廿日本藩老臣小笠原備前（長・洪）に出府を命す
〔本牧表御警衛一巻〕

小笠原備前殿に緊急の出兵を命ずる。準備が出来次第出発して途中万難を排して、早急に江戸に出兵するように。

（六月二十二日、小笠原備前、江戸へ向かって出発する）

小笠原備前は緊急に準備をととのえ、六月二十二日に江戸へ向って出発したので報告する。

熊本本営

六月二十四日

有吉頼母殿

小笠原　備前

貴殿儀急成御用有之用意濟次第早々出府被仰付道中筋中之急ニ而被差越之

以　上　六月廿日

六月廿二日小笠原備前出府の途に就く

〔本牧表御警衛一巻〕

以別紙申達候小笠原備前儀急成御用有之用意濟次第早々出府被仰付道中筋中之急ニ而被差越旨相達一昨廿二日爰許致出立候此段爲可申達如是御座候已上

六月廿四日　有吉頼母殿　惣

小笠原備前を隊長とした兵団は勇躍東上の途についたのであるが、ペリー艦隊が来年また来ることを宣言して早々と浦賀を去ったため、当面危機が避けられたと判断した藩主は、東上する兵団を途中大坂から熊本へ引き返すことを命じた。

　浦賀湾《うらがわん》に来航した異国船は、去る十二日に退去した。各藩から警護に出兵していた兵団も引き揚げていった。

　したがって江戸本営からの連絡で、熊本から江戸へ向っている小笠原隊は、途中から熊本へ引き返すように命令があった。

　運んできた大砲はそのまま大坂に置いていくようにすること。

　大坂の本藩兵員が受け取りに行く。

　連名

　浦賀表に渡来之異國船去ル十二致退帆御固之御人數も被引揚候段江戸より申來候付其元並門弟中江戸に御差越候ニ不及直ニ御國許に茂引返候様可申達旨候條左様相心得得門弟中に茂右候様夫々通達可被引返候已上

（已上ノ二字・本ト朱書）尤鐵大炮之儀の此節直ニ大坂に差越被置筈

ニ付差添之外様足輕等に可被引渡
候已上
六月廿四日

六月二十四日

熊本から派遣された兵団については、隊長が小笠原備前である以外は兵団の規模も兵士名も記載が見当らない。江戸在の出兵兵団については詳細に触れているのに比べ、不公平の感を免れない。

山崎正董の『横井小楠』によれば、荻はこの小笠原隊に入って熊本から東上し、大坂から引き返してきたのではないかと思われる。

菊池高校の歴史の先生をしている水野公寿氏の論文に『荻昌國覚書』があり、その中でやはり荻の出兵のことが書かれており、その根拠は元田永孚自伝『還暦之記』となっていた。

私は『肥後藩国事史料』みたいな公式文書の中の、出兵兵士団の中に、はっきりと荻昌國の名前を見つけ出したかった。が、荻の略歴を紹介したいろいろの人名録の中にも、嘉永六年に荻が出兵したという記載はなかった。そうすれば、山崎正董が記した荻出兵も元田自伝によるものかも知れないと思った。

水野先生をお訪ねして、いろいろ伺った時も、荻のことはほとんど元田永孚の著書によるものです、と言っていたのを思い出した。

この年荻が大坂から引き返した数カ月後の年末に、実学党の同志長岡監物が、熊本から大隊を引き連れて、来年再来するペリーから相模国沿岸を警備する総帥に任命されて出立している。

十一月十四日我藩長州と共に相模國備場の警衛を命せらる
〔相州御備場御用一件〕
十一月十七日我藩長岡監物を相州出兵の總帥に擧用するに決す
〔癸丑《きちゅう》以降秘録〕

嘉永六年暮の十二月十一日に長岡監物は相模国沿岸警備総帥として、熊本より大隊を率いて東上している。

外は暗くなって大雨の降りそうな気配になった。
私は急いで元田永孚の著書目録をとり、元田自伝『還暦之記』を出してもらった。
嘉永六年のくだりを見つけるべく、斜め読みを行った。
気はあせるばかりであった。
五十六ページの下段の所に、ついにあった。

「嘉永六年（一八五三）の春に父が江戸から帰ってきた。その夏の六月にアメリカのペリーが軍艦を率《ひき》いて品川沖に入ってきた。江戸は騒然として、その驚愕《きようがく》と動揺は大変なものであった。各藩の国元へ知らせる早馬が街道を凄《すさま》じい音をたてて駆《か》け抜け、日本国中に非常戒厳令《かいげんれい》が敷かれた。その時藩主斉護《なりもり》公は江戸に滞在していた。藩主はこ

「癸丑ノ春父君江府ヨリ歸リ其夏六月米國彼理軍艦ヲ以テ品海ニ駛入シ江府愕然都下ノ騒擾名狀スヘカラズ。各藩ノ急便道路ニ奔馳シ天下戒嚴す。是時君公江府ニ在リ一時海岸防禦トシテ側用人志水新亟物頭都築四郎騎士使番神谷矢柄等ヲシテ手兵ヲ率ヒ品海ニ出張セ

の非常時に本牧《ほんもく》海岸を防御するために警護側近の志水新亟、都築四郎、神谷矢柄などの大隊を品川に出動させた」

…………………

「荻殿はその時、先鋒《せんぽう》士隊の副隊長であった。江戸から藩主の命令を受けて、熊本から一隊を江戸へ出動させることになった。荻殿はその隊員に選抜されて出征《しゅせい》することになった。私は荻殿の出征を見送った。ペリーは開国を要求したが幕府が即答を拒否したため、来年来航することを告げて品川沖から帰国した。幕府は戒厳令を解除した。そのため荻殿の隊は、東上途中の大坂から国元へ引き返した」

…………………

シム」

…………………

「荻子時ニ先峰士隊ノ組脇タリ。江府ヨリ藩命ヲ以テ急ニ一隊ノ兵ヲ招集ス。荻子命ニ應シテ直ニ之ニ赴ク。余走テ荻子ノ門ニ往テ送別ス。既ニシテ米國彼理幕府ニ請告スル所アリ。幕府明年ヲ待テ答ル所アラントス。彼理乃明年再來ヲ約シテ歸ル。數日ナラス軍艦品海ヲ退クヲ以テ天下嚴ヲ解キ、荻子一隊ノ兵大坂ヨリ引返ス」

…………………

「時ニ米國艦退クト雖トモ又來年再來ノ約アリ幕府大ニ海防ヲ嚴ニ

「米艦隊は退去したが来年再来航するので、幕府は海岸の防御を最重要と考えて諸藩の軍隊を駐屯させることにした。我が藩は長州藩と一緒に防御することになった。藩主はその軍隊を指揮する総帥には誰がよいかと志水新亟に尋ねた。志水は長岡監物殿が最適任者だと具申《ぐしん》した。藩主も大変賛同され、自筆で長岡殿に緊急の親書を出して総帥に任命した」

セント欲シ相州浦賀ノ守衛ヲ重ンシ諸藩ノ兵ヲ分屯セシム吾藩長州侯等之ニ與カル吾君公其軍ヲ指揮スルニ總帥ノ其人ヲ得ルヲ求ム志水新亟側用人トナリテ特ニ長岡大夫ヲ勸ム君公大ニ之ヲ然リトシ親書ヲ發シテ急ニ大夫ヲ召シ總帥ノ任ト爲ントス」

荻はやはり嘉永六年に出兵していた。そして途中大坂から引き返している。当時、肥後藩が東上するには熊本から大津、内牧、久住、野津原を通って鶴崎港（大分市）に出る豊後街道が一番頻用されていた。

豊後街道は全長二十五里（一〇〇キロ）あった。ほとんどが山岳地帯を通っていた。当時二日半の行程であった。鶴崎港から船で瀬戸内海を通り、大坂から陸路東海道を上って江戸に行く。この街道が一番近く、一番早かった。

荻は嘉永六年の夏に、この豊後街道を確実に往復している。

そうすればこの街道の途中にある久住から小国、臼内切はほんの数里しかない。この小笠原備前率いる武装兵団が往復路のどちらかで臼内切虐殺に関与したかも知れない可能性は充分であった。

激しく降りはじめた雨を図書館の窓から眺めながら考え込んだ。

往時を偲ばせる豊後街道の松並木

あとは「泰次郎」と「おいね」の存在を確定して、嘉永六年に二人が年齢的に合致するかどうかを検討せねばならないと思った。

嘉永六年の荻の出兵のことを森山さんに報告すると、大変驚き喜ぶと同時に興奮した。

あとは何とか、「泰次郎」と「お

いね」の墓を見つけるべく手だてを考えてほしい、と私はお願いした。

数日後森山さんから電話があった。

森山さんは記憶の糸を辿っていたら、長谷部保正さんと会ったとき、確か「泰次郎」と「おいね」の墓は、自分の家の墓地と同じところにあると言っていたのを思い出した。保正さんの所のお嫁さんに電話をかけ、何とか都合をつけて案内して貰うよう頑張ってみますと言った。

それから二、三日して電話があり、今度の日曜日の午後三時頃だったら、案内して貰う約束が出来たとのことであった。

その日曜日の午前中に北里の惣庄屋、午後三時までに田の原の北里家の御屋敷《おやしき》の蔵を見せて貰うようにします、と森山さんが提案してきた。私はもちろん喜んで承諾した。

北里御三家を調べることは、前からの懸案であった。午前十時に北里惣庄屋に着くと、すぐ蔵に入れて貰った。

蔵の中には電気が特別に何本か引かれていて、明るくなっていた。もう長い間、蔵を開けてないようで、整理も出来ていなかった。

古文書は確かに元禄、享保、天明など古いものから幕末、明治、大正時代のものもあった。黴《かび》の臭いが鼻をついて、息苦しかった。

ほとんどのものが、染みやごみや虫食いなどで字が読めない状態のものが多かった。内容も農作物の出来とか各村の石高だとか、借金の証書などであった。

戦後の紙不足の時に古文書が、障子紙や襖紙の代りに、ある時は火の焚《た》き付けに利用されたりしたという。

近くに農業倉庫といって役場の書類庫があるというので見せて貰ったが、こちらの方は大正以後の新聞が蔵されていた。小国町北里集落は世界的細菌学者・北里柴三郎の里で、記念館がある。そこから小国富士・涌蓋山が眺望できた。

北里柴三郎記念館から涌蓋山を望む

午後は田の原の北里家に行った。午前中に行った北里惣庄屋から分家した家で、名門北里三家中の一軒であった。昔、「お屋敷」と呼ばれていただけに、立派な建物であった。

ここからひと山越えれば臼内切があり、昔、肥後藩や小国の横目《よこめ》がこの屋敷に隠れて、臼内切の内偵をしていたのかも知れない。

座敷に古文書が出されてあった。量は少なかった。ほとんどそれらしきものはなかった。ただ、北里文太夫が書いた荻自刃の報告書の写しが残っていた。これはすでに私たちは見て知っていた。

それと、角田政治著の『肥後人名辞書』（青潮社）の北里傳兵衛のものの写しが残されていた。

・北里傳兵衛……名は一義。文政七年小國の總庄屋となり、種々村政に盡す所甚だ多し。殊に新開墾地の増租上納金の下附を懇願して其の許可を以て樋堰《ひぜき》堤防を設けて灌漑《かんがい》の便を計り田地百三十町を開き、郷民に利益を與へ、或いは忠孝節婦精業者賞典の事及び日田川通船、明礬《みょうばん》製法、桑、楮《こうぞ》、杉、桧苗植栽の事に盡力せり。文久二年二月没す。　六十一歳。

これによると傳兵衛は荻昌國の死後一ヵ月以内に死亡していることになる。不思議な一致だと私は考えた。

午後三時、長谷部家の前でお嫁さんが待っていてくれた。

雨が少し落ちはじめていた。

長谷部家の裏口の横の道を通って杉山に登っていった。杉山に入ると暗く、やっと登り道がわかるくらいの荒れた山道だった。

お嫁さんは慣れたもので、どんどん登り、私たちは息せき切って後を追った。

道ばたに墓地が幾つもある。ぽつんとたった一基しか建っていないのもあれば、たくさん寄り添って建っているのもある。いずれも手入れがされておらず、過疎化が進んでいるのを切実に感じさせた。山村の過疎化は、雨の日に訪れると更にその感を深くする。

雨で道が緩んでいて、三人とも何度も滑りそうになった。

杉山の中に椎茸を栽培するほど木が隊列のように並んでいる所や、放置されて朽ちた山小屋みたいなものがぽつりとあったりした。登って下って、また登りになって、少し杉山が切れて明るくなった所から右横に入り込むと、かなり大きな墓所があった。

そこが長谷部家の墓のある所で、幾つかの家の共同墓所みたいになっているらしい。墓地全体は百坪ぐらいあるようだが夏草が繁り、一部は杉山の中にも入り込んでいるようである。

大小さまざまの墓があった。石碑を見上げるような立派なものから、単なる石ころみたいな墓もある。あまり新しいというものはなかったが、まだ白木の墓標のままのものもあった。墓によっては最近草取りがされて、お詣りしたようなものもあった。

お嫁さんは鎌を持って来ていて、自家の墓のまわりの草を手際よく刈った。草を刈ったあとに長谷部保正さんの白木の墓があった。私たちはそろってお詣りをすませると墓探しにかかった。

草の中に隠れている墓はもちろん見つけにくかったが、立っている墓でも字がほとんど消えかかったり、苔《こけ》が生えて字が見えなくなったり、字が難しくて読めなかったり、墓と墓が接近し過ぎて読めなかったりした。それに雨空で暗く、昨夜降った雨で墓標が黒くなって、全く読めないものもあった。

森山さんは、苔むして読めない墓は、草を引き抜いてきて、それで墓面をごしごしと激しくこすって苔や泥を落としてから読んでいた。

泰次郎の墓（右）とイ子の墓（左）

私も木下君もそれをまねた。字が読み難いものは指先でなぞって読んだ。ほとんどが長谷部姓だったので、かえって時間がかかった。「泰次郎」や「おいね」らしい字にあたると三人は集まって検討した。
すぐに終るものと待ってくれていたお嫁さんは、用があって先に帰っていった。三人いるからよいが、一人は無論だが、二人でも気持ち悪いのではないかと思った。あれこれ手を尽くしながら懸命に探したがなかなか見つからない。この墓所でないのではないかと思ったが、とても他の墓所まで探す時間はなかった。あっという間に時間は過ぎて、ますます暗くなって来た。

私たちは墓所の中央に集まって、この状態ではあと三十分ぐらいしか字は読めそうにないので、また出直すことも考えて、墓所の半分だけを集中的に見ようということにした。

雨が落ちはじめ、靴もズボンもびしょ濡れになった。蛙が跳ねたり、虫が飛んできたりした。

江戸時代の墓なのか、丸石をそのまま墓石にしているのもかなりあった。

草の中を丁寧に見ていったら、木下君が何かに躓《つまず》いてこけそうになり、小さな墓石を握って辛うじてこけるのを防いだ。けがをするなよ、と私は注意した。

「ありましたよ、『長谷部泰次郎』の墓が!」

木下君が辛うじて掴んだ墓石を見ながら、叫んだ。

それは二十センチ角で、高さ三十センチぐらいの角柱の小さい墓であった。

正面に「釈得了《しやくとくりよう》　長谷部泰次郎　行年三十一歳」、裏面に「明治十三年庚辰《こうしん》九月十五日」と記されていた。

私たちは体の震えが止まらなかった。

「よし、そうしたら、この付近に『おいね』の墓もあるはずだ」

と森山さんが大きな声を出した。

三人は「泰次郎」の墓の周辺を、一つずつもう一度しっかり見直し、わからないものは指で探した。墓石に目を擦りつけるようにして見ていた森山さんが、

「あったぞ、『おいね』の墓だ！」

それは「泰次郎」の墓よりはるかに大きい、何段にもなった立派な墓であった。

正面に「釈《しやく》尼《に》妙春《みようしゆん》　長谷部イ子《ね》　四十七歳」、裏面に「明治三十六年二月一日　同　豊《ゆたか》之立《これをたつ》」と書いてあった。

「おいね」の名は「イ子」が本当であった。

三人は互いに汚れた手で握手し合った。

私たちは、暗くなって静まりかえった墓所で、この場所に一番相応《ふさわ》しくない「万歳！」を何度も繰り返した。

三日後の夜、森山さんと木下君は私のところに集まって、「泰次郎」と「イ子」の墓碑を検討した。三人ともまだ興奮が醒めていなかった。歴史年表を見ながら

「泰次郎」と「イ子」の生年を調べた。明治十三年（一八八〇）に三十一歳で死亡した「泰次郎」は嘉永三年（一八五〇）生れということになる。明治三十六年（一九〇三）に四十七歳で死亡した「イ子」は安政四年（一八五七）生れということになる。問題の嘉永六年（一八五三）に「泰次郎」は四歳、「イ子」はまだ生れておらず、それから四年後に生れることになる。

嘉永六年ペリー来航の年に、臼内切で隠れキリシタン虐殺を攘夷の模範として、肥後藩が行っていたのであれば、伝聞によると生き残りの母親と、その子がいた。その子は「イ子」でなく、「泰次郎」ということになる。「泰次郎」はのちに畳職人のもとに弟子入りし、不自由な体で仕事をして回るうちに、上田村の長谷部「イ子」のもとに婿入りすることになった。そして明治十三年、病のために三十一歳の若さで死亡することになる。

「イ子」の方は、明治三十六年に四十七歳まで生きている。明治十三年「泰次郎」が三十一歳の時に、「イ子」は二十四歳であるから、この数年前に二人は結婚したことと思われる。「イ子」の墓を建てた「豊」は、二人の間に生れた子供なのかも知れない。

関連略年譜

年号	本書関係者の動き
天保12年（1841）	肥後細川藩に横井小楠、荻昌國らが実学党を興す
嘉永3年（1850）	泰次郎生れる
6年（1853）	ペリー艦隊浦賀沖来航。荻、本牧警護で出兵するが騒ぎ治まり大坂から引き返す（豊後街道往復） 臼内切のキリシタン処刑。泰次郎親子、産山へ里帰りし難を逃れる（伝聞）
安政4年（1857）	イ子生れる
5年（1858）	荻、小国郡代に就任
文久2年（1862）	荻、郡代屋敷で自刃。享年50歳
慶応2年（1866）	大三（多宗殿とも）死亡（明蓮寺の過去帳から）
3年（1867）	坂本龍馬、京都近江屋で暗殺さる。享年33歳
明治元年（1868）	明治維新。小楠、新政府から徴士、参与を拝命
2年（1869）	小楠、京都丸太町の路上で暗殺さる。享年61歳
10年（1877）	西郷隆盛、西南戦争に敗れ自刃。享年51歳
13年（1880）	泰次郎死亡。享年31歳
24年（1891）	元田永孚死亡。享年74歳
32年（1899）	勝海舟死亡。享年76歳
36年（1903）	イ子死亡。享年47歳

私たち三人は検討しながら、肥後藩が嘉永六年に東上した出兵の中に荻が参入していたこと、そして臼内切のすぐ近くを確かに通過したことなどが一致するので、話しながら声が震えた。

そして、話題が荻昌國に移った時、昌國とはどんな人物であったろうかということになった。

これまでの調べで、私の中に出来つつあった昌國像を述べた。そして、昌國を知ってから、その子孫である映画評論家の荻昌弘（昌國から直系の四代目、昭和六十三年に六十二歳で死亡）氏にも興味を持ち、その著書「荻昌弘の映画批評真剣勝負」（近代映画社刊）も読んだ。血統というか、遺伝というものは、その家系・家筋というものを色濃く伝える、と私は思う。

代々の世継ぎ・当主は家風、教育にもよるが、遺伝子的に非常に相似の性格を持っているものと考えてよい。そういう面で言えば、荻昌弘氏の著書の中に、私が感じた昌弘像から遡って、昌國像を組み立てることが出来る。

昌弘氏は大正十四年（一九二五）の生れで、太平洋戦争中、学徒動員に駆り出される生活を送りながら終戦を迎えた。戦後、東京大学の国文学科に入学する。

その頃から映画の魅力に取憑《とりつ》かれて、その鑑賞と研究に没頭する。そして大学での本来の勉学との両立に苦悩、煩悶《はんもん》する。映画評論という仕事が、男子一生の仕事としての価値や存在意義などについても真剣に悩む。が、ついに映画を捨てきれず、映画評論家として立つことを決意、実行する。

その後テレビの「月曜ロードショー」の映画解説者として、視聴者の前に映像として出ることになる。このことでも随分悩むが、よい映画を少しでも多くの人々に知って貰うためであれば、とテレビ出演を決意し、分かり易い解説で茶の間の人気をえる。そのあとも旅、グルメ、クイズ番組にと出演は広がっていく。その度に、昌弘氏は真剣に煩悶するのである。そして常に正統的なもの、学究的なものへの拘《こだわ》りと、真摯な態度と反省の気持ちを持ち続ける。

昌弘氏は、その著書の中で「私は生来、ものすごい人見知りで、晴れがましく人前で振舞うことなど、何よりも苦手なのである。不得手だし、だいいち根本的に嫌いなタチである。それこそ、薪を割り、暖炉の火を見ながら一人モーツァルトを聴き、電話もかかってこない仕事部屋で本を読み、原稿を書き、文章のあちこちを、こちゃこちゃ直したりひねったりするだけが性《しょう》に合うという、ひどく出《で》不精《ぶしょう》で、義理の悪い個人主義者なのだ」と書いている。

昌國は横井小楠と並ぶ秀才であった。民を富ませ豊かにさせる経済論においては小楠をも凌《しの》いだ。が、小楠と昌國の性格は陰と陽といえるぐらいに違っていた。昌國は忠実であり、誠実であり真面目であった。小楠が不真面目と言うのではもちろんないが、小楠には百のものを二百にも喧伝する胆力と能力がある。が、昌國は百を知っていても、八十ぐらいに言う慎重で謙虚な、含羞《がんしゅう》の人であった。

昌國は一介の小吏として静かに一生を終えても、それはそれで一生と思ったに違いなかった。しかし、その俊才ぶりは隠しおおせず、小楠、下津、元田、長岡らと実学党を結成することになる。

実学党は小楠の性格・行動にもよるが、その思想の進歩性と高邁《こうまい》さにより、肥後藩では疎《うと》まれ排斥され、傍流として片隅に追いやられる。そして、荻はある面で不本意であったであろう隠忍の生涯を送ることになる。

しかし、昌國はそのような立場になっても、その生涯を誠実に真面目に生きるのである。

その真面目、誠実さ故に若くして、自刃して果てねばならなかった原因があったのではないか、と私は森山さんと木下君に話した。私たちは深く考え込んだ。

三日後、森山さんから速達が届いた。

前略　先夜は、いろいろ楽しい話が出来て久しぶりに興奮しました。吉報をお知らせします。

「泰次郎」と「イ子」の墓を発見出来ましたことから、死亡年月がわかり、小国町役場で「イ子」の除籍簿が見つかりました。

「イ子」は安政四年九月十四日に、惣市《そういち》とカツの長女として生れています。明治三十六年四十七歳で死亡というのと、年齢的にぴったり合います。

しかし、「泰次郎」の除籍簿は、どうしても見つかりませんでした。お墓の大きさから言っても、「泰次郎」のものは小さく、畳職人をしていた「泰次郎」の方が、「イ子」のもとに婿入りしたものと思われ、今でいう入籍はまだしていなかったのでしょう。

石井次郎先生の「西日本新聞」の記事では、「泰次郎」と「イ子」の間に三人の子供があったと書かれています。

除籍簿にも「イ子」の私生児として、豊、ミツエ、司と三人が確かにいます。ただ、その生年が、それぞれ「明治拾六年」、「拾九年」、「廿二年」となっており、その時「泰次郎」は既に明治十三年に死亡しています。

「泰次郎」死亡後の、別の男性との子供かもしれません。が、明治の頃は十年ぐらい誕生の届出が遅れていることもあり得たようで、それぞれの生年から十年を引けば、ぴったり「泰次郎」の子ということも考えられます。三人の子供の届出は明治廿三年一月廿六日になっています。

とにかく、「イ子」を除籍簿で発見出来たことは大収穫です。いよいよ歴史の鬱蒼《うっそう》たる森へ踏み込む感じになって来ました。頑張って下さい。

追伸

菊池高校の荻昌國研究家の水野公寿先生にお願いしておきましたら、昨日ひょっこり荻に関する文献があったと送って戴きました。まだ走り読みしかしていませんが、『肥後藩国事史料』などよりずっと詳しいようです。文久二年の正月四日から、荻が自刃する十八日までの行動が子細《しさい》に記されているようです。取り敢えず、コピーして送ります。ご検討下さい。

「除籍簿」

熊本県阿蘇郡上田村九百五拾四番地

父　　　　　惣市

母　　　　　カツ

子　　長女　イ子《ね》

　生年月日　　安政四年九月十四日

父

母　　　　　イ子

届出洩ニテ　私生

孫　　長男　豊

明治廿三年一月廿六日届出

　生年月日　　明治拾六年三月十六日

父
母　　　イ子
届出洩ニテ　私生
孫　　長女　ミツエ
明治廿三年一月廿六日届出
　生年月日　明治拾九年九月八日

父
母　　　イ子
届出洩ニテ　私生
孫　　二男　司
明治廿三年一月廿六日届出
　生年月日　明治廿二年十月十五日

報告書控え

一　口上覚

一、荻殿は一月四日に熊本から久住に到着した。午後五時頃、小国から北里傳兵衛・加藤恒右衛門が着いた。その事を荻殿に報告すると、すぐに使いの者が来て、着替えがすんだらいろいろと用事があるので、両人にただちに御用宅に来るようにとのことであった。

両人が早速行くと荻殿は座敷の炉辺にいらして、正月の挨拶をすませた。遠慮なく炉辺に寄りなさいとのことで、炉辺で四方《よも》山《やま》話をしたが特別の話はなかった。しばらくするとお酒が出されたのでいただいた。そのうち農民の備蓄米のことなど話題になったが、格別急なお話はなかった。

松崎四郎兵衛が来たので、失礼しますと

一、正月四日、久住え罷越、七ツ半ごろ（夕方）北里傳兵衛、加藤恒右衛門着仕候につき、其段相答申候処、直に御使参り、着替え致し候はば、早々御用宅え罷出候様、段々御用もこれあり候との事につき、両人早速罷出申候処、御座敷炉辺にてお逢いなされ、一通りの御挨拶までにて、暫くの間、何の御噺もこれなく、さぞさぞ、気削にてこれあり、炉辺に近寄候之こと御事にて、一時斗りも仕候末、御酒下され、其の内に少々民喰

言ったところ、傳兵衛だけ残るように言われたので、傳兵衛は残った。

　去年秋から問題になっていた庄屋の一件のことを初めてお話しになり、その対応策を聞いて傳兵衛は帰った。

　荻殿には他にもなにか心配なことがあるようであったと、後からお噂したことであった。

一、翌五日朝、使いの者が来て、両人そろって来るようにとのことであった。出掛け

備えの一件、共御噂これあり、格別の急なる御用筋は御座なく候につき、御酒頂戴仕居候内、松崎四郎兵衛も追て罷出居、御暇申仕候処、傳兵衛暫と仰聞かされ候間、相残申候処、去秋御内意申上置候、庄屋一件初発仰聞かされ候趣始末、御噺仰聞かされ引取申候。尤、何角と御案労の躰と見受奉、彼是れ跡にて御噂申上候事。

一、翌日五日、朝尚御使参り、両人共相揃罷出候様との御事に

て行ったが、さしたる用事はなく、荻殿は恒右衛門に覚え書きを二通渡した。それからしばらくして帰ることにした。傳兵衛はちょっと残ってくれと言われるので、残った。昨夜話した庄屋の件はあれでよいかと言われたので、異存はありませんと傳兵衛は答えた。それでは内意書は返すと言われたので、これは公式に出した書類ですから受け取る訳にはまいりませぬと言った。

それから帰った。

つき、御茶屋、御礼前罷出候処、さしたる御用とても御座なく、恒右衛門えは、見聞書つけ二通、御渡に相成候までにつき、追々引取申候、尤、傳兵衛儀暫と仰聞かされ候につき、相残居候処、前夜話いたし候庄屋一件は、あれにて宜敷候や、と尚仰付られ候につき、御差支おく御座候はば、宜敷願奉候段申上候処、左候はば、返すべき申とて内意書、御差返に相成申候処、是は、御書達物と申上返上奉候て、引取申候。

一、六日傳兵衛をお呼びになったので、出掛けて行った。
「いままで通りに増収をはかるように、藩から通達があった。しっかり頑張らないと、藩への上納金までに影響が出てくる。質屋の北里勝助《きたざとしょうすけ》が行っているような利殖法なども、研究して取り入れたらどうか」

と荻殿が傳兵衛に言った。

「帰ってから、それぞれの役職の者と話し合ってみます」

と言って傳兵衛は帰った。

恒右衛門がいれば来るようにとのことであったが、次の間に恒右衛門がいたので伝えた。

一、同六日、傳兵衛御呼に相成申候につき、罷出申候処、御巡在尻取扱振、再達これあり候処、地方取入にて、元銭成崩の取計らいにて、如何、併、是は、得と研究いたし申すべく且勝助利銭の様成備組立これありがしと、御話仰聞かされ、何様引移の上、役々、申談致すべき段仰聞かされ、御暇申上、恒右衛門居候はば、参るよう仰聞かされ候につき、御次に下り申候処、同人居申候間、其段申聞引取申候事。

一、恒右衛門は行ったが、格別の用事はなく小国へ出発することなどを話された後、届状を預って帰った。

一、十三日に久住を出発して、その夜は黒川温泉に泊った。

翌十四日、宮の原の御用宅に着いた。

一、十五日は何も変ったことはなかった。

一、十七日朝、松崎文兵衛が御用宅に行くと、北里恒之丞が来ていた。恒之丞は荻殿

一、右の通につき、尚、恒右衛門罷出候処、格別の御用とては御座なく、小国之、御引移の事共御聞かされ、届状一括御渡に相成候までにて、御座候事。

一、同十三日、久住御出立、黒川御泊翌十四日宮原御用宅え御入込に相成、何ぞ相替になく候儀御座なく候事。

一、同十五日、何ぞ相替なく候儀、御座なく候事。

一、同十七日朝、松崎文兵衛、御用宅え罷出見候処、北里恒之

は気分が悪いようだと、文兵衛に言った。両人が次の間に控えていると、奥に来るようにとのことで、行ってみると、荻殿は床にお休みになっていた。しかし、特別気分が悪そうでもなく、普通のように見えた。両人が来る前に柳庵の弟子の医師上野文喜が荻殿を診察していて、単なる腹痛であったとのことであった。御養生なされるように言って両人は帰った。

丞罷出居、殿えは、御不快の御様子と、申儀を文兵衛之申聞、両人共に御次え、扣居申候処、御家来中より、御答申上候や、罷出候様申聞され候間、奥に参り見申候処、御打臥に相成居、些と不快の段、仰聞かされ候えども、両人見受奉候処にては、平常に御変成られ候、御様子共、相見え申さず、其以前より柳庵育ての医師、上野文喜御側に居候て、診察仕候様子にて、何れ御疝積にてなるべく在と申上居候儀を聞、取外に何ぞ相

一、同日正午頃、北里恒之允をお呼びになった。荻殿は北里文太夫と北里傳兵衛への書状を恒之允に渡し二人へ届けるように言った。

傳兵衛は自宅に居るはずであるから、すぐに届けておくように言われた。そして、今、何時かと聞かれたので正午頃ですと答えた。

明朝頼みたいことがあるので来るようにと、荻殿は恒之允に言った。恒之允はわかりましたと言って御用宅を出た。

替候御意もこれなく遊ばされ、御保養候様申上何も引取申候事。

一、同日九ツ時分（昼）北里恒之允御呼に相成候につき、罷出申候処、北里文太夫殿并に北里傳兵衛えの御状御渡に相成尤傳兵衛儀は、旧宅に罷越居申候間、恒之丞居村の儀に付、引取の節、持参相届候様、且、文太夫殿えの御状は早速、差立候様仰聞かされ、御渡に相成り、且つ、今日は、何時頃にこれあるべきやと、御尋ね、御座候間、九ツ半時分

一、同日、午後四時頃夕食を摂《と》りたいとのことであったので武石恒太郎が準備をした。ところが準備ができたら勝手に帰って良いと言われた。準備が終った武石が退去の挨拶に行ったところ、

「お酒を一盃飲むように」

と言われたので、

「御気分がすぐれないようにお見受けしますので、次の間でいただかせてもらいます」

と言うと、

にも、あるべき御段申上候処、明日は、頼度儀、これあり候間、差急ぎ罷出候様御聞かされ、其侭、会所の様引取申候。

一、同日七ツ時分御櫃御仕出につき、武石恒太郎手数仕り仕出候処、御呼に相成、継仕出候はば、もはや勝手に引取候様との旨につき、御暇迄に罷出候処、酒一盃呑み候様仰付られ候につき、有難く存じ奉候えども、御不例になられおり候間、御次にて、頂戴仕り候べく申上候処、次にて呑み候程ならば相止め候様、一所に

「次の間で飲ませるようであったら、引き止めはしない。一緒に飲んで賑《にぎ》わおうではないか」

と言うので、お肴など作っていたところ、北里恒之允をお呼びになり、一緒に飲みはじめた。少し気分がすぐれないのか、横に布団を敷かせて、日暮頃まで飲んでいたが、最後の方は布団に横になってお飲みになっていた。夕方日暮れて北里、武石は帰って行った。

一、同夜十一時、再びお酒を飲みたいとのことであったので、猪肉の塩焼き、鰤《ぶり》の刺し身、蛤《はまぐり》の吸物を作るように言われ、作って持っていくと、食べられた。

使用人部屋に見習いの下城徳次郎が来て

賑々敷く呑み申すべしと、仰聞かされ候間、畏れ奉り御肴共拵え居候処、北里恒之充、御呼に相成り、同人罷出候、直に、御酒頂戴仕候、尤、御不例との事にて、御横左へ、ふとんを御引うけ、暮頃まで始末、御寝ながら召上られ候、尤、武石、北里暮頃御暇申上引取申候事。

一、同夜四ツ半ごろ（夜）猶、御酒召上られ候との事にて、猪肉の料理外に鰤の差身、蛤の御吸物仕候様仰付られ、夫々、相調え指上候処、召上られきたのを知って、下城を呼び盃をとらせた。寝酒にしては、かなりの量をお飲みになった。飲んでいるうち気分もよくなったのか、下城に歳《とし》を尋ねられたり、自分より背が高いのではないかと、立ち上がって背比べしたりした。

午前一時頃、飲み止められた。酒肴《さけさかな》を次の間に引いたところ、もう一盃というので、また差し上げたところさらに二、三盃飲まれた。

それから、もう下げても良いとのことであったので、片づけてお湯を持っていった。もう用事はないので休むように言われたので、兵九朗、徳次郎はすぐにいつもの所で休んだ。

候、尤、若黨宿行につき、見習下城徳次郎、御加勢に参居り候処、同人えも、御盃下され、始末一杯越える程に、頂戴仕候内、色々御噺これあり歳と共に御尋ねにて、襖の際に立見候様、仰聞かされ候間、立申候処、手前よりは、背高くこれありべくと、仰聞され、直に、御立寄背御比べなされ候。左候て、九ツ過共と覚え、御酒、御止め成され候付、持下げ候様との旨には、酒肴御次まで下げ候処、今一盃召上られ候との事には、猶又、差

翌十八日北里殿がおいでになるまで一向に覚えなかった。

一、久住詰所の家来兵九朗に、お休みになる前に雨戸などしっかり錠をするように命じた。

以前久住詰所に泥棒に入った佐伯徳次郎みたいな男もいるからと、荻殿は念をおした。

出候処、二、三盃召上られ、最早持下げ候様仰付られ候間、夫々、片附、御湯共に差上候処、此の上何ぞ用事もこれなく候間、寝候様仰聞され、直に、徳次郎、兵九朗一同、毎の処に伏候処、翌十八日朝、北里殿御出まで、一向に覚え申さず事。

一、久住御詰内の御家来、兵九朗に雨戸躰碇といたし置候や、佐伯徳次郎の様成る者、入込み候て難成との御意につき、当所は、懸金子等の儀無く、御座候段申上候処、玄関えは、ここ宮原の御用宅には両替金のような大金はないと兵九朗が言うと、それでも戸口には竹でもはさんで、しっかり戸締りするように荻殿が言うので、兵九朗はそうした。

小国では両替金をねらうような事件はないかというので、御用宅はもちろんであるが、他処でもそんな事件はおきていないと兵九朗は言った。

一、御書き残された蘇源太への書状一通は十八日午前十時に添書きをして、たしかな使いを出した。但し、御病気にて危篤の状態であると、永鳥殿にも知らせた。

竹にても、挟み置候様仰聞かされ候間、当所は御座敷、其外何方も懸金子丈夫に御座候段申上候事、共兵九朗話しにて御座候事。

一、御書残され置候、荻蘇源太殿へ、御状一封十八日四ツ時分(午前)添紙面いたし、押立使を以つて、相届け申候事。
但し、御病気にて、危篤の御容躰と申儀、押立使を以って、

一、御臨終の様子は、体の右に鎗《やり》を置かれ、左に刀を置かれ、短刀の鞘《さや》をそれに並べてあった。

下着から衣服まで全て改めてあり、羽織、袴を着用されていた。

座布団にお坐りになり、短刀を咽喉《のど》に突っ込んだ後に、首を前に突きだし、そのまま前に倒れておいでになった。

両手で柄をしっかりとお握りになったまままで、短刀には紙が巻かれていた。

御変死であったため、御死骸はしばらくそのままにしておいた。

しかし家来の兵九朗が、そのままの御姿ではあまりにも御無残と強く主張するので、

永鳥殿えも相達し候事。

一、御臨終の躰の右に鎗を伏せ、左に刀を置きなされ、短刀の鞘と並び居き、御身と御衣服を改め御着替成され候と相見え、羽織袴御着用、座蒲團を敷き短刀を咽喉に突込み後、首え突出し、これあり、両手にて、柄を御握りのまま、伏され居申候、紙を御巻成され候と相見え、ただれ居申候。

右、御変死の事に付、御死骸の儀、暫く其侭差置候えども、右の侭差置候ては、何分如何敷き、御座候間、御寝を直し

北里文太夫、北里傳兵衛、松崎文兵衛、加藤恒右衛門も同意され、それらの人の立ち会いの下に、兵九朗が短刀を咽喉から抜いた。

それから布団を敷き、その上に運び寝かされた。

衣服はそのままにしておいた。

一、二十日朝午前八時頃、御縁家野々口又之丞、恵良《えら》文次郎殿御着きになった。

一、同夜午前一時（すでに二十一日）詰所を出られ御帰府する事になった。

申し度く段、家来兵九朗よりの強い申出にて、何れも同意仕り、北里文太夫、北里傳兵衛、松崎文兵衛、加藤恒右衛門、立会の前で、條の短刀を兵九朗取除き、側に蒲團を敷き、衣服等は其の侭にして寝を直し候事。

一、廿日朝五ツ頃御縁家、野々口又之丞殿、恵良文次郎殿、御着と相成候事。

一、同夜九ツ半時分御踏出御帰府に相成申候付、添人、加藤直

添人《そえにん》として加藤直太郎、北里恒之允、久住会書役人嘉右衛門も来ていた。

封筒　蘇源太様　（村井）繁三郎

緊急事態であるのですぐ開いてみるように

太郎、北里恒之允、久住会所役人嘉左衛門罷越候事。

（封筒）蘇源太様　繁三郎

貴答御直披

明蓮寺の過去帳

「泰次郎」と「イ子《ね》」の墓を見つけ出し、「イ子」の除籍簿まで辿り着いた私は、虚脱したように探索行を休止した。

森山さんと木下君に休止宣言をしたわけではなかったが、私は自然と探索行から遠ざかっていった。

私にも、森山さんや木下君にも、心の中ではもうこれ以上探索を続けても新しい発見は困難であろうという気持ちが起ってきていた。が、お互いにそれを言い出すのが怖いのが、私にはよくわかっていた。

これまで得た史・資料知識をもとに推測をめぐらすことは、行動をしなくても出来ることであった。阿蘇の外輪山の裾野をつくる臼内切という山村で、虐殺か、またはそれに近いことが行われ、村が廃墟になったことは確実と思われた。そして、この悲しい伝聞に出てくる「泰次郎」と「イ子」の存在が確認された。

一方、文久二年（一八六二）に小国郡代をしていた荻昌國が謎の自刃を遂げている事実に遭遇《そうぐう》した。荻昌國を追究していくうちに、虐殺のあった嘉永六年（一八五三）に、荻昌國が肥後藩の武装兵団の一員として豊後街道を往復していて、臼内切の虐殺に加担した可能性があることもわかった。

しかし、臼内切虐殺と荻の自刃との関連は杳《よう》として不明と言わざるを得なかった。

これまで探索したことを、このまま眠らせてしまうには、あまりにもったいなく、痛恨なことであった。そこで、私はこれまでの探索行をほぼ日程通りにノンフィクションで書き、とにかく整理して残しておくことに重きを置く方針で書き始めた。

　そして、その完成度次第では出版して、臼内切虐殺と荻郡代の存在を世間に知ってもらい、その後の調査・研究を後世《こうせい》に委《ゆだ》ねたいと私は考えていた。そうすれば、新しい事実の発見が誘発されるかも知れないという期待もあった。私が友人のひと言、石牟礼さんの著書、石井次郎先生の新聞記事がきっかけになって探索行に舟出したように。

　探索行を始めてほぼ二年の歳月が流れていた。この間、探索行はゆうに五十回を越していた。

　私が一人のこともあったし、私と木下君、私と木下君と森山さんの三人の時もあった。木下君と森山さんの二人で出かけて貰ったこともあった。佐藤さんやその他関心を持つ大勢が参加していることもあった。森山さんには、よく一人で出かけて貰った。収集した資料や書物はかなりの量になってきていた。隠れキリシタンに関するもの、小国郷史、横井小楠と実学党、肥後藩、水戸藩幕末に関するものなど。荻を調べれば小楠に行き着く。小楠に行けば日本史全体の流れとなり、幕末に向う大河に流れ込む。探索を始めた頃の私には、小楠から坂本龍馬、勝海舟、西郷隆盛、吉田松陰へと流れが達するとは想像もしていなかった。

阿蘇の奥深い山村の臼内切から流れ出した小さな谷川が、流れ流れて大河になり東京湾に灌《そそ》ぐように感じた。東京湾から逆に阿蘇を眺めると、遙か彼方の雲影に臼内切は隠れて見失うのではないかと思うこともある。

探索に出た日は帰ると日記をつけ、入手した資料を整理した。読んだ書物や資料は要約をメモした。地図をつくり、年表も拵《こしら》えた。こういう日記や要約、年表、地図などを眺めていると思わぬヒントを得ることがある。が、いざ机に向うとなかなか筆が進まなかった。

私自身がしっかりしたテーマを掴んでいないという気持ちがあるせいもあったし、対象が伝聞の域を出ていないかも知れないと言う不安もあった。そして荻昌國の自刃が臼内切虐殺と結びつくのかどうかの自信もなかった。疑問と迷妄が筆を鈍らせていた。

何度か取材ノート、資料が書棚の奥に仕舞い込まれた。しかし、いつも頭の隅に書き上げねばという精神的な圧迫があった。書きたいけど書けない、それでいて他のことも手につかない焦燥の日が続いた。

そんなある日、私はある会合でしこたま酒を飲んだ。飲みに飲んだ。心の奥底にある鬱屈した思いを洗い流すかのように飲んだらしい。途中から私の記憶は全くなくなり、翌日ひどい宿酔《しゅくすい》で目覚めた。ほとんど記憶はなかったが、深酒をしていく中で、何とか探索行を纏《まと》めたい気力が湧きあがって来たことだけは微《かす》かに覚えていた。

二日酔がひどくて、もう金輪際《こんりんざい》飲まないと誓った時、私は探索行のことを、初心に戻ってありのままに書き、何としても決着をつけることを決心した。せっかくあれだけ頑張って探索したのだから、このまま放擲《ほうてき》するには忍び難かった。協力者に申し訳ない、と思った。

それからの私は、何をおいても半年の間に書き上げることを目標にした。途中何度も挫折しそうになった。が、不満足でも、とにかく最後まで書き上げようと邁進した。

どんな作品でも、途中にでも、最後にでも欠落があれば、それは作品とは言わない。不完全でも、未熟でも、一貫性がなくとも、とにかくゴールをすることが先決だと頑張った。

探索行メモと資料、書物を考察しての作品は半年をかけて出来上がった。書きなぐった感じだったので出来ばえには全く自信が持てず、しばらく放置していた。

知人にワープロを打てる者がいたので、打って貰うことにした。私は自分で原稿を見直すことも億劫《おっくう》であったし、出来上がりに自信がなく、怖かった。

原稿用紙で四百枚以上あったが、知人は一週間で仕上げてくれた。書きなぐった字が活字体になって出来上がってきた。これが自分の原稿かと疑うほどであった。

読み易く、考えていた以上に文章になっていた。私は少し自信を得た。

文章を推敲《すいこう》、校正して三部印刷すると、まず森山さんや木下君、佐藤弘先生に読んでもらい、次いで私に臼内切のことを初めて教えてくれた大学時代の友人、小国に住む中学時代の友人、有住さん等に、そして文学同人誌に参加している文学好きの人などに回した。

大抵の人は、労作であること、結構一気に読めて面白く、歴史の勉強も出来た。刊行されれば小国郷はまたかなり脚光を浴びて、観光客も増えるだろうなどと言ってきた。

が、文学に厳しい人たちは、構成はよいが、もっと文章をスリムにし、リアリティを持たせる必要がある。また、よくわかっていない荻昌國や小楠に関しては、もっと調べる必要があるし、このままの状態で刊行しても良い結果は生れないだろうと言う返事が主であった。

探索によって一部は明確になった点もあったが、全体的に見ると、まだあやふやな所が多く、私は文学に慣れた人たちの言葉の方へ傾き、もう少し熟成するのを待つことにした。

探索行にしても、それに係わった人物の描写も出来ていなかったし、こんなに大きな対象そのものの捉え方が甘かったと私は反省した。急ぐことはない、歴史は動かないのだから、と私は思い始めていた。

その頃、小国公立病院の院長から電話があった。彼は大学時代の同期、しかもサッカー部であった。ただ、私が臼内切の悲話を聞いた会合には所用があって来ていなかった。彼は、佐藤弘先生が二、三日前腰椎骨折をして入院し、ギプス固定をしているが、私が送っていたワープロ原稿を返却せねばならないと、えらい気にしていると知らせてきた。彼にも、私の書いたものを読んで貰っていた。

私は探索行で佐藤先生には大変お世話になっていたので、すぐお見舞に行った。久しぶりの梅雨の晴れ間であった。今年の梅雨は雨ばかりで、いたる所で崖崩れがあり道路の不通が相次いだ。

先生は小国公立病院のベッドでギプスに入って静かに休んでいた。手術の必要はなく、下半身が麻痺する心配もないとのことであった。先生は寝たままで動けなかったが、意気軒昂で、饒舌《じょうぜつ》であった。

先生の怪我の原因は、晩酌で良い気分になり庭に出ると蛍が飛んでいたので、お孫さんのために取ってやろうと追っかけているうち、田の畦道《あぜみち》から川原に一メートルほど転落して腰を打ったためであった。

私の作品に関しても、もっと遠慮せずにありのまま書いた方が良いとか、古文書は口語訳しなければ誰も読んでくれない、荻の自刃は異常なのだから大胆な発想で問題提起をすれば、きっと良い答えが返って来る、と助言をしてくれた。

それから三日目、佐藤先生の奥さんから電話がかかってきた。最初のうちは要領を得なかったが、要旨は次の通りであった。

私から佐藤先生に送った臼内切に関するノンフィクションを読了した後、先生は小国郷史談会でも活発な動きをしている南小国町の日野一誠さんという方に渡していた。日野さんが見舞に来た時に、佐藤先生は何とかして臼内切の檀那寺《だんなじ》を探してくれないか、と頼んだという。私のノンフィクションを読んだ日野さんも、感ずるところがあって小国の寺々を探した。

しかし、なかなか見つからなかった。そのうち小国郷史談会が、明治時代に発刊された『小国郷孝子列伝』という本を復刊することになった。その中の一人の権十という人の章が紛失しているため、この人がどこの人かもわからぬので、過去帳で探すことになった。

日野さんが寺々を回って権十を探しているときに偶然に、田の原温泉にある明《みよう》蓮寺《れんじ》という寺で臼内切の過去帳を発見したのだと言う。

私は耳を疑い、呆然と立ちつくした。

臼内切周辺の最も檀那寺の可能性があると考えられていたA寺の住職から、人権問題で過去帳の閲覧を断られてからは、あとのどんな寺も同様であろうと私は認識していた。過去の人間の検索は、現代では不可能、と私は考えていた。

私は半信半疑であった。私はすぐに森山さんに電話した。森山さんも大変驚いていた。

私のところから明蓮寺に通じる道は、日田と杖立《つえたて》間で度かさなる風雨のための崖くずれで不通になって行けなかった。取り敢えず真偽のほどを確かめるために、森山さんに明蓮寺へ行ってもらうように頼んだ。

雨がひどく、森山さんもすぐには動けなかったようだが、それから四日目の夕方に電話があった。

「ありましたよ。臼内切村住人の過去帳が……。江戸のはじめから臼内切村はちゃんと存在し、そこの住民の過去帳もあります。こんなに確かな形で見つかるとは、正に夢みる心地でした。

気持ちが舞い上がって、自分が宙に浮いているという感じで、信じられませんでした。江戸初期から明蓮寺は存在していましたので、臼内切関係者はかなりたくさんいます。途中で、これは私ひとりで見たらいけない。貴方や木下君、佐藤先生も一緒になって点検しなければもったいないと痛感し、閲覧を止めました。この次一緒に見せていただきましょう。佐藤先生が指摘し『肥後国誌補遺』にも載っているように、臼内切村はずっと以前から存在し、明寺の過去帳にあるように江戸初期から、住人は臼内切で脈々と生活し寿命が来れば死亡していたのですね」

森山さんは本当に嬉しそうで興奮していた。

私は意外な進展に興奮と同時に、一種の虚脱感さえ覚えた。

お盆が過ぎて、お寺が平静になるのを待って明蓮寺を訪問した。

午前中に、私と森山さんと木下君は佐藤先生をお見舞かたがた訪ねた。先生は顔色もよく、闊達さも取り戻していたが、まだ歩行が前かがみになり少し不自由のようであった。

前から史談会の仲間と網をはって探してはいたのだが、「瓢箪《ひょうたん》から駒が出る」の譬えのように、「孝子列伝」のなかの権十という人物を探しているとき偶然に発見した、と佐藤先生は笑って言った。

発見した日野さんも過去帳に臼内切村という字がぞくぞくと出て来るものだから我が目を疑い、腰を抜かさんばかりに驚いたという。

「明蓮寺」は振り返って見ると、まさに死角であった。『小国郷史』によると江戸時代の小国郷には十五、六の寺院があった。石井次郎先生の記事では臼内切の過去帳にほんの僅かに、それも曖昧な形で触れているだけであった。

臼内切あたりの檀那寺である可能性を認めていたA寺の住職が、人権問題が絡むということで閲覧を拒否したこと。寺院には長い年月の間に、火災や天候などの災害で、過去帳が消失していることが多いなどの理由で、私たちは寺院の過去帳については諦めていた。

しかし、考えてみるとこれまで二度、明蓮寺のすぐ近くまで接近した機会があった。

一度目は「泰次郎」の母の郷里産山《うぶやま》を訪ねた時に、民宿をやっている元町役場職員の井《い》さんから「この産山の檀那寺のひとつに明蓮寺がある。田の原温泉にあるので、臼内切からも二キロの距離しかないから、過去帳が残っている可能性がある。但し、元は江古尾にあったのが明治になって現在地に越してきたと聞いていますがね」と教えて貰っていた。その日は遅くなったのと、明治になって移転してきたのが気になって寄らずじまいであった。

もう一つの機会は惣庄屋、北里御三家のひとつの田の原北里家に古文書を見せて貰いに行ったときだった。

帰りがけに当主が「田の原にある明蓮寺は、臼内切を含むこのあたりの地域、小田、吉原、扇、黒原、満願寺、遠くは瀬の本、産山の田尻などにも檀家のある由緒ある寺だから、ひょっとすると過去帳があるかも知れませんよ、但し明治十三年に田の原に移転してきていますから、江戸時代のことは関係ないかも知れませんがね」と教えてくれた。

田の原北里家の前庭を出ると田の原川を挟んで、明蓮寺は目と鼻の先にあった。さして大きな造りではなかったが静謐で簡素な感じの寺であった。最近建てられたらしい鉄骨造りの納骨堂が付属していた。

明治十三年に江古尾から当地に越してきたということが、私たちの浅はかな考えを引き起した。明治十三年であれば、まず嘉永六年ごろの虐殺、臼内切とは関係なかったであろう。江古尾といえば臼内切から三里以上の距離があり、幾つもの山を越え、谷を渡らねばならない。江戸時代の山地の三里は難儀だっただろう。人権問題で拒否されるのが関の山だろう、と言うことになり、寄るのを止めた経緯があった。

「あの時は、明蓮寺の境内に足を踏みいれていたのだから、惜しいことをした」

佐藤先生が嘆息した。

「A寺の住職に閲覧を拒否され、お寺アレルギーになっていたものだから。あの時、これがわかっていれば探索行も変っていたかも知れませんね」

と森山さんも相槌を打った。

森山さんは小国郷の石高《こくだか》から何とかして、臼内切の人口を割り出そうと苦心していた。

江戸時代に小国郡代から三回、肥後藩庁に石高の報告書が出ているのだが、その間二百年近くも年代差があるのに、三回とも同じ石高の報告がしてあるという。その間には新田開発もあったろうに、と森山さんは疑問を持っていた。

「役人のする仕事は、いつの時代もいい加減なものですよ」

と佐藤先生はいいながら書斎から厚い本を持ってきて、森山さんと検討していた。

腰の具合がまだはっきりしないため、佐藤先生は同行出来なかった。

午後一時、私たちは明蓮寺に着いた。

森山さんの知人で、小国郷史談会の人もこれに興味を持っていて、すでに単車で到着していた。いかにも郷土史が好きでたまらないといった温厚な人だった。

長雨や台風が過ぎ、お盆が終ってやっと本格的な夏が到来したといった良い天気の日であったが、高原は夏の終りの感じが拭えなかった。特に明寺のすぐ前を流れる田の原川のせせらぎの清澄《せいちょう》な泡立ちに、一層その感を強くした。明蓮寺は小ぢんまりしていたが、風格のある寺院だった。

過去帳が見つかった明蓮寺（前山光則氏提供）

ロマンスグレーのまだ若々しい物静かな住職と、まだ乙女のような面影を残した健康そうな奥さんが温かく迎えてくれた。

森山さんは一度訪問していたので、挨拶がすむと住職はすぐ桐箱に入った過去帳を持ってきた。四冊あったが、いずれも茶褐色に変色して、少し湿めり気があった。

私は鼓動が高まるのを感じると同時に、あれだけ見たかった過去帳を目の前にして、まだ信じられなくて、体が浮遊するのを感じた。

住職によれば、寛文七年（一六六七）に明蓮寺がすでに存在したという古文書があるので、江戸時代の、それも比較的早い時期に建立《こんりゅう》されたのではないか、とのことであった。三百年以上も歴史を持つ由緒ある古刹であった。当院の過去帳は特に人権問題にかかわる記載もありませんので、何かのお役に立てば、と閲覧していただくことにしましたと、言葉少なに言うと住職は席を立った。

私たちは一冊一冊を丁寧にめくっていった。変色はしていたが、一字一字はっきり読めた。三百余年の間の檀家の死亡者名が、例えば「戒名《かいみょう》　順正、臼内切村俗名　利助　五十八歳」といったように一行に書かれ、他には一切何も書かれてなかった。

桐箱に保存された過去帳の一枚一枚の内から、三百余年の庶民の歴史というか、生活が、得《え》も言われぬ、これまで経験したことのない香りを漂《ただよ》わせていた。

一冊四、五十枚の中に、約五百名の名が載っていた。私たちは最初どう取り扱ってよいのかわからなかった。目の前に現物を見せられて体が舞い上がっていた。

そのうち四冊を年代順に並べ、一冊一冊の中の臼内切村の死者名を正確に写し、検討は後ですることにした。一番古いのは貞享四年（一六八七）に始まり一番最後は明治三年（一八七〇）に終っていた。

それ以後、臼内切村は過去帳から完全に消える。過去帳に出て来る村は臼内切の他に、小田、吉原、扇、黒原、田の原、満願寺、白川、瀬の本、産山の田尻といった探索行に関係の深い地名がほとんどであった。

臼内切村の死者の名前がかなり出てくるので、その度に溜め息がもれた。夏というのに暑く感じなかったのは、風通しのよい部屋のせいばかりではなく、過去帳から受ける悽愴《せいそう》と圧迫感のためでもあった。

三時頃に写し終えた。奥さんが茶菓子を出してくれた。

過去帳の紙背から語りかけてくる歴史の奥深《おくふか》さと、妖気と不気味さに私たちは酔ったような気持ちであった。記載洩れがないことを確認すると、寺院を辞去した。

外に出ると陽光がやけに眩《まぶ》しく、田の原川のせせらぎが急に耳を打った。

森山さんの知人の方とは寺の前で別れた。

しばらくの間、私たちは呆然とした状態が続いて無言であった。

各人が写したものを森山さんに纏めて貰うことにした。三人が期せずして一致したことは、嘉永六年に虐殺されたと思われる大勢の死者の記載が一切ないこと。嘉永六年を境にして過去帳に登場する臼内切村の人数が極端に減ること。明治三年以後、臼内切村は全く出てこなくなり完全に廃村になった、ということであった。

そして、慶応二年（一八六六）に死亡している「戒名　順観　俗名　大三」という人物は、吉原集落の大工の佐藤明さんが「多宗殿」と呼んでいた男のことであろう、と私は推定して言った。

森山さんも木下君もそう考えていた。

「先ほどから考えていたのですがね。臼内切で六十余名が虐殺されたとされていますが、あの過去帳からの人数で合うかどうかですがね。臼内切の人口がどのくらいあったのでしょうか。江戸初期からの死亡者の一覧表を作って見れば、家族構成もわかり、人口も推定出来るかも知れませんがね。なにせ江戸時代は死亡してはじめて、記載されるわけですから、女、子供、若い働き手などの数は不明ですけどね。それと、臼内切村全員が明蓮寺の門徒であったとも限りませんしね」

と森山さんが疑問を投げかけた。

私も、その点気掛かりであった。

私は『小国郷史』で読んだことを記憶していたので話した。

江戸時代のキリシタン踏絵を行った時、庄屋所蔵の人別改帳の一部として、赤馬場村庄屋佐兵衛のものが残っている。寛政六年（一七九四）二月の調査である。竈《かまど》数二十六、人口二百二十二人、一戸あたり平均八・五人であった。男百二十四名、女九十八名。一番多い家族数は一戸十八人、一番少ない家で一戸二人であった。二十歳代、三十歳代、四十歳代が一番多く、七十歳を過ぎると急に少なくなる。

宗教関係はみんな真宗で、西本願寺派の真光寺十一戸、養光寺五戸、観正寺二戸、金性寺二戸、真教寺一戸、東本願寺派玉岑寺二戸、明蓮寺二戸、玄徳寺一戸とあった。

村全体が同じ寺であることは必ずしもないようであった。

「臼内切村の全戸が明蓮寺の門徒でなければ、もっと臼内切の人口は多く、虐殺されたのが六十余名いた可能性はありますね。過去帳に臼内切村とはっきり村がついていますしね。村と名が付けば二、三戸ということもないでしょうし、少なくとも十戸ぐらいないと共同生活は出来ませんからね。石高の方からも調べてみましょう」

森山さんは疑問に思っていたことが、少し良い方へ向いたようで明るく言った。

それにしても、諦めていた過去帳が見つかったのは大きかった。心の中では、これまで調べてきた歩幅と同じくらいの一歩を記した気分であった。

私が書き上げていたノンフィクションに、「明蓮寺の過去帳」という題でもう一章書き加えなければならないと思った。

その夜、私は石井次郎氏が書かれた新聞記事の内容を思い出し、調べてみた。

その中に「それに臼根切という奇妙な名前である。この名称が現れる一番古い記録は、北ノ里の玉岑寺の過去帳である。ここに『宝暦葵酉年七月三日、茂平、うすまいきり（臼根切）』と記されている」と書かれている。

宝暦葵酉といえば宝暦三年（一七五三）のことである。明蓮寺の他に臼内切村の住民の檀那寺として玉岑寺が少なくとも存在したことを証明している。

石井氏の記事にも、高橋氏のにも、「風車」の記事にも出てくる、墓碑に刻まれていたという、「寛政弐年十月十日、俗名　亀吉」とあるのは、明蓮寺の過去帳にある「寛政弐年十二月十日、戒名　哲順　俗名　亀次」のことと思われる。寛政弐年は一七九〇年になる。死亡月の十二月と十月、俗名亀吉と亀次ぐらいの間違いは、あの時代ではあったことであろう。「茂平」と「亀吉」だけを見ても臼内切村に複数の檀那寺があったことがわかる。


明蓮寺訪問から十日後に森山さんが見えた。

過去帳に出てくる臼内切村民を年代順で一覧表に整理されていた。みんなで五十六名であった。貞享四年（一六八七）に記入がはじまり、明治三年（一八七〇）で終っている。約二百年の間に明蓮寺の門徒だけで五十六名が死亡している。

私と森山さんと木下君は話し合った。過去帳から臼内切村の規模というか、人口を推定することは難しかった。臼内切にも幾つかの檀那寺があったことが考えられるので、戸数は少なくとも十戸以上はあったのではないかということになった。

森山さんによれば、村で子供がなかったり、災害や病気で家が途絶えると他所から入村して来ることになっていたので、長い間にはいろんな宗派の者が入り込む可能性はある。後に入村したものが、臼内切が隠れキリシタンであることに気付いて讒訴《ざんそ》したために、虐殺が起こったのかも知れないとのことであった。

考えられることであった。吉原集落の佐藤明さんも、臼内切は讒訴によって虐殺された、と強調していた。嘉永六年の虐殺以降、「大三」をはじめ何人かの生き残りがいた。弘化二年（一八四二）から慶応二年（一八六六）までは死者は一人もいない。慶応二、三年に八人死者がいるが「大三」以外はみんな娘や妻である。そして明治二年に「庄八」親子が死亡している。長谷部保正さんによれば生き残りは泰次郎母子だけになっていた。「大三」は剣術に秀でていて辛うじて捕縛を遁《のが》れた、と言うのは吉原集落の伝聞であった。長谷部保正さんも石井先生も、「明蓮寺」の過去帳には辿り着いていないようであった。泰次郎母子、大三の他にも難をのがれた者があったことを過去帳は物語っている。

一緒に住む村民を裏切って讒訴したことで生き逃れた者がいたかも知れないし、

キリシタンでありながら幸運にも自力で逃れた者もいたかも知れない。しかし、いずれにしても大三以外は、散り散りになり他村に移ったものと思われる。それでも死亡時の届けは臼内切の者として檀那寺にしたのだろう。

そして、明治三年に「戒名　教光、俗名　庄八」と「戒名　永光、俗名　庄八倅」の過去帳記載によって臼内切は完全に消滅したことになる。

貞享四年にはじまり、明治三年に終る臼内切死者の一覧表と、それまでは平均して三、四年に一人の死者が出ていたのに、弘化二年（一八四二）と慶応二年（一八六六）の間の二十四年間に一人の死者も出ていない不気味な断層を読み取りながら、私たちは戦慄《せんりつ》を感じ黙りこくっていった。

黒川温泉の「御客屋」旅館

明蓮蓮寺の過去帳の慶応二年（一八六六）に「臼内切　大三」の記載があるが、年齢は書いていない。「大三」の名前を見ているうちに「ダイゾウ」なのか「タゾウ」なのか、または「タソウ」と読めることもあると考えた。「多宗殿」ではないかという私の意見に森山さんも木下君も賛同してくれていた。

極寒の頃、小田温泉「夢の湯」旅館に臼内切虐殺の伝聞を聞かせて貰いたいと集まって戴いた時、ひとり気焔《きえん》を上げた吉原集落の大工の佐藤明さんのことを思い出した。あの人のひと言が、私の胸にずっと突き刺っていたことでもあった。

「矢も鉄砲の弾も当たらないほど俊敏で、臼内切虐殺の後も一人臼内切に残り、庵《いおり》を結《むす》び、ついに役人を殺して臼内切の仇を討ち、明治の初めに死んだ」

と語り継がれる子供たちのヒーローであった。その人物は「多宗殿《たそうどん》」と言う、と佐藤さんは語っていた。

「殿」は殿様ではなくとも、強くて敬愛する人物にはよく付けられる接尾語で、「殿《どん》」と呼ぶ。「大三」と「多宗」は呼び方はほとんど同じで、長い間には「大三」がより意味ありげな「多宗」に変化して伝えられてもおかしくはない。また没年《ぼつねん》の慶応二年が明治初めになっても少しも不思議はない。

そうなると、伝説上のヒーロー「多宗」は「大三」として実在していたと考えてよい。しかし、「ついに役人を殺して仇を討った」というはどういうことなのか。いつ、誰を討ったというのだろう。「ついに」と言うのならば、かなりの年月の間、忍耐自重しての本懐達成ということになる。

私はかねてから黒川温泉にある「御客屋《おきやくや》」という旅館に泊ってみたいと思っていた。

黒川温泉「御客屋」旅館

小国地方には江戸時代に四軒の「御客屋」が設けられていた。御客屋とは肥後藩が藩庁の役人や他藩の役人あるいは武士等が来た場合の接待旅館で、手永《てなが》（行政単位）が建築して御客屋番を置いた。いわば公設公営の上級の宿泊施設のことである。

杖立温泉、宮の原、田の原温泉、黒川温泉に設けられた。現在残っているのは黒川温泉の御客屋だけである。

御客屋という名前も珍しいが、黒川の御客屋には菝昌國が何度も宿泊したのを示す文献が残っている。

天保十三年（一八四二）、荻昌國三十歳の時、元田永孚と肥後藩の東北部、高森、野尻、岡藩、野津原、久住、日田、小国、黒川、阿蘇と歴遊した時に黒川御客屋に宿泊している。

安政五年（一八五八）十月に藩主斉護《なりもり》の世子慶前《よしちか》が内牧《うちのまき》を経て小国を巡視に来た。その年の五月に小国久住の郡代になったばかりの荻昌國が惣庄屋などと出迎え、黒川温泉御客屋に案内している。

翌年の安政六年には、藩主二男護久《もりひさ》（後の熊本藩知事）と五男護美《もりよし》が小国に来た時も、荻郡代は黒川御客屋に案内している。

荻は安政五年五月から、文久二年一月に小国で自刃して果てるまでの足かけ五年間、郡代として小国に滞在している。そうすれば郡代屋敷のあった宮原から黒川温泉はわずか二里の道程である。荻が頻繁《ひんぱん》に入湯に訪れたのは想像に難《かた》くない。お客屋の風呂に身を沈めれば、新しい想像が思い浮かぶのではないかと私は考えた。が、何より荻昌國の心境に浸《ひた》ってみたかった。

私がひとりで黒川温泉「御客屋」を訪れたのは八月最後の金曜日であった。

土・日曜日の方がよかったが、それは十一月末まで予約で一杯であるとのことであった。

今年は冷夏でずっと雨が降り続いた。

お盆過ぎの八月二十日頃長雨はやっと上がったが、待ちに待った舞台はすでに秋の気配が濃《こ》かった。午後四時頃日田を出、五時半に黒川に着いた。日田を出るときは車にクーラーを入れたが、黒川に近づくにつれて涼しくなりクーラーを切った。日田は標高八十メートルぐらいだが、黒川は六百四十メートル。山峡はもう肌寒いくらいであった。

黒川温泉は阿蘇外輪山に発した筑後川の源流の一つ、丸鈴《まるすず》川の小さな渓谷に出来た温泉場であった。山岳の温泉場であったが、決して鄙《ひな》びてはいなかった。すぐ近くに別府と熊本を結ぶ山岳観光道路「やまなみハイウエー」が完成してからは、近代的な建物の温泉街に変貌した。

最近は、一枚の入湯札を買えば、どこの旅館の露天風呂にも入れるようになっており、一層賑わいを見せていた。

途中の高原は薄《すすき》がまだ出たばかりの小豆《あずき》色の穂を出しはじめていた。大気は白々と眩しく、吹く風は冷やりとして、もう完全な秋風であった。

近代的な旅館が立ち並ぶなかで、御客屋は江戸時代の本陣といった風情《ふぜい》と格式を備えた木造りであった。

宿の若い女将《おかみ》さんが温かく迎えてくれた。金曜日というのに宿の駐車場は一杯であった。なかには愛媛県のものもあった。

御客屋は木造りを守っているためか、継ぎ足しを繰り返しているので奥が深かった。前庭に頼山陽の歌碑と、その解説碑があり、横に佐藤弘先生の「御客屋」旅館の由来を記した掲示板が立っていた。

「肥後細川藩が、藩庁の役人や武士等の宿泊の為設置した宿泊所を『御客屋』と称し、小国内では、北里手永に命じ黒川・田の原・宮原・杖立の四ケ所に設置された。その管理は各地の庄屋級の人に委託して、運営された。宮原『御客屋』は兵庫屋（現宮原上町）内に享保七年（一七五二）に作られているので、黒川『御客屋』もその頃に設置されたと思われる。

現在『御客屋』の名称で旅館を経営しているのは本館のみである。豊後竹田と天領日田を結ぶ主要街道であり、肥後藩の参勤交代の街道筋に当たる本館には、有名人が宿泊している。頼山陽が残した詩文が玄関脇の石碑である。多くの文人墨客《ぼっかく》が残した書画を伝承していたと思うが、度々の出火で消失したのは残念である。三間半に七間のかや葺《ぶき》、浴場は一間に二間半と、三間に五間半竹瓦《かわら》ふきの規模である」

「代官の湯」の入り口

部屋のすぐ下を丸鈴川が流れていた。川幅十メートルぐらいであったが、雨が多かったせいか水流も多かった。水流が多いのに川水は澄み切って、岩に砕けて秋水の結晶みたいな真っ白な泡をたてていた。秋の水は一年で一番きれいと言われているが、それにしても眼に染《し》みる清澄さであった。

階段を降りて「代官《だいかん》の湯《ゆ》」と名付けられた露天風呂に行った。風呂の二メートルほど下を清流が流れ、せせらぎが高かった。

湯には誰も入っていなかった。

三間に五間半の竹瓦葺きという風呂のようであった。三間もあろうかと思われる大きな杉丸太の柱と竹瓦が岩風呂の半分を被い、あとは露天であった。泉質は透明で、軟らかく、優しい肌ざわりであった。

岩風呂の岩の上に「代官の湯」の説明があった。天領日田の代官が上洛下向のときに入ったのが命名の由来であった。露天風呂は、古文書に則《のっと》りながら復元し、小国杉をふんだんに使っていた。満天の星と川のせせらぎが楽しめるとある。山峡だから空は小さかったが、空気はこの上なく澄んでいるので、星が降るのも見れるのではないかと思った。

湯舟で聞くせせらぎは気持ちよかった。幽玄境に遊ぶみたいであった。郡代荻昌國もこうして楽しんだのか、それとも苦悩を癒《いや》したのだろうか。

十メートルの川幅の先に露天風呂をも被うような巨大な杉があった。杉の葉でつくる樹周《じゅまわ》りは五十メートルもあろうかと思った。いくら杉の巨木といっても、こんなに周りの大きいのは見たことがなかった。

何度か湯に入ったり出たりして、体の芯まで温まると風呂を上がって、巨杉を見に行った。

山峡の温泉に初秋の紫色の暮色が襲いかかっていた。金曜日というのに客が小さな道に溢れていた。

巨杉までは、坂を下って一分ぐらいであった。川岸に降りて近寄ってみると、大きなひとつの根っこから直径一メートル以上もある巨杉が十本以上も出ていて、それらが全部で巨大樹形《じゅけい》を形成しているのであった。荻昌國がこの杉を見た頃は、どのくらいの大きさであったのだろうか、と私はふと思った。樹齢五百年以上には見えた。荻も私と同様に巨杉を近くまで来て見たのであろうか。霧が降りはじめていた。

私は宿に帰るとビール一本と酒を三本とって、ひとりで夕食をはじめた。ちょっと淋しかったが、沈思黙考するには都合がよかった。馬刺に牛のたたき、鯉の洗い、牛の焼肉、鮎の塩焼、山菜と大変な料理であった。

ビールをあけきらないうちに、日は暮れて眼前の巨杉も見えなくなり、丸鈴川のせせらぎだけが聞こえた。いつの間にか、虫の声が聞こえていた。

私は、酒をちびりちびり飲みはじめた。腹わたにしみた。荻昌國もこうして、ひとりで深酒をすることがあったのだろうか。

自刃の前夜、荻は猪肉の塩焼、鰤の刺身、蛤の吸物を食べたのを私は思い出した。

臼内切虐殺のことについては、廃墟となった村、虐殺の丘、泰次郎、イ子の墓と除籍簿の発見、明蓮寺の過去帳の閲覧を書き足《た》せば、ノンフィクションでだいたい書き上げることが出来る。

が、私にはどうしても荻昌國の自刃が気にかかって頭を離れなかった。伝聞では嘉永六年に、武装兵団により臼内切は包囲され、全員打ち首にされて丘に掘った穴に投げ込まれている。

他藩から肥後藩領地の臼内切に、いかに隠れキリシタン退治とは言え、侵略することは考えられない。そんなことがあっていれば藩と藩の間で戦いが起きたであろう。そうした記録はないので武装兵団は肥後藩兵士ということになる。

嘉永六年に肥後藩の武装兵団が臼内切近くを往復したのは文献上、小笠原備前が率いて、ペリー艦隊から江戸を防衛すべく、大筒を持って出動した兵団しかない。そして、その中に荻も配属されていた。ペリーが早々と帰国したため出兵兵団は大坂から引き返した。

世情では外敵討つべしと、攘夷《じょうい》が一番盛り上がった時であった。ペリー帰国で鉾先《ほこさき》をかわされた肥後藩兵団は、憤懣《ふんまん》やる方がなかった。

その帰路、小国の臼内切村に隠れキリシタンが棲《す》んでいることを聞いた兵団は一気に暴発して、虐殺に走った。兵団に配属されていた荻は虐殺に加担せざるを得なかった。

しかし、虐殺という無意味な行動の後に残ったものは、とにかく隠蔽《いんぺい》することであった。藩も小国郡代も全力をあげて、隠蔽することに尽くしたと思われる。

私は、自分で相当に酩酊《めいてい》してきたのを感じた時には、そのまま横になって寝入ってしまっていたらしい。仲居さんから揺り起こされた時、私はもう朝かと思ってとび起きて、尋ねた。まだ夜の九時半ですよ、と仲居さんはちょっと気味悪そうに私の顔を見て笑った。

私は、しばらくぼおっとしていたが、仲居さんのすすめで、もう一度露天風呂には入ることにした。その間に布団を敷いてもらい、寝酒を三本置いておくように頼んだ。またですか、と駄々っ子を見るように仲居さんが笑った。

風呂は、また私ひとりであった。

霧が露天風呂まで入り込んで来て何も見えないようであったが、湯舟から身を乗り出して目を凝らすと右上の方に大きな旅館の窓の明かりがぼんやり見えた。遅く着いた団体客が広間の方でカラオケを盛んに歌っているようで、子供の走り回る足音も聞こえた。夏休みも最後か、と思い出した。

私は寝床の中で横になったままで酒を飲んだ。汗を流したので、旨かった。

荻の無二の親友で実学党を共に創《つく》った横井小楠は、日本でも初めて積極的な開国論を唱え、勝海舟や西郷隆盛、坂本龍馬、吉田松陰などに多大で深奥《しんおう》な影響を与えている。

荻は小楠にだけは臼内切での隠れキリシタン虐殺を語ったのではないかと思う。それを知った小楠は衝撃を受けた。このままでは日本は野蛮国になっていくことを危惧して、積極的な開国論を展開しはじめたのではないか。

そして「大三」(多宗殿)の存在。彼は奇蹟的に武装兵団の襲撃から逃れ、臼内切に棲み続けて雌伏の末に役人を殺して仇を討ったという。

仇とは荻昌國ではなかったのか。

荻は嘉永六年の虐殺から五年目に、皮肉にも小国の郡代を命じられ赴任している。それは学校党による故意の左遷であったのかも知れない。萩が虐殺に加担していたのであれば、小国郡代の日々は針の筵《むしろ》に座したも同然であったに違いない。「大三」は役人を殺したと言っていたらしいが、荻は自刃であった。それも完全な密室での自刃であった。

しかし、荻の自刃には謎が多い。自刃前の数日間は約束したことを取り止めたり、下役の若者に酒を異常に飲ませたりしている。しかも、武士が自刃する場合、切腹し介錯人が付くのが普通であった。荻が喉《のど》を刺したやり方は女性がよくする方法であった。

荻は密室で誰にも知られず命を断ちたかったと考えられる。

荻の死と「大三」の関与などは、少しフィクションと言うか、想像を加味して書かねば、このまま眠らせて置くのは、何がなんでも残念、と酒で高揚した私は考えた。荻昌國を犬死させるな、と私の心は叫んだ。

その時急に酔いがひどくなり、猛烈な睡魔が襲ってくるのがわかった。が、もう少し考え続けたかった。

どこかで大勢の人間がドタバタと駆けるのが聞こえた。うるさかった。子供たちが走り回っているのだろうと思った。親たちは何をしているのか。起き上がって文句を言いに行こうと思ったが、私の体はしびれたようになって動かなかった。頭が働かなくなった。人の足音に馬の蹄《ひづめ》の音、大八車の車輪の音、人の悲鳴も加わってきた。私はだんだん眠りに誘い込まれていくのがわかった。

悲愁の丘

ペリー来航と隠れキリシタン虐殺——嘉永六年（一八五三）

嘉永六年（一八五三）六月三日の日本の街道という街道は、江戸から三百余の各藩への早馬や早籠、飛脚で満ち満ちて、騒然として恐慌状態になっていた。この日、アメリカの使節ペリーが黒船四艦を率いて突然浦賀に来航したのであった。

二百数十年、鎖国に慣れきって、その中に安穏《あんのん》としていた江戸幕府と諸藩は震撼動顚《しんかんどうてん》した。それまでも、日本に近づこうとする外国船を沖や島陰で見たという報告は多々あっていたが、江戸幕府の表玄関に堂々と出現して、開港を正式に求めたのは初めてのことである。

肥後熊本藩に早馬が到着したのは六月十九日であった。その頃、江戸と熊本間は早馬でも、十四日以上かかった。熊本城下に、一時に黒船来航の噂が広がった。全藩士に、非常召集がかけられた。

荻昌國は嘉永三年から津田兵助組の番方として仕《つか》えていたが、平穏な日々で、たいした任務はなかった。登城して番所に詰めて、夕方には帰宅する繰り返しであった。

城内は久しぶりに熱気と興奮と不安に満ちていた。

江戸では流言蜚語がとび交い、町民は黒船の大砲の届かない地域へ逃げ出したり、各地から兵士が続々と集合してきて、上を下への大騒ぎになっているとのことであった。

各藩は軍備を整え、いつでも出兵出来るようにしておくこと、冷静沈着に行動して、民衆の不安を取り除くこと、との幕府の指令第一報が届いた。

幕府から江戸詰めの熊本藩士に本牧《ほんもく》の警備が命ぜられ、江戸詰めの六百余名の兵士が出兵した。さらに熊本から至急江戸にむけ、家老小笠原備前を隊長とする一隊が東上することが決定した。熊本にある大筒を江戸に運び、黒船との一戦に備えるためである。藩の中でも精鋭を、特に砲術に精通し、日頃から訓練を重ねている者が選ばれた。

攘夷で凝り固まっている藩内は異様な熱気につつまれ、その選任は注目された。

その裏では各派閥で猛烈な綱引きが行われたが、時間がなく、実力主義で迅速に決定した。

その中に荻昌國が入っていた。長い間の精進が報われた。学校党と実学党の激しい抗争の中で、荻は学校党の圧迫の矢面《やおもて》に立たされていた。

六年前には抗争の果てに、実学党の家老長岡監物は学校党の圧力で、遂に家老職を退任させられていた。横井小楠は、どんな役職にも就けられず放擲《ほうてき》されていた。

下津や元田より、実学党思想の脊柱と考えられていた荻にはいろいろな迫害が加えられていた。冷静で忍耐強く、真面目な荻は、迫害に耐え黙々と研鑽を積んだ。

刀、槍、弓矢では攘夷は出来ない。砲術を学び、船をつくり、大砲を用い、海防に努めなければ、これからは外国の侵略を止め得ない、と実学党は主張し、警告し続けてきた。

小笠原備前は六千石の中老であったが、頑迷な保守主義者で、佐幕攘夷で凝り固まった学校党の急先鋒であった。その小笠原が急援隊に実学党の荻を選ばねばならぬほどに事態は切迫、緊張していたのである。

荻が選ばれたことに長岡、横井、下津、元田らは密かに快哉《かいさい》を叫んだ。

派遣決定から出発まで二日しかなかった。

元田は荻の元に駆けつけ、出兵を祝った。

兵団は大砲を運送せねばならないため、五十名を越す人数になった。

荻は緊張の中にも笑顔を見せて、元田と壮行の盃を交わした。

アメリカは小楠殿が言うように有道紳士の国であるから、いきなり理不尽な戦いを挑むことはあるまい。が、これを機に国内は騒然としてきて、倒幕運動がいよいよ激化するだろう、と荻は見通しを語った。

「江戸では実学党の志水新亟、都築四郎、神谷矢柄などが大変重宝され、浦賀に派遣されているそうだ。彼らは常に外患を憂えて、砲術の訓練を怠らなかったからだ。彼らに会えるのも楽しみだ」

荻は日頃から志水らと連絡を取り合っていたので、彼らと再会出来るのが嬉しそうであった。

緊急で内密の出動であったので、町民を動揺させないため、兵団は六月二十二日の未明のうちに熊本を出発した。

梅雨が煙るように降っていた。

熊本から江戸に上るには、当時一番よく利用されていたのは、豊後街道を通り、豊後の鶴崎港から海路で瀬戸内海を抜け、大坂に上陸、東海道を陸路で江戸に行く道である。

一ヵ月近くの日時を要する。

豊後街道は熊本から大津《おおつ》、内牧《うちのまき》、久住《くじゅう》、野津原《のつはる》を経由して鶴崎《つるさき》に至る道で、阿蘇、久住《くじゅう》の山岳地帯を行く山また山、大草原の道筋である。

兵団は夜を日に継いで急いだ。

梅雨の真っさかりで、時々雷雨が人馬をうった。

街道筋には、藩命で炊き出しや馬、車輪の手当、修理をする者たちで溢れていた。国の命運をかける戦いに馳せ参ずる部隊であったから、世話する方も気をつかった。

兵士には箝口令《かんこうれい》が出ていたので、粛粛と進んだが、兵士の心中は熱い思いではち切れんばかりであった。

二日目の夕方には鶴崎港についた。

兵士は休むことなく、準備万端整った船に乗り込み、すぐに出港した。船底でやっと仮眠についた。みんな泥のように眠った。小笠原備前などの幹部は、船室にこもったままであった。

荻には生れて初めての航海であった。

肥後藩外に出たことはなかった。

兵士たちも余計なことはしゃべらず、ひたすら大筒や鉄砲、馬の手入れを念入りにした。

参勤交代の時に、瀬戸内海を行く折りには、途中で大きな港には寄港していくこともあったが、今回は非常時なので、ただ先を急いだ。まだ見ぬ敵、夷狄《いてき》との戦いを前にみんな緊張と不安に震えていた。

荻だけは、アメリカ国との戦いまでには至らず、大筒は不発に終るだろうと信じていた。が、皆の熱気に水をさすようで発言はしなかった。

海路五日目の昼頃に大坂港についた。

各藩の船団で大混乱かと思っていたが、意外に落ち着いた港風景であった。港に藩の大坂屋敷の者が出迎えに来ていて船内に乗り込み、長いこと小笠原備前などの幹部と話し込んでいた。

いつまでも下船できないため、兵士たちはいらだって来た。このまま江戸の方へ航海を続け、途中の太平洋で海戦になるかも知れない不安もあった。海の上で戦えるような兵団ではない。

備前は全員を集め、沈痛な面持ちで江戸からの早馬便の内容を説明した。

六月三日に来航した米国使節ペリーは即座の開国を厳しく迫ったが、幕府内の意見が一致せず、来年にその返事を行う事を幕府は告げた。ペリーは来年の開国を約束させて、穏便に引き揚げていった。

従って、当面黒船と戦う必要も、また来年まで大きな戦いは今のところ考えられなくなった。江戸、浦賀本牧の防備は江戸詰の藩士で充分であるから、熊本から出兵して来ている者たちは、江戸まで上る必要がなくなった。それで、大筒一門だけを運送する兵員を残して、後は大坂から熊本に引き返せ、とのことである。

兵士から異様などよめきが上がった。それは不満とも歓声とも思える声であった。戦わずにすんだという思いと、せっかく気合いを入れてここまで来たのに、実戦せずに引き返す無念さもあった。とにかく、敵が一応引き下がったということで、攘夷に固まった兵士は、米国艦隊の敗走と解釈して安堵《あんど》した。熊本から運送してきた二門の大砲のうち一門を降ろし、もう一門は熊本に持ち帰るように命令が下った。

小笠原備前に従って、一門の大砲を江戸へ運ぶ人員が発表された。大坂詰の藩士が同行するため、熊本から来た五十余名のなかから、わずか五名だけが選ばれた。それもみんな、小笠原備前の側近だけであった。兵士の中から選に漏れたことへの不満と、徒労に終った疲労と不平が噴き出した。

大坂も、民衆の黒船への不穏不安がまだ治まっていないということで、兵士たちの大坂での上陸は許可されなかった。数日後に船はそのまま、豊後の鶴崎港へ回送された。

江戸派遣隊長の小笠原備前が大坂から江戸へ向ったため、突《つ》っ支《か》い棒がなくなった。徒労に終った出兵に失望した兵士たちは帰りの船で飲酒して荒れに、荒れた。

荻は船底の隅で、隠忍自重した。

いくら出番のなくなった帰路とはいえ、まだ世情騒然の時に、荻は飲酒する気になれず、副隊長の飲酒強要にも我慢していた。中には荻を罵倒して、頭から、木偶《でく》の坊《ぼう》と蔑《さげす》んで、酒をひっかける者もいた。

「横井平四郎さんな実学めさる。学に虚実があるものか」

誰かが、こう歌い出すと全員の大合唱となった。

「横井平四郎さんは、ただ飯《めし》めさる、口《くち》に実学あるものか」

帰りの兵士五十余名の中で、実学党は荻一人であった。肥後藩の中でも、はっきり学校党、実学党と名乗り出て、抗争に参加、相手を攻撃したりするのは一部の者に過ぎなかった。学校党は上、中階層がほとんどで、実学党は下層武士や豪農、庄屋などで占めていたので、藩の大切な出来事に参加する層では、圧倒的に学校党が優勢である。

ことに実学党の家老長岡監物が、学校党の家老松井との藩政における主導権争いに敗れてからは、学校党の幹部やそれに連なる連中は、実学党を眼中に入れていないように振るまった。

ペリーが浦賀から引き揚げた本当の理由など知らないくせに、本牧に結集したわが肥後藩の勢力に恐れをなして、尻尾を巻いて退散した、と学校党の兵士は大言壮語したりした。

日本国は神国で、どんな外敵でも打倒できる、と蛮声を発して気勢をあげた。強行軍であったためみんな疲れて、それを酒でまぎらすため、精神的に荒《すさ》んできていた。

鶴崎に再上陸した時は梅雨も終りに近い頃で蒸し暑く、晴れたり曇ったりの日であった。

夕方着くと兵士は藩屋敷、本陣、民家、農家などに分宿した。隊の幹部の学校党の連中は、藩屋敷であった。荻は、足軽たちと農家の離れに泊った。足軽たちは恐縮したが、荻は意に介せず、一緒に酒を飲んで、昔鶴崎を訪ねた時の話などをして寝た。

荻は青年の頃、元田と二人で藩内を視察旅行をしたことがあった。

荻が実学党故に冷遇されているのを、足軽たちも知っていた。

明くる朝早く豪雨の中を藩屋敷から使者が来て、雨も激しいし、疲れも残っているだろうから、明朝まで留まって休養し、あとの命令を待つように指示があった。ただ、いつ出動するかも知れないので、屋敷内からは一歩も出ないようにとの命令が続いて来た。

昼から雨が上がり、真夏の太陽が、朝の雨がうそのように照りつけた。

その翌朝、出発の用意をしていると、もう一日待機するように指示があった。何のために出発が遅れているのか、全くわからなかった。荻たちは、全く疎外されていた。暑い陽射しの中で、時々突然に雷雨が襲ったりした。屋敷から外へも出られず、荻たちは鬱々としていた。

三日目の早朝、鶴崎の藩屋敷の足軽が、馬を一頭用意して現れた。今から直ちに出立し、豊後街道を熊本へ進み、久住から北上して小国の黒川温泉の「お客屋旅館」に、夜までに着くように指令があった。その足軽が案内役に立った。

鶴崎から黒川といえば十数里の上りの山道である。どんなに急いでも大変な道程である。馬上の荻はまだよかったが、足軽たちは半ば駆け足で懸命に後を追う。梅雨で、山道は荒れていた。半時ごとに水分の補給とわずかの休息をとって、走りに走り続けた。

豊後街道の久住の石原で、右折して街道に別れを告げた頃には、夏の長い日も暮れはじめていた。瀬の本高原まできて、松明《たいまつ》に火をつけた。黒川温泉までは、あと半時の距離である。

瀬の本から黒川にかけては山が狭くなり、かなりの下り坂になって、体は楽になったが、油断をするとすべって転げそうで、馬にはむしろ難渋であった。

雨上がりの夕暮時は蟬と虫の声が喧《かまびす》しい。時々名も知れぬ獣が前を横切り、暗闇から目を光らせていた。

荻が馬を休ませるため降りようと速度をゆるめたとき、路上にのびた松の樹の枝から荻をめがけて飛びかかる人影があった。

荻は間一髪、人影を躱《かわ》した。

馬が驚いて跳ねあがり、嘶《いなな》く。

松明が飛んで、あたりは真っ暗になった。

雲間から、わずかに月がのぞいている。

荻は人影と、暗闇の中で対峙した。

相手の影は見えなくとも、相当の遣《つか》い手であることがわかる。

「何者だ、名を名乗れ。不意打ちとは卑怯。拙者を、肥後藩藩士、荻昌國と知っての狼藉《ろうぜき》か」

「卑怯者とは笑止千万。仲間を不意打ち、皆殺しにしておいて。仲間の仇だ」

「仲間を不意打ちにし、皆殺ししたとは、何んたる戯言《たわごと》を。意味を言え、名を名乗れ」

二人は向いあったまま微動だにしなかった。

「今日の未明、わしが村を留守にしていた間に、肥後藩の大兵団がわが村を突然襲い、老若男女を皆殺しにしてしまったんだ。隠れキリシタンの罪名のもとに。それを知らぬとは、この嘘つきのたわけ者が！　この期《ご》に及んで、まだ、しらを切るか、この卑怯者めが！」

影がとんで、荻を胴払いに斬ってきた。

荻は辛うじてよけたが、自分からは斬り込まなかった。草むらや樹間に身を潜めていた足軽たちが身を立て直し、松明に火をつけた。

「お前の言う残虐非道な行為が真実なら肥後藩を代表して、この身をお前に討たれよう。名を名乗れ」

「荻昌國といったな、名前と今の言葉一生忘れまいぞ。わしの名は臼内切の大三《たいぞう》だ。よく憶えておけ」

松明にぼおっと照らしだされた男は、六尺豊かな痩身で目付きが鋭く、やゝ青味を帯びた眼をしていた。

足軽たちに囲まれる前に、身を翻《ひるがえ》すと、狼のように暗闇の中に消えた。

大三と言った男の言葉が荻の頭の内で混乱、錯綜していた。どう考えても信じられないことであった。今起こったことは、絶対に他言してはならない、と足軽たちに強く念を押した。

黒川に着いた時は、八時を過ぎていた。

黒川温泉は渓谷の温泉場で、さかりを過ぎた蛍が淋しげに明滅していた。

強行軍と、大三との出会いの緊張で、荻は疲れていた。

黒川温泉は闇の中に、ことさら静まりかえっていた。鶴崎を先発した兵士たちが宿泊しているはずなのに、不気味な静けさであった。

「お客屋旅館」に荻だけが案内され、他の足軽は他所に連れて行かれた。

宿のすぐ下を、増水した谷川の川瀬の音が高かった。

「お客屋旅館」は藩の家老や中老など上層階級の湯治旅館である。

荻も昔、元田と泊ったことがあった。

お湯につかったあと、遅い夕食がすむと、副隊長の藪勇之介から出頭命令がかかった。部屋に行くと、派遣隊幹部が揃って荻を待ちかまえていた。全員学校党の面々である。

「お主に、明日の予定を申しつけておく。明日正午、これより半里ほど隔てた臼内切という集落近くの草刈場の丘陵で、罪人の首領の断首刑をお主に命ずる。失敗のないよう注意されよ」

荻は、全身の血が逆流する思いであった。先ほど襲ってきた謎の男〝大三〟と名乗った者の言っていたことは、事実だったのだ。

荻は長い沈黙のあと、大きく息を吸うと、

「何の咎《とが》で処刑するのかをお聞かせ願いたい」と言った。

「これは命令だ。罪名など、お主が知る必要はない」

「私は、細川殿にお仕えして九代目になる家臣。なんの罪状かも知らずに、人の首は刎《は》ねられませぬ」

「何をほざくか。そうまで言うなら、聞かせてやろう。隠れキリシタンの罪だ」

「隠れキリシタン？　この肥後藩では百数十年前に絶滅したと聞いていますが。確《しか》とした証拠でもございますか」

「何、証拠だと。こしゃくな！　長い間、藩と郡の横目《よこめ》や惣庄屋が内偵を進めていたのが、はっきりしたためだ。藩は以前から、この隠れキリシタン退治を狙っていた。今度の遠征が途中で頓挫したので、この機会を利用して決行したまでだ」

「何人の罪人を断首したのでございますか」

「うるさい。何人だろうと、お主の知ったことではない。お主が明日処刑するのはたったの一人だ。昨日と今日、われら学校党の指揮で、小国の地侍も加えて一村全部を捕え、お主の分のキリシタンの首領一人を除いて、全部処刑した。学校党の真の実力を見せつけてやった。理屈ばかり言っている実学党とは、精神が違うのだ」

「一村全部とはまた、何人処刑したのですか」

「何人処刑しようと、お主の知ったことではない。キリシタンのくせに、うるさく泣き叫ぶから、みんなやったんだ。キリシタンには問答無用だ。たとえ間違っていても、斬り捨て御免の時代だ」

「間違っても、問答無用？　斬り捨て御免！　黒船来航のこの騒然とした、国家危急の時に、なんでキリシタン征伐を！」

「なに、今、何と言った。黒船の来襲で、今、日本国中が攘夷で燃えあがっている。この時こそ、攘夷に通じるキリシタン退治をして、肥後藩の意気と実力を天下に知らしめようとしているのだ。実学党の犬に、何が出来る。それとも実学党は国を開き、キリシタンを容認するとでも言うのか。実学党はキリシタンと野合《やごう》を果したとでも言うのか。もし、そうであれば、今、この場で実学党であるお主を、退治してみせるぞ。さあ返答せよ」

「実学党も安易な開国や、キリシタン容認など申してはいません。物事には道理があります。無実のものを処刑は出来ませぬ。これは藩主の命令でございますか」

荻を取り囲んだものが、いっせいに気色《けしき》ばんで、荻のもとにざざっと詰め寄った。

「何を、こしゃくな。余が命令は松井家老の命令。松井家老の命令は、藩主斉護《なりもり》殿の命令だ。それとも実学党は、キリシタン一人をも処刑できないというのか。実学党の弱虫の実態を藩中に宣伝してやろうか。荻の恥は横井小楠の恥、長岡殿の恥だ。どうだ、明日、キリシタン処刑をやるな、さあ返答しろ」

みんながさらに詰め寄った。

荻は苦痛に青ざめ、眉間《みけん》に深い縦じわがより、額に冷汗がにじんできた。

翌日は、一夜にして梅雨明けを迎えていた。

高原の空には力強い夏の入道雲が、見渡す限りの山また山の連なりの上に、幾つか塊まり、固く高く聳《そび》えている。夏草の匂いがいよいよ強くなり、油蟬の合唱があまり激しいために、むしろ大気は静寂そのものであった。

処刑場の丘陵には、竹矢来《たけやらい》が張り巡らされていた。

郡代の名で、キリシタン処刑につき、見物が許される旨の触れが近辺の村に出された。が、あまりに急であったこと、あまりに残酷であったためにほとんど見物人は集まらず、郡代と惣庄屋、地侍、有力庄屋が集められただけであった。

正午に藪副隊長、郡代、それに引き続いて、遠征兵士、小国の地侍が白鉢巻きに白襷《しろだすき》に身を引きしめて入場してきた。

やがて、白ずくめの衣装に、目かくしをされた罪人一人が、役人に引っぱられて入ってきた。観念したのか、それとも罪人自身の意志の強さなのか、足どりはしっかりしていた。

半球形の丘陵の夏草はきれいに刈られ、南から北に向って何か埋められて出来たばかりの黒々とした塚が十二個並んでいた。真ん中のものだけが、掘られたままになっていて、その穴の前に罪人は連られてきた。

その十二の塚を取りまいて、ずらりと兵士が床几《しょうぎ》に腰掛けていた。

入り口の役人に先導されて、処刑執行人荻昌國が入場してきた。真正面の副隊長藪勇之介をしっかりと見すえて、一歩一歩力強く踏み締め、罪人の後ろに立った。

罪人は穴に向って正座させられた。

藪が、始めの合図をした。

荻はまわりに聞こえぬ声で、罪人に問いかけた。

「大三というものを知っているか。お前の仲間か」

罪人は、ほんのわずかに頷《うなず》いた。

「何か、大三に言い残すことはないか」

罪人はかすかに首を横に振った。そして、小さい声であったが、はっきり荻には聞こえた。

「汝らに神の愛と、思し召しのあらんことを」

荻は静かに抜刀すると振り上げ、実学党存続の命運をかけて、罪人の肩口に斬りおとした。

真っ青に晴れ渡った梅雨明けの空に、真紅の血柱が、ザッという大きな音を立てて、噴き上げた。

実学党分裂と開国論――安政六年(一八五九)

安政六年(一八五九)の八月の下旬、内坪井《うちつぼい》の荻昌國邸を元田永孚が訪ねていた。

熊本の夏は長く、残暑が厳しい。島原湾《しまばらわん》からの海風は金峰山《きんぽうざん》で遮断されるため、熊本は盆地と同じような地形になり、内陸性の気候となる。澱《よど》んだ蒸し暑い熱気が夜になっても動かず、そのまま朝を迎えるので、体が休息する時間がなかった。

荻が郡代をしている任地の小国・久住も、日中は結構暑苦しいが、さすがに阿蘇山を越えた山深い所だけに、朝夕は冷えて身も心も蘇生することが出来る。

が、この二、三日朝起きて庭に出ると、眼前にそそり立つ熊本城の城廓がくっきりと見えて、荻は思わず自分の目をこすってみた。遠くに目をやると龍田山《たつたやま》の容姿がはっきりと見え、大空の熱気がうすれ、透明さが急に増しているのがわかる。空を見上げると昨日までの入道雲が嘘のように消えて、薄いうろこ雲が流れていた。秋の雲は白さが違う。純粋の白さで、一年で一番美しい。

ああ、やっと秋が来た、と荻は思わずつぶやいた。

胃腸の弱い昌國は、この初秋を告げる白々《しらじら》とした大気と、純白のうろこ雲を見ると、ほっと一息つくのであった。

任地の小国を離れて、一ヵ月も過ぎようとしていた。

八月上旬、実学党の盟主でもあった家老の長岡監物の危篤の報を受け、急ぎ帰宅した。意識がなくなり、眠り続ける監物に面会は許されたが、会話を交わすことも出来なかった。

八月十日に監物は死去した。死後の整理に荻の関与したことなどもあったし、せめて二十一日忌までは、傍にいてあげたいという思いがあって、帰任が遅れていた。

昨日急ぎの決裁事項があるとの急便が小国の惣庄屋北里傳兵衛から届いて、荻は明日小国に発つことを決めていた。今度発てばしばらく帰宅は出来そうになかったので、荻は元田に使いを走らせ、夕方から元田と一献《いっこん》傾けることにしていた。

年齢は荻の方が五歳年上であったが、荻は元田を頼りにしている。特に去年八月小国・久住郡代に就任してからは留守の間のこと、子供の教育のことなどを全面的に元田に世話をして貰っていた。

弟の蘇源太《そげんた》が緑川《みどりかわ》で獲れたばかりの秋鮎を届けてくれたので、それの塩焼きと背越し《せご》（刺身）にして二人は静かに盃を交わした。家老で実学党結党の同志であり、循篤《じゅんとく》の長岡監物を失ったことが二人の心に大きな、取り返しのつかない空洞をつくっていた。

「それにしても、あの大家老の家に生れた監物殿が我々下層階級の勉強会に参加し、そして同志にまでなって下さったとは、どう考えても夢のようにしか思えないのだが、元田はどう思う」

と荻が重い口を開く。

「監物殿は公平無私の人で、民生の向上安定のためには、階級の差など全く眼中にないお方でした。そこに軽輩ではあったが、小楠殿の情熱と理想と蘊蓄《うんちく》とが、一致結合したのでしょう。大家老という恵まれた星に生れながら、自らその地位を排除するような会派に入ったのですから。心の大きな方でした。それに我々も若かった。下津、横井殿が三十歳、長岡、荻殿が二十五歳、私が二十歳でした。あんな俊才の集まる会の末席を、この私が汚していたのですから、今から考えたら汗顔のいたりです。今の年齢でしたら、もうあのような勇気はございません。この私が、長岡殿に小楠殿の講読会への参加をすすめに行ったのですから。打ち首にされても仕方ないことでした」

荻と元田の間に、やっと笑いが出た。

「長岡殿が講読会に参加して戴いていなかったら、実学党の誕生は全くなかったと思われる。それにしても皆若かった。怖いもの知らずで、よく勉強したものだ。もう二十五年の歳月が経ったのか」

荻が深い溜め息をついた。

元田は荻の顔を眺めて、若かった昔と少しも変っていないように思えたが、この数年、深く静かな翳りが年ごとに濃くなってこられたと感じた。

横井、下津とは十歳、荻、長岡とは五歳のひらきのあった元田は、敵対する学校党からは「実学党の腰巾着《こしきんちゃく》」と陰口を叩かれていた。敵ながら巧いことという、と一番の若輩の元田は内心では悔しい思いをしながらも、一生懸命に実学党についていった。

実学党の三本柱は横井、荻、長岡であった。どの柱が欠けても、実学党の揺籃《ようらん》期《き》は巧くいかなかった。

横井は自由闊達、荻は沈思黙考、長岡は重厚悠然である。横井の眉は逆八字型で、総明さにあふれ、声も高かった。しゃべり出したら止まるところを知らなかった。荻の眉は太く真横にへの字型にのび、それは深い愁いを含んでいて、声も低音で十を聞かれても、一を返すぐらいの寡黙さであった。長岡は丸みをおびたやわらかい眉で、いかにも泰然として包容力のある顔立ちであった。

横井がしゃべり、荻が聞き、長岡が意見を述べる。三人の調和が見事にとれて三位一体となって、奔馬の勢いとなり肥後藩を震撼させ、覚醒させた。が、その勢いは、逆に弾圧、排斥の対象となっていく。

「それにしても、嘉永六年、ペリー来航の年の十二月、監物殿が幕府の命により相州浦賀の警備総帥として熊本を発った時の晴れ姿は今でも眼に焼きついている。あれから六年の歳月が流れているのに、昨日のようにあの年末の光景が眼に浮ぶ。前後を銃器隊で固め、中に長槍、帯刀、弓矢隊が位置し、監物殿が馬上で悠々と進む様は、六尺豊かな美丈夫の体と、きりりと引き締まった眉目、それは見事で、学校党とか実学党とかの障壁を越えて藩全体が瞠目、讃美したものだ。私は大津までお見送りをした」

と、元田は昔を夢みるように一気に述べた。

「あの時、私は城内の警備役でお見送りは出来なかったが、それは城内も興奮の極みに達していた。徳川将軍の依頼で、嘉永七年（改元で安政元年）に再来航のペリー艦隊に対する警備として、全軍の総帥になるべき人物を肥後藩から出すべしとの命令があった。藩主斉護殿は熟慮の末、恩讐を越えて実学党の監物殿をお選びになった。選定に学校党が反発し、城内は騒然となり、険悪な状態になった。

総帥獲得のための学校党と実学党の綱引きは壮絶な争いであった。数も勢力も圧倒的に強い学校党が負けたのであるから、城内は一時、反乱のおこる気配、危険さえあった。が、藩侯の決定であり、まさに国家危機の時で、また選任された人物が、長岡監物殿であったために大事には至らなかった」

「あの年の六月に荻殿も江戸へ向って出兵なされた。残念なことにペリーが帰国したので、大坂から引き返してみえた。私は荻殿の大筒の腕前を期待していたのだが……」

と元田が荻の顔を見ながら言った。荻の顔が一瞬強張《こわば》った。

「日本の大筒が、外国を相手にどこまで通用するのか、本当は疑問に思っていた。発砲せずにすんで、本心はほっとしていたのだ」

荻は盃を静かに飲み干しながら言った。

「実学党は鎖国の安逸を警告し、攘夷のためには常に軍備を怠るべきでないと主張し、監物殿は配下を訓練していた。監物殿配下の津田や志水は優秀なもので、彼らが擁する鉄砲はいつでも火をふける状態にあった。幕府にも他藩にもそのような準備はあまりなかった。実学党の主張とその準備には各藩も瞠目したものだった。荻殿、あの頃が実学校の頂点ではなかったかと思うが、荻殿はいかが考えますか」

と元田が酔いでほんのりと上気した顔で言った。

「私もそう思う。監物殿の相州出兵で実学党の意気は頂点に達した。その前から実学党は分裂の危機にあったのだが、あれで一時おさまった。が、相州出兵からわずか二年後に分裂せざるを得なかった。家老から軽輩までを内蔵した実学党は矛盾を含んでいた。

小楠殿を主として軽輩、豪農、惣庄屋など庶民が主張する民生を豊かにするのを第一義とすれば、監物殿や上、中層の武士層の拠《よ》って立つ幕藩封建体制そのものを否定、崩壊させねばならず、遂に分裂した。長岡殿を首領とする明徳派（後に坪井派）と横井殿を首領とする親民派（後に沼山《ぬやま》派）に分れた。庶民のための政治を第一義にする小楠派と、人間の生きる道徳が先ず大事とする長岡派との理論的な違いもあったが、根本的には生活の基盤が違っていた。同床異夢ならぬ、異床同夢であった。明徳が先か、親民が大事か大論争が行われた。実学党創設者の五名のうち、横井、長岡の両雄が別れた。最年長者であった下津殿は懸命に両者を説得し、分裂を避けさせようと努力をなされた。荻殿と私はどちらにもつけず傍観せざるを得なかった。両派のあまりの激しい争いに一度私が仲に入ろうかと、荻殿に相談したときも、荻殿は静かに首をふった。自然に任せるのが一番、実学党は分かれるのでなく、生れ変るための、生みの苦しみの最中なんだと」

「そうだったなあ。分かれた小楠殿も、長岡殿も創設時と全く同じ。学問と政治は直結し、為政者は、民生の安定、向上のためにのみ学問をして、実行に移すべきとする考えに変りはなかった。ただ、小楠殿にも長岡殿にも、両者を頼み、信奉する門下、配下ができた。そして互いに派が出来た。同じ実学党といえども異なる基盤の連中が集まれば、それぞれの利益のために派閥が出来る。あれは単に小楠、長岡殿の争いではなかった。門下、配下同志の派閥争いで、大義名分などどうでもよかった。党が大きくなれば、身分や階級、縁故、学歴、利害などの関係で必ず派閥が出来、争いが起こるものだ」

と荻は考え込むようひと言ひと言ゆっくりしゃべった。

荻の顔が青くなってきた。荻は酔うと蒼白になる方であった。

「そうすると、分裂は二人の間では最初から、覚悟のうえ、納得ずみのことであったのでしょうか」

と元田が驚いて荻に尋ねた。

「その通りだった。いよいよ分裂する前夜に小楠殿と長岡殿は密かに会った。その意図するところを確認し合った。それに私が立ち会った。

ペリー来航の折り、徳川幕府を防備する佐幕のための軍団の総帥に祭り上げられた長岡殿には、もう本来の実学党の動きは不可能になった。門下や配下が、もともと譜代で徳川に恩のある細川藩の上層部であったから、実学党と言えど、本質は保守で保身を考えるのは当然なことであった。長岡殿は取り巻きの連中に締めつけられて、がんじがらめになった。実学党の本来の目的の遂行が不可能と感じた長岡殿は、派閥根性を逆用して、敢えて小楠一派に論争を仕掛けさせて派を割り、実学党本来の理想の実現を小楠殿に託したのだ。長岡殿も小楠殿も実学党がこのまま進めば、内部の派閥争いのため内部分解を起こすのは必至と見ていた。

長岡殿は家老に生れついていたから、倒幕運動、倒幕実現の限界を感じていたのだ。改革は、権力の座にいる当事者には絶対に出来ないことを、あの聡明な長岡殿は、実学党創設時からずっと念頭に置いていた。自分がいつか身をひいて、小楠殿が活動をしやすくなるように、終始考え続けていたのだ」

荻は盃を干し元田に渡した。

もう外は暮れかかって、少し涼しくなった。風が風鈴をかすかに鳴らす。庭の打ち水が目に心地よかった。

「そうでしたか。両派の壮烈な理論闘争と私は見ていたのですがね。派閥争いの弊害と恐怖は長岡殿も小楠殿も、学校党との争いで、骨身に滲みていましたからね。長岡殿は学校党との争いで、ついには家老職を追われ、小楠殿は今だに一度も、肥後藩のいかに小役といえども役に就かされたことのない生殺《なま》しの身ですからね。荻殿はもちろんでしょうが、実学党の小物の私でさえ、何度も命を狙われたことがありましたからね」

元田が嫌な事を思い出すかのように言った。

「小楠殿がいつも慨嘆して言っておいでであった――

『党派の争いのやりきれなさは、いつの世も変りない。必ず小人《しょうじん》どもが集まって改革者たちを過激だと非難し、名を売るのだと攻撃する。そして改革者に対する反対党を結成し、何がなんでも反対しようとして騒ぎを拡大していくので、とうとう国が破滅するところまで進んでしまう。

それは歴史に照らして明らかだ。この党派の問題については、欧陽修や朱子をはじめとして多くの賢人たちの確固とした議論があり、理非曲直を明白にする手段は整っている。が、それにもかかわらず、これがやはり天下古今の大患であることに変りなく、せっかくの善政や改革がこれによって崩れ去っていくのは痛恨に堪えない。ことに現在の日本は、三百年来の泰平で国民すべて安逸に馴《な》れ堕落の底にいる。倫理道徳を唱えて士気を振起し、奢侈《しゃし》を批判して質素を重んじようとすると、それに対する反感が強く、小人どもの方に支持が集まって、改革者は孤立させられてしまいがちだ。そういうときには君公だけが唯一の頼りだが、普通の、ただの名君だとの評判があるという程度の人物にこの解決を期待することは不可能だ。また藩のお抱えの儒者もたいてい利害に巻き込まれて、あくまで義理を通そうとする信念がなく、肝心のときには俗論に与《くみ》してしまう。

学術不正、心の邪《よこしま》なせいとはいえ、まことに困ったもの。しかし、世の中は動いていくのが天理だから、正義はいつか日の目をみる。その道理が党派を争っている者たちには全く先が見えないのだ』

学校党との争いは、全く小楠殿の慨嘆したとおりで、人間の愚劣さと暗黒さの闘いであった。派閥のためには、人間はどんなことでもやらかす。敵対する相手を殺傷するのは朝飯前。全く関係のない人間を見せしめのため、面目のため、いじめのために虐殺することもありうる」

語りながら荻の顔に、苦悩のため脂汗が浮いた。

「関係のない人間を虐殺する？」

元田が荻の顔をうかがった。

「いやいや、例えばの話だ。それくらい党派の争いは無残で、無益だということだ」

荻が慌てて首をふった。

「荻殿、私にはどうしても不思議なこと、理解出来ないことがある。

小楠先生が嘉永六年を境にして急激に開国に傾いてきたことです。もちろんペリー来航が刺戟になったことは推測出来る。が、それまで実学党は尊王攘夷を建て前としてきた。我々は、小楠殿、長岡殿、荻殿もいくら討論しても、開国は国益にそぐわないと斥《しりぞ》けてきた。

安政元年の屈辱的な日米和親条約、水戸藩の尊王攘夷の盟友藤田東湖の死で、一層、尊王にして攘夷を死守すべきところ。が、その時に、敢然として開国を主張しはじめた小楠先生には、何かそれに起因する出来事があったに相違ないと思われる。荻殿、貴殿と小楠先生は、実学党の根本方針を決定した仲。何かそのような出来事はなかったのでしょうか」

「元田も知っての通り、嘉永時代の末まで、開国の、開の字でも口にしたら首が飛ぶ時代であった。ペリーの来航で屈辱的な和親を結んでから、打倒徳川幕府が即、攘夷に短絡して、いよいよ攘夷が勢いを持ってきた。あの苦難の時に、小楠殿は天啓のように開国論を打ち出された。

『自らの意志で積極的に国を開け。このまま鎖国を続けていれば、一時はしのげても、外国の国々からとり残され、侵略、植民地にされることは必至。今は未熟の国とはいえ、敢えて開国し、諸外国の文化、技術を取り入れて国を富ませ、それにつれて兵をやしない、世界の恒久平和のための軍隊をつくる。開国は他国からの強制ではなく、また逃避的、一時的なものでなく、日本国が戦争のない世界をつくるためのものである』

小楠殿のあの言葉を初めて聞いた時、私は驚愕した。同志で始めた実学党の思想が、世界を視野に入れるまでに進展してきているとは……」

と荻はますます青い顔になって言った。

「小楠先生はもともと失うもののない人。それでも、肥後藩はもとより、日本国中を敵とする開国論を始めるとは。小楠先生の中によほどの大変化がなければと思う。小楠先生の開国論は日本で最初の積極的なものでした。

あの時、私は先生の開国論を聞いて身の置き場のないほどに興奮しました。あの時も、荻殿が私を戒《いまし》めて、『開国論はこの上もなく危険なもので、あのような大青龍刀《だいせいりゅうとう》を振るう者は小楠先生しかいない。我らは心に思ってはいても、心の奥底にしっかりしまい込んで、決して口外してはならない』と言って下さった。

当時は開国は佐幕とみなされた。具体的には攘夷こそが、打倒幕府であり尊王の旗印であった。この肥後藩では攘夷は佐幕であり、学校党はこぞってこれを強く主張していた。

ところが小楠先生は尊王にして開国を主張された。あんなにも心胆の坐った開国論を打ち出すのには、その契機となる出来事があったに違いないと思う。荻殿に心あたりはございませぬか」

元田は荻を正視して、問うた。

「私には、その契機となるような出来事のことはわからぬ。ここしばらく小楠殿と会うこともなかったからな。あれだけの大論を振うに至った契機があったとしても、小楠殿は言及するまい。そのことが禍いを生むことにもなる。小楠殿は近年諸国を歴遊され、知人、知識も多い。それに常に書物を講読されて、外国の事情にも精通されておられる。それらの総合から、自ずと構築せられたものと思われる」

荻は何故か、元田の追及を避けようとしていた。

「大思想、大発見には、それを決定、決断させる出来事が別にあることがままあります。私は嘉永六年に何か、きっと存在したと思うのです。が、小楠先生は今、福井藩へ出向しているため、今はもう直接聞ける機会もなくなりました。それに小楠先生は近くキリスト教を認めようとするくらい、高く評価しているとか」

「元田、そんなことを軽々しく口にするではない。キリスト教はあくまでもご法《はっ》度《と》、禁教ですぞ」

「しかし、開国論を言い出すきっかけにも、キリスト教の評価があったと思うのですが」

「実学党を造った二十数年も前のことだが、西欧諸国にあまねく流布《るふ》し、政教一致で文明社会を指導するキリスト教について、小楠殿と調べ、討論したことがあった。が、その本質を掴むことが出来なかった。しかし、豊後国《ぶんごのくに》が大友宗麟侯に支配されていた頃に、豊後国の由布院にキリスト教の一大聖地が出現し、多数の信者が帰依《きえ》した。そこでは、キリスト教のもとに身分の差別もなく、朝な夕なに教会の鐘にあわせて礼拝した。平和で豊かで、高い医療も受けられた。日本の儒学、神道、仏教とは少し違った意味で科学的であった。

そして何よりも、この現世に希望を持ち、現世で豊かな暮しをすることを目標としていた。仏教みたいに、この世はもともと苦であり来世こそ極楽と言い逃れをせず、現世の生活をよくすることに取り組もうとしていた。

小楠殿もキリスト教の良い所ははっきりと認めておいでであった。だが、所詮、幕藩権力体制とは相容《あいい》れないもの。まさに禁じられねばならぬものだ、と認識された。開国は口にしても、キリスト教容認までは、小楠殿もまだ言い出してはおられまい。元田、くれぐれも口は禍いのもと、気をつけるように」

「わかりました。が、小楠先生の心中にキリスト教を推奨する何かが起こっていることは確かなようです。このことも、心の底にしっかり止めて置きましょう。ところで、荻殿の小国郡代の任務、自ら志願されたとか聞いていますが……」

「そんなことはない。希望して就ける仕事はない。藩からの命令だ。だが小国の地は大変気に入っている。小国への道中の眺望は素晴らしい。阿蘇は雄大で優美《ゆうび》だ。阿蘇五岳《ごがく》はまるで涅槃仏《ねはんぶつ》のように美しい。阿蘇を往来出来るのは、本当に至《し》福《ふく》と思っている」

「昔、あれは天保十三年の事でしたね。そう、実学党を結成する前の年でした。二人で、阿蘇、久住、竹田、日田、小国と旅行をしましたね。あれは良い勉強になりました。農村の実態を見ることが出来ました。あの頃は二人とも若く、よく歩き、よく調べ、勉強しました」

「小国は、私に空気が合うのだ。空気が透明で澄みきっている。高原なので空気がうまい、それに人情が何とも良い。また、涌蓋山《わいたさん》という山があって、姿が実に優美で小国富士という別名もあるくらいにきれいだ。ことに北里手永《きたざとてなが》の惣庄屋北里傳兵衛宅からの眺めは、まるで一幅の絵だ」

「荻殿、小国もよい所でしょうが、何といっても遠隔の地、一日も早く熊本に帰って来てくれませんか。長岡殿が死去し、小楠先生は福井と、実学党は散々な状態です。我らが頼むのは、荻殿しかいない」

「元田、私には、もうそのような力はない。私は小国で骨を埋めるつもりだ。今、田畑の新開墾に専念している。農民を富ませることが、今、私の一番の楽しみだ」

「何とか実学党も頑張って、小楠先生を応援しなければならないと思っているのです」

「そう、小楠殿はもう肥後藩だけの人材ではなくなった。一人歩きするのだ。日本が小楠殿を必要としている時だ。元田、君は若い。小楠殿を応援してくれた給え」

荻の顔にやっと赤みがさしてきた。

夜が更《ふ》けて涼しい風が風鈴をはげしく鳴らしはじめた。鈴虫も鳴き出した。

二人は再会を誓って乾杯した。

荻昌國自刃——文久二年（一八六二）

文久元年（一八六一）の暮も迫った日、荻昌國が久しぶりに沼山津《ぬやまづ》の横井小楠の四時軒《しじけん》を訪ねていた。

四時軒は広々とした田園の中にある。東西南北にさまざまな山が眺望出来た。特に東側の阿蘇山、西側の島原湾を隔ての雲仙岳《うんぜんだけ》の眺めは素晴らしく、また刈田のすぐ先には地元の山々、飯田山《いいださん》、釈迦岳《しゃかだけ》、甲佐岳《こうさだけ》、木原山が並び立っていて、小楠の自慢であった。四季折々の風景の見事さが四時軒と名付けた由来であったが、朝昼夕夜と一日の時間による変化、また東西南北いずれの方角にも、飽くことない楽しみを与えてくれるものがあるという意味も、含まれている。

初冬というのに、見渡す刈田には暖かい陽射しが、隅々まで行きわたっていた。小春日和である。

午後の日溜りの中にある西側の座敷で、小楠と荻は盃を交わしていた。座敷からは雲仙岳が真正面に、とても海を隔てた遠い山とも思えぬ近さで見える。

空気が澄んでいた。

東側の座敷からは阿蘇山がよく見えるのであるが、荻の任地である小国が話題になるのを避けるかのように小楠は、雲仙岳の方を選んだ。

小楠も荻も斗酒《としゅ》なお辞せずの飲み手である。昔に比べ酒量はおちていたが、豪快な飲みっぷりには変りはない。

小国の冷たい川で獲れる、身の引きしまった川魚が小楠の好みであった。

荻は帰熊するたびに、串に刺して焼いた川魚を小楠に届けていた。小楠はそれを風通しのよい所に保存しておいて、夏はちしゃ揉《も》み、冬は醤油と胡椒でからっと煮て酒の肴にした。

小楠は肴はなくとも酒が飲めた。いりこを皿に盛って出してさえおけば、それを眺めるだけで酒が飲めた。梅干一個でも酒を飲んだし、また、肴があればあったで、それを賞讃《しょうさん》して美味しそうに食べながら飲むのであった。手のかからない酒飲みである。

小楠、荻らは二十数年前に講読、議論を繰り返しては日本の生きる道を模索して、実学党という一派を形成していった。あの頃は若かった。怖いものがなかった。ただひたすらであった。

その実学党の中では、二人は黄狄と並び称された。小楠も荻も藩では重用されなかった。むしろ排斥、迫害されていた。

実学党の綱領も、肥後藩では日の目を見なかった。小楠の理論は福井越前藩で認められ、安政五年から小楠は福井に出向して、小楠の指導のもとで福井藩の経済改革を実行して三年、ようやくその効果が上がってきていた。

「今年の正月に頂いた御手紙を拝見して、本当に羨ましく思いました。我々が国全体、上下の差なく、一致して仕事に打ち込む方法として考えていた大問屋、元締役制を設けたら、大変うまく行って、福井藩全体が活況を呈しているとのこと。私も小国、久住で小規模ながら実行してみようかと考慮中です」

荻は酒で青ざめた顔で言った。

「さすが、荻殿だ。たとえ一郡内、一村内といえども上が積極的に動けば、下も動く。

弊政《へいせい》というものは、上に立つ者が私心を持ち、その私心が下の者の心を塞ぐためにおこるものです。人間は生れて来た以上、みんな幸福になる権利がある。上に立つ者は懸命に勉強して人間を磨き、下の者を導く義務があるのです。派閥とか、自分らの理論に凝り固まった人間は、愚の骨頂だ」

小楠の顔が段々紅潮してきて、口のすべりが一段とよくなってきた。

「一昨年秋には安政の大獄で橋本左内、吉田松陰殿が刑死され、昨年春には桜田門外で大老の井伊直弼《なおすけ》殿が暗殺されましたが、日本はこれから変って行くのでしょうか」

荻が眉に深い翳りを宿しながら尋ねた。

「変る、変る。幕府はあと五年とは持つまい。荻殿もご存知の土佐の坂本龍馬や薩摩の西郷隆盛も積極的に動いている。幕府の中にも、勝海舟や大久保忠寛といった若手で道理のわかった者たちが出て来ている。肥後にいるとわからないが、江戸はもちろん越前福井にいても、それをひしひしと感じる。荻殿、あとちょっとの辛抱だ。我々の時代が必ず来ますぞ。自重されたし。小国での任務が終ったら、是非越前や江戸に出て来てくれ。

荻殿が小国で見た悪夢、受けた屈辱、無力感、苦悩を必ず晴らしてみせますぞ」

小楠の顔に苦痛が横切り、涙が滲んできた。

荻は盃を干し、小楠に返した。

その時、座敷の先の木山川《きやまがわ》の土手道に、小楠の門下生であり後援者でもある豪農の弥富千左衛門《やとみせんざえもん》が、ひょっこり現われた。千左衛門は小楠と荻を見つけると、手に提げていた鶏を上下に振って、大きな声で笑った。

深刻になっていた二人も、千左衛門の剽軽《ひょうきん》な動作に思わず笑い声を上げた。

あれだけ暖かかった小春日和が急に冷たくなってきた。陽がうすくなり、紫色の夕靄《ゆうもや》が急に至るところで、立ちはじめた。刈田のあちこちに、藁《わら》を焼く青い煙が目立ち始めた。

千左衛門が橋を渡り終えて家の陰に入ると、小楠は立ちあがって、冷えて来た風を防ぐため障子を閉めた。

荻が四時軒を訪れると、千左衛門は必ず鶏を絞《しめ》て荻にご馳走した。三人はいつも、深夜まで痛飲する習わしであった。

文久二年正月、荻昌國は元旦を家族と家臣たちの内輪だけで祝うと、二日の早朝に熊本を発ち任地の小国に向った。

安政五年に郡代として小国に赴任してからは、毎年同じようにしている。新春の引き締った気持ちを、そのまま任地に持ち込むことを考えていた。

年末には実学党の小楠と千左衛門の、気が置けない二人の仲間と明方まで酒を飲みながら語り明かしたので、荻の気持ちはここ数年になく心地よく晴れて、積年の鬱屈が取れていた。

綿密にして気宇壮大な小楠の談論風発を聞いていると、日本にも新時代の鼓動がはっきり打ちはじめているのがわかった。

荻の小国行きのお伴は、家臣の兵九朗と、荷物持ちの雑役が二人ついた簡素なものであった。荻は大仰なことが嫌いであった。

阿蘇を越えて久住まで行けば郡代の会所があり、途中まで久住屋敷から迎えも来ていた。

寒気は厳しかったが、風雨に遭わなかったため予定より早く、正月四日正午過ぎに久住の郡代屋敷に入った。

毎年、荻の久住到着時間に合せて、小国の惣庄屋北里傳兵衛が、夕方四時に久住郡代会所に着くことになっている。

傳兵衛到着の報告を受けると、荻は相好《そうごう》をくずし、これから風呂をつかって着替えるから、屋敷に来ているように申しつけた。

荻は久住と小国の郡代を兼ねていたので、久住に五日ほど逗留して政務をすませて、次に小国に向うことにしていた。

郡代屋敷の門の前には大きな門松が立てられて、新年を祝う気持ちが満ち満ちていた。

新年の正装をした北里傳兵衛と加藤恒右衛門が荻の前に罷《まか》りでた。

三人は郡代屋敷の奥の間に入り、正式に新春の賀を祝した。そのあと荻は二人を炉辺に誘い盃を交した。外は霰《あられ》が降り出したのか、瓦と雨戸をかすかに小さく打つ固い音が聞こえる。炉では赤々と炭火が燃えている。

鰤《ぶり》の切身の入った雑煮と数の子が出されていた。

正月であったが、荻は備蓄米の状況を心配したり、北里や久住手永の土壌に合った野菜の植え付をさらに研究するように指示した。

そして荻は、小楠がいま越前福井藩で実行して多大の成果をあげている大問屋制度のことを二人に説明した。殖産富国に腐心している庄屋の二人は、一言も聞き漏らすまいと聞き入った。

悪天候の中を小国から松崎四郎兵衛が駆けつけて来ると、荻は大変喜んで松崎に三杯たて続けに盃をとらせた。

長旅の疲れを察した北里傳兵衛が気をきかせてお暇請《いとまご》いをすると、荻は残念そうであった。北里傳兵衛にちょっと残るように言った。加藤と松崎は会所へ引き揚げた。

二人だけになると荻は声をおとして、北里に尋ねた。

「去年の秋、満願寺波居原《はいわら》庄屋から報告のあっていた不審な男の出没は、その後、何かわかったかな」

「内密に横目《よこめ》や地侍に捜査させていますが、その男はおそろしく敏捷《びんしょう》で、腕も立ちますようで、未だ捕えることが出来ないのでございます。近頃は田の原だけでなく上田や宮原でも見かけたという報告もあり、焦燥にかられているところでございます」

北里が申し訳なさそうに言った。

「宮原でもか」

と荻が聞き返した。宮原は小国の郡代屋敷のあるところで、町の中心地である。

「その男、背が高くて、眼が少し青味がかってはいないか」

と荻が尋ねた。

「えっ、郡代さまは、その男をご存じなのですか。その通りの特徴を持っているようで……」

「いや、なんとなく、そんな気がしただけのことじゃ。また情報が入ったら、逐次知らせるようにしてくれ」

「内密にすることが肝要と思いますので、一層努力いたします」

霰は雪に変ったのか外は静かになったが、それだけに何か静謐さが、むしろ激しくしんしんと荻の耳奥を打つようであった。

暮に小楠と楽しい語《かたら》いを持った翌朝、四時軒を去る時、見送ってくれた小楠の体全体がなぜか異様に白く、そして段々自分から遠ざかりゆく感じがして、荻は思わず自分の頭を激しくふった。

深酔のせいだと思っていたが、あの時、その次の瞬間に脳裏《のうり》に浮んだのは、これが小楠との最後ではないかという思いであった。

　昨夜の内牧の宿で、荻は実学党の同志の夢を見た。それは長い夢であった。時習館や青莪斎《せいがさい》における出会いから、講読討論に明け暮れた日々、実学党の結成、学校党との熾烈な争い、そして長岡監物の失脚。みんな若く溌剌としていた。

　安政六年に死んだはずの長岡が元気にしていたので小楠、下津、元田、荻が長岡を取り囲んで喜び合い、どこに行ってたのだと尋ねた。すると長岡は、水戸藩でちょっと梅見をしていたのだ、とみんなを茶化すように言うものだから、みんなを心配させて、と長岡を取り押さえようとした所で夢が覚めた。真冬というのに、荻は寝汗を掻《か》いていた。

　荻は夢の中で、長岡の元気な姿を見ながらも、そんなはずはない、そんなはずはないと自問し続けた。

　起きて汗をふいて寝ると、荻はまたすぐ夢の続きに入っていた。

　嘉永六年六月、江戸に上る遠征兵士の荻を同志が全部で見送ってくれていた。荻は少年のように面映《おもは》ゆかった。

　その年の暮には、長岡監物が相州警備の総帥に選ばれた。鬼ケ島の鬼退治に出かける桃太郎のようなきらびやかな馬上の勇姿を、同志で、手もちぎれんばかりに見送った。

実学党の最盛期であった。そのあと、小楠と長岡がはげしく論争していた。長岡が生きているはずがない。いや生きていてほしいと叫びながら荻は再び目覚めた。床の上に坐って荻はしばらくじっとしていた。

じっと目を凝らすと、雨戸からかすかに月の光が漏れているようであった。

遠くで湯が、湯舟にそそぐ音がした。

長岡が生きていて、嘉永六年六月の小国での出来事が、全くこの世に存在しなかったような錯覚を起こすような静謐さであった。

毎年五日に久住の惣庄屋、佐藤常之助が年賀に来ることに決っている。

雪がかるく積っていた。ある程度積れば、むしろ山道は歩き易かった。久住も阿蘇も冠雪のため、日頃より山容が荒々しくなり、すぐ近くに見える。

荻は政務の大半を小国の郡代屋敷の方で執るため、久住の人はこういう正月でも機会を摑まえて、荻に会おうとするので、話が長くなった。

赴任四年目になってやっと久住、小国の地勢、人間関係が把握出来るようになったのを荻は感じていた。

六日から十日過ぎまで、惣庄屋に続いて横目や山支配役、地侍、庄屋、会所の諸役などが年賀に来た。

十一日の午後、年始の挨拶はすませていた久住の惣庄屋、佐藤常之助が再び荻を訪ねてきた。今朝、口屋番《くちやばん》と近所の庄屋がやってきて、去年から夜間に挙動不審の男を見かけ追跡するが、身軽で足も早く、とても捕まえることが出来ない。このあたりでは見かけない男ですから、御用心なされるように、と注進した。

常之助が帰ると荻は酒の用意をさせると、一人で飲んだ。まだ陽は高かった。雪が溶けて、近くの山は杉山の黒さに戻ったが、遠山はまだ白かった。

午後三時頃、荻は早便で小国の北里傳兵衛と北里文太夫に、明日久住に来るように申しつけた。

翌十二日、正午過ぎに北里傳兵衛と北里文太夫が相ついで久住に着いた。久住と小国間は三里はあるし、雪解けの山道は、日陰のところはまだ雪が残り、ぬかるんでいた。

傳兵衛は小国の惣庄屋で、文太夫は上田御屋敷の分家であったが、侍の身分である。北里家は小国では最有力の家柄で、その住む家は「お屋敷」と呼ばれ、三家ある。それぞれ居住する場所で北里屋敷、田の原屋敷、上田屋敷と呼ばれている。

歴代郡代の厚い信頼を得ていた。相談ごとや郡の方針を決める時は、必ず話し相手にした。

荻は昨日、久住に現れた不審な男のことを二人に告げて、対策を練るために呼んだのであった。が、まだ確認していないことを正月早々から騒ぎたてることの是非と、その不審な男が、荻個人に関係ありそうな予感がして、荻は二人に相談するのを逡巡した。

そういう心の変化や動揺を態度に出さないように、荻は懸命に繕《つくろ》った。

荻は酒肴《しゆこう》の用意をさせた。わざわざ遠くから出て来て貰ってすまない、という気持ちがあらわれていた。荻は個人的なことや、些細《ささい》なことに公人を利用することはなかった。

北里傳兵衛も文太夫も急ぎ呼ばれた用事を聞こうと思ったが、荻の表情を見ていると、なにか都合が起こったようで、聞くに聞けない雰囲気であった。

四方山話になった。荻が気にしていた北里お屋敷三家の一つ、北里家敷の喜惣右衛門の病気の話になった。小国に着いたら、十八日は予定がないので、お見舞に行こうと荻が言い出した。

すると文太夫が、それでは私がお伴しますから、その日は田の原の私の屋敷に泊っていただいて、十九日に犬滝《いぬたき》で魚捕りをしましょうと言い出した。荻は魚捕りが大好きなので、喜んですぐに承諾した。犬滝は景勝の地である。それから魚捕りの話が弾んだが、日暮れが早いため、荻は二人に帰宅を促した。二人は三時頃小国へ帰っていった。

十三日、久住を発って昼すぎに黒川温泉の、「お客屋」旅館に到着した。荻は黒川温泉の、柔らかくさらりとした、それでいて体の芯まで温まるお湯が好きである。黒川の泉質は良質の井戸のように、温泉でありながら夏は冷たく、冬は暖かいと言った感じのものである。

嘉永六年六月の、あの苦痛の所業を言い渡された場所であったが、荻はそれを避けることなく、むしろ正々堂々と対面する覚悟で黒川のお湯に体を沈めた。

二十数年も前の天保十三年に、元田永采と小国、野津原、日田と肥後藩の東北部を遊歴した時に、湯浴《あ》みした思い出の地でもあった。

小国、久住郡代に就任してからは、安政五年に藩主斉護の世子慶前《よしちか》を、翌年の安政六年には藩主の二男護久と五男護美を黒川に迎えた。

湯舟の前の丸鈴川を挟んで鬱蒼と立つ杉の巨木が好きである。一つの根っこから十数本の杉がそそり立ち、一本の巨木のように見える。大風で危険だから切り倒そうか、と宿の主人から相談があった時、荻は、こんな杉は日本でも珍しいものだから伐採しないよう頼んだ。

到着した昼下りに入浴して、また夜寝る前にも入った。

荻は深々と湯につかりながら、何かを待っているようであった。去年の秋頃から、いつとはなしに自分の動静を探る目に、荻は気付きはじめていた。姿や影を見たわけではない、声や音を聞いたわけでもなかったが、荻の鋭い感覚はそれを察知していた。

最初のうちはそれに危機を感じ、恐れ、避けようとしたが、段々とその正体を見極めて、それと対決する心境になっていた。

冬の凍《い》て付く夜の静寂の中に、神経を研《と》ぎ澄ませて聴き耳を立て続けた。

小国の一、二月は極寒の季節で、雪はそれほど降ることはないが、降霜は激しい。陽が沈み夜が更けるにつれて、大気の水蒸気が土に吸引され、大気と土のわずかな接点で氷になって氷柱をつくる。それは三寸にもなることがある。それは氷の細い結晶が形づくられる時、それに耳をすませば、意外に大きな音をたてるのである。荻は霜柱の出来る音を、いつとはなしに聞き分けることが出来るようになっていた。

湯舟に注ぐ湯音、川瀬の音、霜の降りる音、霜柱の出来る音の他に、荻は霜柱の上をかすかに踏み締める足音をも聞いていた。

荻が息を凝《こ》らせば、それも息を潜《ひそ》めた。

暫らくの間、二人は見えぬ相手と対峙し続けた。

大きな空咳《からせき》をすると、荻は湯舟から身を上げた。相手は素早く立ち退いた。

十四日、小国に着くと、会所の役人や庄屋、寺社の関係者などがつぎつぎに新年の挨拶に訪れた。

その合間に荻は滞《とどこお》った政務を片付けていった。

夕方、少し寒気がするがと言うと、兵九朗がすぐに医師の上野柳庵を呼びに行った。

郡医柳庵宅はすぐ二軒先である。

湯冷えか、風邪であろうということで柳庵は薬を処方して帰ったので、荻は卵酒をつくらせて、早めに床についた。

昨夜よりも暖かく、また黒川より小国は低地であったため、霜の降る音は耳に聞こえなかった。

薬と酒のせいで、荻はぐっすり寝入った。

幽かな音、この半年間聴いてきた繊細にして精妙な動きとは違った音に、荻は夢を破られた。荻は起き上がると、びっしょり寝汗を掻《か》いていたので、兵九朗を呼んで着替えをした。兵九朗は心配したが、荻はひと汗掻《か》いて、心身ともに爽快な気分になっていた。

「何か変りはなかったか。日頃にない音を聴いたような気がしたが」

と荻は兵九朗に尋ねた。

荻が床についてから、ずっと兵九朗は次の間に控えて警護していたので、自信を持って、「特別なことは、何もございませんでした」と答えた。

荻は頷くと、再び床についた。

兵九朗に、就寝するように命じた。

郡代屋敷全体が眠りについたなかで、荻は静かに待った。必ず来る確信があった。

霜が降りるように相手は来て、雨戸越しにぴったりと身を寄せ、それは中にいる者の命を狙う姿勢にはいった。

先ほどのがさつな人間の動きとは、全く違っていた。荻は仰臥《ぎようが》したままの姿勢で動かなかった。いや、動けないと言った方があたっていた。

こちらが動けば、雨戸を突き通してひと突きにやられそうであったし、雨戸を蹴破って一瞬のうちに、一刀のもとにやられそうである。

長いこと沈黙の続いたあと、荻は静かに息をはき出し、落ち着いた声でいった。

「ずっと前から、お主に監視、追跡されているのには気付いていた。お主は、九年前の嘉永六年六月の夕暮れ時に、瀬の本高原で私を襲った、『大三《たいぞう》』と名乗った男と思う。今のこの状態では、私の完全な負けだ。お主の手の内に入ったも同然だ。この状態でお主に討たれたら、私は無駄死にだ。お主も必ず追討されるであろう。

私は、お主と会える日をあの時以来ずっと心待ちしていた。

覚悟は出来ている。一両日の猶予をくれ。明後日十六日の四ツ半に、会所前の善正寺の本堂に来てくれ」

戸外に身を潜めた男は、暫らく沈黙していたが、

「諒解した。荻殿を信じよう。では明後日、四ツ半、善正寺本堂にて会おう」

というと、音もたてずに立ち去った。

十五日夕食後、荻は郡代屋敷と道を隔てた真正面にある善正寺に囲碁を打ちに出かけた。善正寺の住職、禿浄空《かむろじょうくう》は荻の良き碁仇である。

政務の暇な時に、荻はよく善正寺を訪ねる。

碁盤に向うと二人とも何もしゃべらない。

浄空の長男安慧《あんえい》の嫁タネの出産が近いのを荻は知っていた。浄空にとっては初孫である。

荻は出産日を控えて床についていたタネを見舞って、生れてくる赤ん坊の玩具に熊本から買ってきた、でんでん太鼓と笙《しょう》の笛をあげた。タネは大喜びであった。タネは、物静かで、いつも目元に微笑をたやさない荻が好きであった。荻が碁を打ちにくる日は、タネの胸がときめく。

碁が中盤の難所に差しかかって、浄空はすっかり考え込んでいた時、ふと我に返ると、

「荻様に先搬からお願いしておりました初孫の名前、いかがでございましょう。いよいよ切迫してきたようですので……」

と言った。碁も切迫した場面だったので、二人は思わず笑い出した。

「私ごときでなく、物庄屋の北里殿にでもお頼みしたらどうだろう」

と荻は言った。

「いや、是非、荻様に。安慧もタネも楽しみにしています」

「そうおっしゃれば、男子なら『真英《しんえい》』、女子なら『ミサヲ』、いかがでしょう」

「おう、『真英』か『ミサヲ』、それは有難とうございます」

と浄空は自分の手番であることを忘れて、奥へ知らせに行った。碁が終ってお

茶になった時、荻は浄空に、「御迷惑と存ずるが明晩、もう一度対局をお願いしたい。そうして四ツ半から本堂をお借りして、熊本より来たるものと碁を半時も打ちたいと思っているが、お許し願えまいか」

と頼んだ。荻の意外な申し出に浄空は一瞬驚いたが、すぐに、

「私も今日は負けてばかり、明晩もお打ち願えればこんな嬉しいことはございません。四ツ半からの本堂での打ち碁、どうぞお使いになって下さい。用意しておきます」

と荻の意図するところを察して、浄空は何も詮索せずに暗黙の了解をした。

十六日も朝から新年の挨拶客が続いた。犬滝の近くから来た庄屋に荻は、近頃の川魚漁の具合を聞き、寒鮒がよく捕れると聞くと上機嫌であった。

熊本の小楠と下津と元田から、新年の便りが届いた。小楠は相変らず意気軒昂で、今年春先には再び越前に出立すると書いてあった。

夕食前に兵九朗を呼び、今夜も善正寺に碁打ちに行くが、昨日同様遅くなる。心配はいらないので迎えに来たり、見張ったりすることはしないようにと言い付けた。

前から輿に乗れば連夜碁を打つこともあったので、兵九朗は別に怪しむことはなかった。

荻と住職浄空は昨日と同じように、静かに碁を打ち続けた。が、昨日と比べ荻が劣勢であった。

四ツ半になると荻は静かに礼をして、碁盤を片付けると庫裏《くり》の座敷を出て、庭に降り本堂の方へいった。

住職は見送りに出なかった。

外は一面に霜が降りていた。夜空もまた霜が降ったように白く、そのなかに埋れたように、星屑がかすかに光って見える。

境内には大きな銀杏《いちょう》が、濃い影を落としている。荻は本堂の廂《ひさし》の影の中にいる人物を、本堂に招き入れた。本堂の真ん中には碁盤と、座布団が二つ置かれていた。蠟燭の灯が仏像や仏画をかすかに浮き上がらせ、それが不気味であった。

荻と男は、碁盤を挟んで対座した。

「お主のこと、長い間待っていた。大三《たいぞう》と申したな」

と荻は男に話しかけた。

男は頷いた。長い髪を無造作に後ろで束ねていた。蠟燭の灯のなかで、少し青みを帯びた眼が、深く澄んでいた。

「お主の仲間を隠れキリシタンの科《かど》で殺戮せしこと、心からお詫び申し上げる。なんの弁解も致さない。あの時約束したように、武士に二言はない。あの日、虐殺のあった丘で、私は理不尽な殺戮に抗議して、あの場で切腹していなければならなかった。あの時、私は自分の命が惜しいのではなかった。あの場で私が切腹すれば、肥後藩は混乱して窮地に陥り、私の死は、むしろ無意味というより、我ら実学党にとっては逆効果になると考えた。その考えは今も間違っていないと思う。しかし、全ては終った。私の命はお主に与える。犯した罪が大きすぎて、罪の償いにならないかも知れないが、私の命で許して戴きたい。キリスト教は近い将来、必ず禁教が解かれ、自由に信教出来るようになると信じる」

と荻は大三に詫びた。

大三は戸惑った。

「仲間の怨念を晴らすため、私は研鑽鍛練を積んできました。荻殿のことも私は調べてきました。そして荻殿は、臼内切の殺戮の、ある意味では、犠牲者であることもわかりました。ある日、荻殿を尾行追跡しているうちに、あなたを監視し狙う者がいることも突き止めました。そして、その者の後を追跡したら、肥後藩の隠密のようでございました。斬って捨てようかと思いましたが、たいした相手ではない、と今のところ見過ごしています。荻殿に危害を加えるようであれば、いつでも私が処分致します。あなたは経世済民の指導者。のみならず、日本国を救う大思想家。ここで命を捨ててもよいものでしょうか」

「殺戮からは、ずっと罪の償いのことを考え、覚悟し、自分の精神もそれに向って鍛練してきた。罪を犯した以上は、必ず責任を負って償なわねばならない。罪を犯した人間がむざむざと生き存《なが》らえ、それを償う以上の能力が例えあったとしても、それは罪を免れうることにはならない。人間五十を過ぎての身の処し方は、己が信じることで、従容《しょうよう》として死を甘受することだ」

二人の間に長い沈黙が続いた。

「臼内切は、まぎれもなく隠れキリシタンであったのか」

荻が静かに尋ねた。

「さようでございます。ガラシャ夫人から続く敬虔なキリシタンです。あの殺戮がなぜ突如おこったのか全くわからないのです」

「どのくらいの人が殺戮されたのだ」

「定かな人数はわかりませんが、村全体の六十名以上の者が殺されました」

「誰か、難をのがれた者がいるのか」

「私が可愛がっていた脱疽《だっそ》で左足を切断した『泰次郎』という四歳ぐらいの子と、その母親が里帰りしていて生き残っているのでは、と思いますが、それも定かではありません」

二人の間に、また長い沈黙が流れた。

荻が静かに大三に言った。

「あす五ツ半に郡代屋敷に来てくれ。そして私の自刃を見届けてくれないか。お主の手にかかるのが、犠牲者に対する一番の供養になるとは思うのだが、今は、日本国にとっても肥後藩そして、キリスト教にとっても大変大事な時。私が度かさなる心労の末、心の鬱屈《うっくつ》で自刃したというのが一番良いことになる。これは私が長い間考えぬいた最良の結末。お主は何も言わず、私の言うことに従ってほしい」

「荻殿は、これからまだ為さねばならぬことが山ほどあられると存じますが……」

「人間、五十歳にもなれば、自ずと死する時、場所、目的が定まってくる。この武家階級社会では、私のような階級の武士がやれることには限界がある。

今、この地で、虐殺の責任をとって、自刃して果てることが、私がこの世に生を受けたことの最高の証となる。

明晩、私は郡代屋敷で自刃する。お主は見届け役をしてくれ。そして、臼内切の虐殺も、虐殺の罪の償いのための私の自刃も全てを闇に葬り、何もなかったことにしてくれないか。お主としては憤懣やる方なく、屈辱に耐えないことであろうが、忍耐我慢してくれないか。今は事を荒立てる時ではない。後世いつの日にか、臼内切の虐殺も、誰かの手によって、白日の下にさらされる時が来るだろう。キリスト教も自由に信じられる日が、必ず来ると信じる。私の弟に蘇源太というものがいる。私の自刃後、蘇源太に出会うことがあったら、ことの真実を伝えてほしい」

荻は両手をつき、深く頭をたれて大三に頼んだ。大三も両手をついて頭をたれ、沈思黙考した。

「承知致しました。今、言われたこと他言することなく、約束を命にかけてお守り致します。明晩、見届けに参ります」

大三は深く頭をさげると、静かに本堂を影のように闇の中へ消えていった。


十七日朝、松崎文兵衛と北里恒之丞が、明日お見舞にゆく北里の北里喜惣右衛門の容態を荻に知らせ、見舞いのあと犬滝へ魚捕りにゆく打ち合せのためにやってきた。

荻はまだ寝間から出てこなかった。兵九朗は一昨日の風邪のことを心配して上野柳奄を呼び、荻の寝室をうかがった。

机に向って書き物をしていた。

明るい表情で、病んだ様子はない。

荻は柳奄に一昨日の診察のお礼を言い、診察を受けるため床の上に横になった。

風邪はすっかり治っており、お風呂もお酒も結構でございますと柳奄は告げた。

荻は嬉しそうに頷いた。

柳庵が退去すると、荻は松崎文兵衛と北里恒之丞を呼んで、

「いま、お主らに今日参上する必要がないと言ってやるところであった。ひと足遅れて、ご足労かけてすまない。実は明日のお見舞と犬滝の魚捕りも、中止せざるをえない用件ができた。いま、その用件の内容は言えないが、そんなに心配すべきことではない。これから、北里傳兵衛と文太夫殿にその旨の書状を急ぎ届けさせることにする。お主ら、ご苦労であった。お酒でも飲んで帰りなさい」

と言うと、奥座敷へ入っていった。

熊本から急ぎの用でも入ったのだろうと思い、松崎と北里は荻が意外に元気な様子だったので、安心して引き揚げた。

荻は食事もとらず奥座敷に引き籠り、書き物に没頭していた。夕方四時頃奥座敷から出てくると、風呂を使い髪まで洗って、あと結髪《けつぱつ》させた。奥座敷を出て来た時には少し病み疲れて見えたが、入浴のあとは晴々とした顔になっていた。

冬至も過ぎて、日は一日一日と長くなりはじめているが、一月中旬の山峡の小国では夕方五時になると、陽はとっぷり暮れてしまう。

食事ということになり手代の武石恒太郎がお膳を運んだ。一人で食事をすると

言うことだったので、武石が引き揚げようとすると、荻は武石を呼び止め一杯飲むように勧めた。

初めてのことで武石は恐縮して、

「有難く存じ上げますが、これまで例のないこと。勿体無いことなので、次の間で一杯いただかせて戴きます」

と言った。

「次の間で飲むようなことなら、引き留めなど致さぬ。ここで私の相手をしなさい。今夜は飲んで賑わおうではないか。そうだ北里恒之丞を呼んでくれ。今朝は、わざわざ来てくれて申し訳ないことをした。詫びておかねば」

と荻は日頃になく、上機嫌であった。恒之丞は郡代屋敷のすぐ近くに居住していたので、すぐに駆けつけた。肴も用意が出来て、荻と北里、武石の三人で話も弾んで大いに酒がすすんだ。

七時頃になると、荻は酔いが回ってきたのか、横になったので、武石が風邪を引かないようにと心配して布団を敷いた。荻はその上に横になって酒を飲んでいたが、気持ち良さそうにうとうとし始めた。

午後七時過ぎ、北里と武石は退去した。

それから十時まで、荻は眠った。一時は深く、一時は浅い眠りであった。中途で、大三ではない者が忍び寄る音も聞いた。

荻は夜十時に起きあがると、夜勤番に酒の用意をさせた。夜勤番は、兵九朗と新顔の下城徳次郎であった。荻は猪肉の塩焼の他に、鰤の刺身と蛤の吸物を作るように命じた。

飲むと青ざめて周囲を心配させる以外は、荻の酒は良い酒である。料理などに口を挟むようなことはない。いつも傍にいる兵九朗は再度の飲酒に少し戸惑ったが、風邪が治って体調の良い証拠だろうと思っていた。

兵九朗と下城が料理を運ぶと、今日から見習いにきた下城を見て、荻は大変喜んだ。下城の家系のことも、よく知っていた。

荻は下城に盃をとらせた。それからいろいろの話をし、下城の歳を尋ね、そのあと背比べをした。下城の方が大分大きいのがわかると、頼もしそうに笑った。

荻は上機嫌になり兵九朗と下城に次々に盃をとらせた。

午後十二時近くになったので、兵九朗と下城は引き揚げようとすると、荻はもう一杯と酒を所望し、二人にもまた酒をついだ。そして兵九朗に、何年か前に、久住と小国の郡代屋敷から金を盗み出した盗っ人のことを話して、戸締りを厳重にするように言い付けた。

若い兵九朗と下城は、生れて初めての深酒に酔ってふらつきながら戸締りを終えると、番所でばったりと倒れるように、深い眠りについた。

その頃、戸外は歩けば、サクサク音のする霜柱が立ち始めていた。

郡代屋敷も、その周囲の一帯も、いや小国全部が深い眠りについた十八日の午前一時頃、荻は静かに身を起こした。

その時戸外で、中の様子を窺う者の気配がした。大三が言っていた肥後藩の回し者のようであった。静謐さと受ける圧迫感が、大三とは雲泥の差のある未熟者であった。荻が咳払いをすると、逃げ帰った。

障子と雨戸越しにしんしんと夜の深さと寒さが、音のない故に、さらに音となって伝わってきている。荻は蝋燭に灯をつけると、音をたてぬように、静かに着替えをはじめた。下着から改め、先祖伝来の羽織袴を着用した。

夜寒がしんしんと降り続いている。

樋から氷柱が下がりはじめている。

霜柱を音のしないように静かに踏み締めて、密かに近づいて来た足音は、郡代屋敷の奥座敷の雨戸の前で止った。

「大三か。待っていた」

雨戸の外から返事はなかったが、荻にはわかっていた。荻は障子を開け、雨戸の錠をはずして、少し開けた。

蠟燭の灯が激しく揺らいだ。そのかすかな明かりの中に、大三の青い瞳と黒ずくめの衣装があった。

大三は、羽織袴姿の荻に驚いた。

「これから自刃する。この障子も雨戸も、何事もなかったように内から錠を下ろす。お主は、私が自刃したのを見届けたら、何事もなかったようにここを去ってほしい。昨夜言ったように、全てを闇に葬ってほしい」

荻の言葉に、大三は深く頷いた。

雨戸と障子を締め、錠を下ろすと、荻は床間に向って座布団を敷き、その上に座った。

荻は槍を右手、太刀を左手に置いた。それから右手で短刀を抜くと、左手で鞘を太刀の真横に置き、一呼吸をおくと、頚筋に短刀を思い切り突き刺した。

一瞬苦痛の呻きがおこったが、右手で短刀を持ったまま体は前に倒れた。刃は首筋を突き抜けた。

戸外で、荻の一瞬の呻きを聞き、死を確認した大三は、胸でゆっくり十字を切ると、頭をたれ、祈りを捧げて、厳寒の白い闇に消えていった。

北里文太夫は十八日の早暁六時に、郡代屋敷に到着した。

昨日の昼過ぎ、北里喜惣右衛門の見舞と犬滝の魚捕りは中止したが、翌朝六時に是非とも用事があるので郡代屋敷に来るように、と書状が届いていた。

少し訝《いぶか》しい点もあったが、文太夫はその書状の通り、早朝に郡代屋敷を訪れた。

雪が降ったように一面厳しい霜であった。

番所に着くと家来たちは眠りこけていた。文太夫は大声で起こし、荻殿に取り次ぐように言うと、慌てて下城徳次郎が奥座敷に走った。すぐに引き返して来て、

「早くお出で下さい」

と言うので、文太夫は奥座敷に駆けた。

かすかな蝋燭の灯のなかで、羽織袴の荻が床の間に向って伏し、畳も襖も全面血しぶきで染っていた。

机の上の一番手前に北里傳兵衛と文太夫宛の書状があった。文太夫がそれを開こうとした時に、傳兵衛も駆けつけた。傳兵衛も六時に来るよう書状を受けていた。

傳兵衛と文太夫宛の書状には、

「この度、自分自身の鬱屈《うっくつ》した気分から、自刃して果てることにした。なにも他に原因はない。藩に対しても、郡代の仕事にもなんの不満もない。私の死は穏便に取り扱うようにして戴きたい。弟蘇源太への書状一通と、伝家の秘録入れの文箱は誰にも知られぬように急便で送ってくれ。それに本宅へは傳兵衛、文太夫へのこの書状のあらましを伝えておいてほしい。志賀善左衛門宛のものも急便にしてくれ。以上のことくれぐれもよろしく。この書状は焼却するように」

と書かれてあった。

上野柳庵が駆けつけ死を確認した。

傳兵衛と文太夫は、屈強で信頼のおける男を早馬に仕立て、秘密裡に熊本の蘇源太と志賀善左衛門のもとへ走らせた。午前十時になっていた。

急を知って松崎文兵衛、松崎伝之丞、加藤恒左衛門、武石恒太郎、橋本純左衛門も駆けつけてきた。皆あまりの出来事に動転していて、どう処理してよいかわからなかった。

再び、柳庵が呼ばれた。死因は左頸動脈に刺された短刀であることは確実であった。内から障子も雨戸も錠が下ろされ、羽織袴の正装で遺書もあり、蝋燭にも灯がつけられていたことなどから覚悟の自刃であることは、誰が見ても明白であった。

親類縁者、藩関係者が来るまで、このままの状態を保持しておこうかという意見もあった。が、兵九朗がそれではあまりに惨《むご》たらしいと訴えたため、代表して惣庄屋の北里傳兵衛が頚に突き刺された短刀を抜こうとした。刀先が後ろ首まで突き出ていたため、なかなか抜ききれず、兵九朗が加勢した。

布団を敷いて、それに遺体を移したが、衣服はそのままに保たれた。夕方密かに善正寺住職禿浄空が呼ばれて、お経があげられた。内密に運ぶため、集まった者たち以外には知らされず、会所は平静を装った。

二十日の早朝に、熊本から縁者の野々口又之丞と恵良《えら》文次郎が到着した。死因を詮索したり、悲憤慷慨することはなかった。

同夜遅く町が寝静まった頃に、荻の遺体が熊本へ運び出された。添人として縁者の他に加藤直太郎と北里恒之丞、久住会所役人喜右衛門それに兵九朗が付き添った。

月のない漆黒の闇夜であった。

町中を抜けるまでは、提灯の明かりも出来るだけ小さいものにされた。見送りは一切してはならないことにしていた。

荻の遺体が小国を出て阿蘇の草原に差しかかった頃、タネが女児を出産した。荻が「ミサヲ」と名付けた児である。苦しい出産のあと、タネはふと荻のことを思い出した。荻がやさしい笑顔で、「ミサヲ」のことを喜んでくれるだろうと思うと、タネは胸を大きく膨ませた。タネはまだ、荻の死を知らなかった。

小楠は荻の訃報を、ついひと月前に、荻と弥富と楽しく痛飲して話に花を咲せた部屋で聞いた。奥座敷に引き籠ると日が暮れるまで出てこなかった。

日が暮れきってしまうと、小楠は提灯もつけず、土手道を歩いて弥富千左衛門を訪ねた。千左衛門は黙って小楠を迎え入れ、そのまま座敷に案内すると酒を運ばせた。

小楠と千左衛門は、ただ黙々と酒を飲んだ。

そのうち、小楠は声をあげて泣き出した。畳の上に、涙がボトボトと音をたてて落ちた。そして小楠は、段々声を大きくしていった。それは吼《ほ》えるような叫びにかわり、さらに酒を呷《あお》った。吼えながら、呟き続けた。それは言葉に出せない痛憤《つうふん》であった。

深更《しんこう》に及ぶ頃、小楠は立ち上がると、最初すこしよろめいた。その後はしっかりした足取りで千左衛門の家をでた。千左衛門が後ろについた。橋の上にくると、小楠は川面に向って大声で「江戸へ上るぞ」と吼えた。

刈田は霜のため雪原のようになっていた。凍《い》てついたような木山川の川面に、三日月が冷たい影をおとしている。橋の欄干にもたれて呻く小楠を、千左衛門が後ろで必死に押さえていた。

そのうち小楠が欄干を乗り越えて川に飛び込もうとしだしたので、千左衛門は小楠を後ろに引き倒して押さえ込もうとした。

小楠は吼えまくり、千左衛門を撥ね除《の》け、また欄干に身を乗り出した。それをまた千左衛門が押さえた。二人は疲れきり意識がなくなるまで、同じことを延々と続けた。

泰次郎絶唱――明治十三年（一八八〇）

イ子《ね》が泰次郎をはじめて見たのは、明治十一年の初秋の頃であった。なぜ十一年であったかを覚えているかと言えば、前年の明治十年に西南戦争が起こったからであった。毎年お盆過ぎに母カツの里の産山《うぶやま》村の稲葉《いなば》を訪ねることにしていたのが、戦争のために出来なくなって、イ子はとても残念な思いをした。

小国の山峡の小さな村から、杉木立のうねりくねった坂道を登り続けると峠に出る。そこをしばらく行くと突然、見渡す限りの大草原に出る。その母の里への道が、イ子は大好きである。

母のカツは一年に一回しか里帰りすることはなかった。それもお盆過ぎの、稲刈り前の寸暇を惜しんでの里帰りである。

春から夏にかけては農作業に追われる。冬は雪が深くて、峠を越えることも、大草原の寒風吹きすさぶ道を行くことも、至難のことであったからである。

代が替っていたので、母もだんだん里に帰りにくくなっていたようであったが、それでも中風で右半身が不自由になった祖母のことが心配で、母は里帰りをしていた。

峠を越えると、イ子はいつも母の手を離れて、杉木立の中を走って大草原へ駆ける。小さな丘が幾つも幾つも無限に連なった大草原が見渡す限り広がり、その先に阿蘇の五岳が横たわっている。それを眺めるとイ子は、いつもなぜか涙が溢れて大声で泣いた。

後ろからカツがやさしくイ子を抱きしめてくれた。

明治十一年、イ子は二十二歳になっていた。いくつも縁談が持ち込まれていた。イ子は心のやさしい、器量のよい娘である。

イ子は長女であったので、父惣市とカツはいずれ婿養子を取ろうと考えていた。

が、農家の生活は苦しかった。

明治維新で世が代わっても、小国の田舎での生活にはほとんど影響はなかった。明治十一年九月初め、中風の祖母が、柱につかまりながら立ってオイオイ泣いて娘と孫を見送った。イ子も母も泣いた。もうこれが生きている祖母と会うのは最後になるのではないか、といつも里帰りから戻るたびに、イ子は思った。

イ子母子は、もう冷んやりとする秋風の大草原を急いだ。ちょっと油断して歩調が緩むと、すぐ日没することを知っていた。

瀬の本の松並木道にくると、道端の草むらから人の苦しむ声が聞こえた。

二人が草むらをかき分けて行くと、谷川で足を冷やしている男の人がいた。近づいて見ると、その人は左膝から下半分がなかった。傍らに木で作った義足があり、切断部にあてる綿くずやぼろ切れが散乱していた。切断部分は赤く腫《は》れあがり、それを谷川で冷やしているのだった。

イ子母子を見て男は驚いた風であったが、苦痛の中にやさしい笑顔をつくって会釈した。もう三十歳ぐらいになっていたようであったが、細身の体で背は高かった。まだあどけなさが、顔に残っていた。

産山《うぶやま》の畳職人で、黒川の「お客屋」旅館に仕事に行く途中とのことであった。名前は西村泰次郎《たいじろう》といった。

とても歩けそうになかった。かと言って、イ子母子で泰次郎を動かすことも出来そうになかった。

その時、林の中を通り抜けようとする足音が聞こえたので、イ子がそちらに走って中年のがっしりした体格の男性を連れてきた。狩りの帰りなのか、弓矢と獲った兎を提げていた。

狩人は泰次郎の足を見て、これはいかん、黴菌《ばいきん》でも入ったら大変だと雑嚢《ざつのう》から傷薬を取り出すと切断部に塗った。

とにかく黒川のお客屋まで背負っていこうと、遠慮する泰次郎を軽々と抱き上げた。

イ子が木で出来た義足を持ったが、思ったよりずっと重いものであった。

泰次郎は背中で泣き出した。

イ子も母ももらい泣きした。

黒川で別れるとき、泰次郎は何度も礼をいってカツとイ子の名前を聞いた。母は「上田村《かみだ》の長谷部惣市という農家だから、あちらに来たらお寄りなさい」とやさしく答えた。

狩人はどうしても名乗りたがらなかったが、「武四郎《たけしろう》」という名前だけ告げると帰っていった。


その年の秋が深くなった頃から、こっつん、こっつんという泰次郎の義足が地につく音が、イ子の村の上田にも聞こえるようになった。

左足につけた義足を、泰次郎は両手で左膝の間節の上を持って抱え上げて、それを前におろしながら先に進む。石ころの多い田舎道はとくに難儀した。

明治維新になって農家にも畳のへりを付けることや、備後の畳表を使用することを許されたので、泰次郎の仕事も少しずつふえた。

先日助けてもらったお礼に、泰次郎は備後表を背負ってイ子の家を訪ねた。イ子の一家は泰次郎の来訪に驚いたが、喜んで迎え入れた。

が、イ子の家には畳がなかった。床板の上に藁を敷き、その上に筵を敷いて住んでいた。

泰次郎は何としてもお礼をしたいと思ったが、畳がないことには備後表をつけることは出来なかった。

備後表は高価なものであったので、イ子一家は泰次郎の気持ちだけをいただいた。

泰次郎は淋しそうに帰っていった。

イ子の家には泰次郎を泊める部屋がなかった。イ子の妹ユキが十八歳で私生児を産んだため、もともと狭い家が足の踏み場もなくなっていたのである。

隣村と境の峠まで、イ子と母が唐芋の蒸《ふ》かしたのを持って見送りに行った。

泰次郎は何度も振り返りながら、こっつん、こっつんと帰っていった。

近辺の村で仕事があるのか、時々泰次郎の噂がイ子の耳にも入ってきた。泰次郎は酒を飲むと泣き出す癖があるとのことであった。

そして、泣きながら、

「自分は、うすねぎりのたったひとりの生き残りで、身内は誰もいない、ひとりぼっち」

と繰り返すという。

イ子には「うすねぎりの生き残り」という意味がわからなかった。母のカツに聞いても、全く知らなかった。カツは産山村の稲葉で育ったのでわからないという。父惣市に聞いてみたら、

「昔、臼内切という所で隠れキリシタン退治があったとは聞いたことがあった。あまりに恐ろしいことだったので、かえって実際にあったことが信じられないちゅうて話題にしないようになった。後で役人が絶対にあれをしゃべったらいかんちゅうて、刑ば見たもんに厳しく言いまわったとも聞いたことがある。他言すれば同じ目に遭わせるち、威《おど》したそうだ。深い深い山の中で起こったことだから、嘘かも知れない。こんなことをあまり口にしないほうがよいぞ」

と、イ子にやさしく注意した。イ子は途方もない恐ろしさと、悲しみに全身が小刻みに震えた。隠れキリシタンが、どういうものかということも、イ子は全く知らなかった。

明治十二年になっても、西南戦争の時の賊軍狩りが行われていた。

イ子の村には、巡査の松崎茂がたびたび足を運んだ。

西南戦争の時に、小国から西郷軍に加担したものはほとんどいなかった。というより、そのような財力と思想を持った士族がいなかった。

小国北里村居住の士族、諏訪作平がただ一人、植木学校関係の自由民権党の同志の集会で誘われ、ある協同隊に参加して西郷軍に入ったという噂があった。

協同隊は物資軍用金を掠奪したり、西郷軍が来ると地の利に明るいため、道案内をして各地を転戦して、官軍にかなりの被害を与えた。

西南戦争が終結しても、小国の巡査は官軍の手前もあって、やっきになって諏訪の行方を追っていた。

小国は西南戦争の時、官軍にも西郷軍にも交通の要所となったので往来が激しかった。開戦当初は賊軍の西郷軍に加担する各地の士族の軍隊が、勧誘と掠奪という真反対のことをしながら進撃していった。そのあとを態勢を整えた官軍が福岡、山口、広島、大坂あたりの鎮台兵を集結させて、大隊を編成し通過していった。

田原坂《たばるざか》の決戦で優勢になった官軍に追われて、賊軍が逃げ出してきた。

小国は、進むにしろ退くにしろ交通の難所であったため、運搬のため人馬が地元から求められた。人や荷を担いで駄賃を稼ごうとした者が、逆に掠奪されたり殺されたりもした。

そこで小国では戸長の北里唯義《ただよし》を中心として、自らの郷土を守るためと熊本県令の覚えをよくするため、また明治新政府に忠誠を示すために、有志隊を作って積極的に活動することにしたのだった。

総員二百名以上にのぼり、昼夜町内を巡回して防衛した。

有志隊といっても武力的には下地もなければ、訓練を受けたことのない素人同然の集まりであった。ひとりや二人の敗残兵を追うような時には勇ましかったが、元気のよい兵団が通る時には、山に入って身を隠す戦法を執っていた。

そんな隊でも、西南戦争が終わり、世情が安定してくると、御天子様から治安維持に協力があったということで、賞与金が下付されることになった。

が、それを受けるためには、西南戦争でただ一人小国から西郷軍の味方をした諏訪作平の消息を突き止め、その処分を行ってからでなければと、熊本県令から厳しいお達しがあっていた。巡査たちは手分けして毎日のように、諏訪作平を探した。

稲刈り時の忙しい時に、松崎巡査がイ子一家が働いている田んぼに来て尋ねていた。

「お前ら、泰次郎という畳職人を知っているらしいが、武四郎という浪人ものは知らねえか」

「おらあ、泰次郎という片足の青年は知っているだがあ、武四郎ちゅうのは知らないぞ」

と、惣市は隣にいるカツとイ子に首をかしげながら尋ねた。カツがイ子を振り返りながら、

「イ子、昨年、泰次郎さんを背負ってくれた親切な狩人さんが、たしか武四郎というような名前だったたな。あん人が何かしたとですかいな」

と逆に巡査に尋ねた。

「吉原とか小田とか、臼内切あたりに野宿して、狩りで暮らしている謎の男だ。これが諏訪を匿《かくま》っていると申し出た者がいたんだ。もちろん武四郎は、戸籍にも載っていない。吉原あたりはみんな佐藤性だからな。どんな男だった。何か変な素振りはなかったかね」

松崎が、今度はカツとイ子に聞いた。

「背が高くて、力の強い人だったたね。泰次郎さんを瀬の本の松並木道から黒川温泉の『お客屋』まで、ひと休みもせずに背負って歩いたからね。そう、少し眼が青かったたね。私は最初外国人かと思ってびっくりしたものね」

とカツは、イ子に同意を求めた。

「何、眼が青かった？　キリスト教が解禁になったから、外国人も入ってくるようになった。用心せにゃいかんな。江戸の終りの頃、臼内切で『大三』という男が死んだ。臼内切の生き残りで、一人臼内切に居残って小屋を作って住んでいた。役人を斬って臼内切の仇を討ったという噂だった。後で調べてみたが殺された役人などいなかった。吉原集落の者たちが『大三』を丁寧に埋葬してやったと聞いている。その『大三』というのも少し眼の青い大男だったらしい。臼内切のわずかの生き残りは臼内切を去って散り散りになったそうだ。その武四郎という男、人相風体《ふうてい》から『大三』に関係があるかも知れんな。

ところで、お前のところに泰次郎が来たことあるそうやなあ。泰次郎は、お前のとこと親戚になるみたいなことを言いふらして回ってるそうな。酒に酔うと決まって浄瑠璃語りみたいに、泣きながら、自分は隠れキリシタンが発覚して皆殺しに遭った村の生き残りだ、と片足の切断部を抱きしめながら延々と語るそうで、みんなから厭がられはじめているそうだ。キリシタン虐殺などありもしなかったことだ。あいつは夢か幻に惑わされているのだ。もうご一新でキリスト教も信じてよくなったんだ。あんなに陰気くさくて、恨みがましくやられると、御天子様が、何か悪いことをしたみたいに聞こえる。虐殺があったとしても、それは徳川の責任なんだ。あまり泰次郎とは付き合わない方がいいぞ。あっ、そうだ、イ子はちょっと向こうに行っててくれ。惣市とカツに用事がある」

イ子は、ユキと赤ん坊のいる畦道の方へ行った。

「ユキが父《てて》なし児を生んだそうだな。徳川時代なら間引きも堕胎も出来ていたが、明治になって厳禁になったので、近頃やたらと父なし児が増えて困っているのだ」

惣市とカツは顔を赤くして、うつむいていた。

「ところで、ユキの父親は誰かわかっているのか」

惣市もカツも同時に首を振った。

「ユキが口を開かないのだな。実はなあ、西南戦争のさなかの明治十年の五月、田原坂の戦いで西郷軍が負けてからは、薩賊が散り散りになって、このあたりを通って逃げていった。あの頃に、満願寺の穴井三吉のところに帯刀した二人が押し入って、飯を食ったあと逃げ出した。それで、有志隊やら巡査やら、猟師まで集めて山狩りしたら、二人が竹藪から飛び出して来たものだから驚いた猟師が発砲したら一人にあたって死んだ。もう一人は逃げたが、これも一昼夜探して最後は菖蒲村の農水路の隧道《ずいどう》の中にいるのがわかった。それで、狸を追い出すように薪や藁で燻《くす》べたら、賊が咳をしながら出て来たので、捕らえた。

鉄砲で撃ち殺されたのが、伊知地《いじち》宗太郎といって二十二歳であった。生け捕った方が、長崎源蔵といって二十五歳だった。伊知地宗太郎の方は門閥の者だったらしく、服装はラシャ筒袖、股引、黒帽子で、袋の中には島津貴久公の手拭、鹿児島鎮座長田神社御守札を持っていた。それでよほど高貴の出だったのだろうと、気の毒がったものだった。そして、宮原の墓地に丁寧に仮埋葬した。

ところが、ついこの頃、伊知地宗太郎の両親が息子の終焉《しゅうえん》の地を探し当てて鹿児島から、宮原まではるばるやってきたのだ。それは立派な両親で、とにかく息子の最期の地に立ちたいと言うものだから満願寺まで案内した。そして、宮原の墓を掘って、遺体を火葬して遺骨を持ち帰ったのだ。

その時、最後まで一緒だった同志の長崎源蔵によれば、伊知地と長崎の二人は捕まる十七日ほど前に、小国の山中に逃げ込んでいた。そこで、わらび狩りに来ていた女と会い、その女が草刈りの時に泊り込む山小屋に匿《かくま》ってくれたというのだ。それは優しい、綺麗な女だったらしいのだ。

長崎によれば、伊知地とその女は恋に陥ったらしかったとのことだ。伊知地の両親は宗太郎以外に子供がない。もし、その女が宗太郎の子を宿していたら、という一縷《いちる》の望みをつなぎ、藁をもつかむ心境なのだ。とにかく心あたりを当ってほしい、と何度も頼んで帰ったのだ。賊軍の種を宿してないかなどと聞くのは、ほんとうに失礼と思うが、賊軍といっても鹿児島人、日本人にかわりないからな。イ子もユキも優しくて、綺麗という点ではぴったりだ。すまんが、子を産んだユキにもそれとなく当たって見てくれないか。忙しい時に仕事を中座させてすまない。武四郎のことは見つけたら至急に教えてくれ。

それから、泰次郎にはあまり係わり合わない方が得だ。あまり臼内切のことを言い回るなら、小国から追放ということも考慮しているところだ。これは内密にしておいてくれよ」

と松崎巡査は言い終わると、畦道に赤ん坊を寝かせつけて、再び稲刈りをはじめていたイ子とユキに手をあげて山道を隣村の方へ登っていた。

惣市とカツは沈んだ顔で松崎巡査を見送った。

明治十二年の晩秋、イ子は稲刈りが終わり、脱穀《だっこく》をすませると農閑期を黒川温泉の「お客屋」に下働きに出た。

明治政府になって、田畑の私有が認められたが、地租改正での税金は農民には大変な負担であった。イ子の家でも祖母が病気で寝込み、その治療費がかさみ、五反あった田畑のうち一反半を手離さなければならなかった。

イ子は瀬の本高原の松並木の傍の谷川に、横になって痛む足を冷やして泣いていた泰次郎を見た時から、知らず知らずのうちに、泰次郎のことが心を離れなくなっていた。

お礼といって不自由な体で上田村のイ子の家を訪ねて来た時、その後母と二人で峠まで見送った時にも、イ子は泰次郎にどうしようもない心の中の揺曳《ようえい》を感じていた。それは今まで一度も感じたことのないものであった。胸の奥をえぐる、切なく、悲しい気持ちであった。

イ子は泰次郎に会いたかった。

「お客屋」の前を、こっつん、こっつんと泰次郎が近づく音がすると、下働きの女たちが、「キリシタンの泰次郎、臼内切の泰次郎、泣き上戸《じょうご》の泰次郎が来たよ」と囃《はや》したてる。

なかには、「あれは隠れキリシタンだったんだよ。近寄ったらキリシタンに毒されるよ」と言って、水をひっかけたり、塩をまいたりするものもいた。

イ子は、泰次郎が両手で左足を抱えて、それを一歩一歩進ませるのを見て胸が熱くなり、傍に走って行きたかった。泰次郎の姿が見えない時も、イ子は泰次郎のことを思うだけで、泰次郎が恋しくて堪らなくなり、日暮れ時などは、山峡にある黒川温泉の小さな空が赤らむと、物陰で泣いた。

「西南戦争が終わったら、年々気候が悪うなる。今年の冬は特別寒い。これも西

いた。

郷どんの祟《たた》りかも知れん。西郷どんが生きていてくれた方が、ずっと世の中良くなったかも知れん」

巡査の松崎茂が、厳寒の霜の降りた道のなかを、長谷部惣市の家を尋ねて来ていた。

松崎巡査は長谷部家とは特に親しかったので、御天子様の味方である松崎が、賊軍であった西郷を褒めても、ここでは別に気遣うことはない。

士族には、いつまでも西郷隆盛を崇拝する気持ちが心の奥にある。

小国で撃たれた薩賊の伊知地宗太郎の子を宿し、それを産み育てていたのがユキであることが、松崎巡査の尽力でわかり、ユキ母子は鹿児島の伊知地家に引き取られていった。

長谷部惣市とカツにとって初孫がいなくなった淋しさはあったが、それよりユキとその子の食い扶持《ぶち》が減り、ユキの生涯が保障されたことの方が嬉しかった。それくらい農家の生活は苦しくなっていた。

明治になって土地の所有が認められ、土地売買の禁も解かれたが、生活が苦しく地租も高いため、貧しい農民は土地を手離して〝水飲み百姓〟になっていった。

一方、大地主はさらに大きくなっていった。

松崎は炬燵《こたつ》に足を突っ込んで、お茶と吊し柿を食べていた。

麦踏みも終った農閑期である。

「諏訪作平が大坂で捕まった。奴はただの田舎者で、植木の自由民権党の協同隊の連中に、唆《そそのか》されて薩賊軍に身を投じただけだった。途中で戦争が怖くなり、脱退して大坂の方を逃げ回っていたらしい。これで小国で、西南戦争の鎮圧や官軍を援助したもの、また有志隊に入って小国の地を守った者に対する御天子様の賞与の下付が決った。いま、その金額でもめているところだ。こっちの方が厄介なもんだ。農民の中にも官軍に大変に尽力した者が大勢いた。が、西南戦争の勃発のどさくさに農民一揆をおこし、役場や戸長宅、富家などを襲って打毀《うちこわ》しや掠奪を行った者がおった。大小はあったが、それはほぼ小国全域に波及した。それに加担した農工商民には下付金どころでなく、罰金を取ろうということなんじゃ。全くおかしな話じゃ。あの一揆も協同隊の連中に唆《そそのか》された。日頃は怠け者や大酒飲み、博打打《ばくち》ち、やくざな者などが一番に旗を振った。一揆に加わらなければ、家を焼き払うと脅したものだから、やむなく参加したものがほとんどだった。そりゃ、今の貧しい生活に、やる方ない気持ちの者もたくさんいるさ。まだ御天子様のご時世は始まったばかりなのだから。もう少し辛抱してくれないと。

俺は惣市さんに下付金の下りるよう頑張ったが、駄目だった。ただ伊知地と長崎の薩賊二名の捕縛に尽力したので、一揆の罰金は免れたよ。

いつの時も損をするのは庶民だよ。風にそよぐ葦だよ。どの風が良い風かわからないし、風に背《そむ》くことは出来ないしね」

障子の破れ目から容赦なく寒風が吹き込む。雨戸もない。暖かいのは家内にいても炬燵の中の足だけであった。少し風に雪が混りはじめていた。家の中の盥《たらい》にまだ、薄い氷が浮いている。

「ああ、そうだ、肝心なことを言い忘れるところだった。三、四日前の小春日和に、小田あたりを巡邏《じゅんら》していたら、小田から臼内切に行く道をイ子と泰次郎が二人で登っていた。石ころの登り道だから難儀していた。

どこに、何をしに行くのかと聞いても二人とも黙っていた。恐らく俺の考えでは、二人して臼内切の旧集落跡か、キリシタン虐殺のあったといわれている丘へ行っていたんだろう。そんな足じゃとても登れんし、日もすぐ暮れるからと説得して、下まで背負って降ろしてやった。

イ子は優しいから、あんなひとり者で体の不自由な者を見れば情が移るよな。黒川あたりじゃ、口さがない連中が二人のことを噂しはじめているらしい。今のうちに離しておかないと、ユキの二の舞になるぞ」

松崎巡査は長谷部一家のことを、心から心配していた。惣市とカツは顔を見合せて暗然とした。


野焼きは牛馬の飼料を確保するために村全体が協力して行う、農村にとっては春先の大事な仕事である。

惣市は野焼きで黒川まで行ったついでに、「お客屋」にイ子を訪ねた。イ子は元気そうで、屈託のない笑顔で惣市を迎えた。その笑顔を見ていると、泰次郎とのことを言い出せなかった。

六月はじめの田植えの時は、十五日間ほど加勢に帰ってきた。親子三人で五反を植えるのは結構骨の折れることであった。

ユキのいないのが、働き手を失ったと身に滲みた。

イ子は泰次郎と結婚して、一生泰次郎の世話をしてやりたいという気持ちをずっと持ち続けていたが、両親にも、当の泰次郎にも、その気持ちを打ち明け切れずにいた。

早くイ子に養子を、と松崎巡査は心配して、養子の話を持ち込んで来ていた。カツが養子を貰うことをイ子に言っても、イ子はあまり乗り気にならなかった。

田植えの終った翌日、イ子は一人で黒川に戻っていった。

惣市がイ子に送ろうかと言ったが、日も長くなったし、道も慣れている、とイ子は惣市の体のことを気遣かった。

惣市は膝の関節が悪く、近頃長い道を歩けなくなっていた。

梅雨半ばの蒸暑い日だった。

田の原温泉の近くの、イ子の家の草刈り場の草小屋まで来たとき、草小屋の方からイ子を呼ぶ、泰次郎の声が聞こえた。

泰次郎のことばかりを思いながら歩いていたイ子は、一瞬夢かと耳を疑った。

草小屋のところから、泰次郎が手招きをしていた。

「ここで、イ子さんをずっと待っていた。死ぬまで待つつもりだった。イ子さんに、とにかく会いたかった」

憔悴《しようすい》した泰次郎が喘《あえ》ぎながら、イ子に言った。

「まあ、泰次郎さんはなんてことを。体を壊してしまうよ。私も泰次郎さんに会いたくて会いたくて。でもどこに行けば会えるかわからなくて」

と、イ子は泰次郎の傍に座って、泰次郎の手をとった。

泰次郎とイ子の目から涙が溢れた。これまでお互いに耐えに耐えてきたものが、一気に堰《せき》を切って流れ出した。

熱があって泰次郎は左の足の切断部が痛むようであった。草小屋の中に、泰次郎を抱え込んだ。

泰次郎の体が回復するまで、草小屋で様子をみることにしなければならなかった。

イ子は近くの村まで降りて、米や味噌を仕入れてきた。

夜の黒々と連なる大草原の上に、大星座が広がっている。

星が降《ふ》るのが見える。

夜になると冷えるため、草小屋の中で焚き火をした。

「この前は、臼内切に連れて行ってくれと、無理を言ってごめん。巡査さんに叱られたね。

どうしても、もう一度自分の生れた臼内切の集落と、村人や祖父母、父の埋められている丘が見たかった。生れて四歳まで育った村だけど、ほとんど記憶がない。ただ南に面した明るい村で、母におんぶされてよく近くの山野に行った。村の真ん中に大きな樹があり、その根元からこんこんと清水が湧き出ていた。自分は生れてすぐから足が悪く歩けなかった。最後に見たのは恐ろしい光景だった。村全体が焼かれ、家は焼け落ちていた。大きな樹も、半分焼けたまま立っていた。近くの丘は恐ろしいほどに静まりかえり、夏草の陰に、団子みたいな塚が幾つもつながるように並んでいた。

母は自分を背負ったまま、全部の塚に草花を捧げて詣って回った」

泰次郎は語りながら涙を流した。

「あと十数年すれば、ご一新になったので、隠れキリシタンという科《とが》で殺されることはなかったのに」

イ子は言いながら、泰次郎の涙を拭いてやった。

「あれから母と、母の実家の産山に戻った。母は間もなく心労で亡くなった。自分は祖父に育てられた。その祖父も自分が十歳の頃に亡くなった。自分は近くの畳職人の家に弟子入りして育った。イ子さんに会えて、本当によかった。イ子さんに親切にしてもらったのが、この世に生れて一番嬉しかった」

泰次郎はイ子の手をしっかりと握った。イ子も握り返した。

「泰次郎さん、体がよくなったら臼内切の丘に登ろう。私は必ずあなたを、あの丘に立たせてみせます。私の力だけで無理な時は、最初にあなたを助けてくれた武四郎さんに頼みます。あの人ならきっとあなたを、あの丘に立たせてくれるわ」

泰次郎もイ子の励ましに、嬉しそうに頷いた。

お盆が過ぎて秋風が吹きはじめた頃から、松崎巡査が頻繁に長谷部惣市の家を訪ねた。

草小屋でイ子に助けられてから、元気になって仕事をはじめた泰次郎であったが、八月下旬に仕事中に足を滑らせ、運悪く良い方の右足のふくらはぎに古釘が刺さる怪我をした。その四、五日あとから、痛みと腫れと熱で動けなくなった。イ子は小田村集落近くの廃屋を借りて、泰次郎を運び看病した。

松崎巡査は泰次郎が怪我をする前後から二人の深い愛を知って、惣市を訪ねて、泰次郎をイ子の婿にしてはどうかと勧めていた。

惣市は困惑して、認めなかった。

泰次郎そのものには関係ないことであったが、隠れキリシタンの子孫というのが、キリスト教を許されるようになっても、惣市の心に引っかかっていた。それに泰次郎は、足も悪い。始めから、苦労するのがわかっている者とわざわざ結婚させることは、イ子にも大変な事だし、世間のもの笑いになる、と惣市は思った。隠れキリシタンという証拠もないし、一方的な濡れ衣で処刑されたのかも知れないし、虐殺そのものも伝聞であったのかも知れない。

泰次郎は性格もいい、腕もいい。どこの馬の骨ともわからぬと言ったのではなく、泰次郎の母の里は産山にれっきとしてある。このまま行けば泰次郎の家は絶えそうであるが、決して変な家柄ではない、と松崎巡査は懸命に惣市を説得した。

その上、二人は心から愛し合っているのだと言いたかったが、そこまで惣市に言い切れなかった。

泰次郎の傷は、いよいよ腫れてきていた。患部をイ子の運ぶ谷川の冷たい水で冷やしたが、そのくらいでは痛みは止まらず、額からは苦痛の汗がふき出していた。医者を呼ぶには遠かったし、診察代が高くて呼べなかった。松崎巡査が漢方薬と生卵を持って、見舞に来てくれた。

病状は段々悪化していって、泰次郎は熱に浮かされて譫言《うわごと》を言うようになった。それは臼内切のこと、母のこと、祖父のこと、親方のこと、イ子の名前である。

松崎巡査が、泰次郎の容態を惣市とカツに知らせに行った。

「男の勘だから当たっていないかも知れないが、イ子は泰次郎の子を宿しているぞ。早く養子と認めてやりなさい。泰次郎はもうあと二、三日の命だぞ」

惣市とカツは驚いた。

「心配するな。泰次郎とイ子の子なら心の優しい、可愛い子が生れるぞ」

と松崎巡査は、二人を励ました。

その日の夕方、イ子と泰次郎の栖家《すみか》を猟師の武四郎が風のように訪れた。手に猪の肉を持っていた。

「これで、患部と頭を冷やせば、明日あたり、ひととき熱はさがって意識は戻る。が、もう黴菌が全身に回っていて、命はあと二、三日だ」

と武四郎は泰次郎の容態を見てイ子に言った。

武四郎が立ち去ろうとした時、イ子が呼び止めた。

「武四郎さん、お願いがあります。どうか泰次郎さんを、臼内切の丘に連れて行って下さい」

武四郎はちょっと考え込んだが、

「わかりました。では、明日正午に迎えに来ます」

と言うと暮れはじめた林の中へ、あっという間に消えて行った。

武四郎の言った通り、翌日の朝、泰次郎の熱はさがり、意識も戻った。

「夢の中で、武四郎さんが今日迎えに来てくれて、臼内切に連れて行ってくれると言ったよ」

と泰次郎は嬉しそうにイ子に言った。

「それは夢ではないのよ。昨日、武四郎さんが来てくれて、この猪の肉で体を冷やすように言ってくれたの。そして今日熱がさがっておれば、臼内切に連れて行ってくれるんですってよ」

とイ子はありのままを泰次郎に言った。

「そうか、やはり武四郎さんが来てくれていたのか。夢のとおりだ。それは有難いことだ。それで熱が下がったんだ」

と泰次郎は嬉しそうに体をおこした。その時、武四郎が音もなく現れた。

「ああ、武四郎さんだ。ありがとう」

武四郎は静かに泰次郎の手を取り、そして子供にでもするように、泰次郎の頭をやさしく撫《な》でた。そして武四郎は軽々と泰次郎を背負うと、さっと出発した。イ子が駆けるように後を追った。

空は雲ひとつない、日本晴れである。初秋の空気は白く澄みきり、遠くの山々の稜線が一日にしてくっきりとして、すぐ近くに見える。

イ子がいまだ通ったことない道を、武四郎はどんどん進んだ。通れるだけの道幅をきれいに草や木が刈られていた。武四郎が、早朝に刈ったものだった。

泰次郎は体力は衰えていたが、気力はしっかりしていた。

「武四郎さん、私はあなたに幼い頃に会った気がします。そして、この背中の匂いも温かみも憶えています。あなたは『大三さん』の弟さんでしたね。遠くから時々臼内切に来ていましたね」

と泰次郎が、武四郎の背中で言った。イ子はびっくりして、泰次郎の譫言《うわごと》かと思った。

「そうですか、憶えてくれていましたか。私も泰次郎さんのことよく憶えていますよ。そうですか。思い出してくれましたか。ありがとう」

と武四郎も答えた。それから二人はずっと黙った。イ子には二人が泣いているのがわかった。

「臼内切の集落跡は、後にします。大気が冷えないうちに、塚のある丘の方へ先に登ります」と武四郎は言うと、急峻な丘を息も乱さず登り出した。イ子は何度も足を滑らせながらも、必死に武四郎の後を追う。

丘の上に着くと、イ子はあっと声を出し、気が遠くなるような感じに一瞬襲われた。丘全体の夏草がきれいに刈られて、丘は半球のように丸かった。その表面に沢山の円い塚がずっと並んでいた。

泰次郎は武四郎に支えられて丘の頂上に立って、声もなく茫然と塚や周囲の山を見つめている。

丘からは全周囲が、遥か彼方の地平線まで見渡せる。

その視野には大草原がひろがり、その先には山また山が幾重にも幾重にも連なり、更に遠くにはいろんな形をした山が立っている。

空には、一片の雲もない。

見渡す限りに、家も人影も全く見えない。

小鳥の声も聞こえなかった。

ただ、白い秋の陽射しと、かすかなそよ風が吹いているだけであった。

泰次郎と武四郎とイ子だけしかいない、遥かな別の世界に来ているのではないか、とイ子はしきりに思い続けていた。

勝海舟と徳富蘇峰――明治二十三年（一八九〇）

東京赤坂氷川《ひかわ》町の勝海舟の広大な屋敷の武家門を入ってから、徳富蘇峰《とくとみそほう》は緊張のあまり、自分の体が宙に浮いているように感じた。蘇峰は心を落ち着かせるため、立ち止って深呼吸をした。

初秋の白々とした大気が眩しい。額に汗を掻いているのに気付き、袖口でぬぐった。大きな銀杏が亭々《ていてい》と青空をさしている。

長く続く石畳の先に高張《たかはり》提灯が立ててある。そこが玄関であるらしかった。玄関までヒバの木が植えられて、右側に長屋が並んでいる。

初秋の午後というのに屋敷内に人影は全くなく、森閑としていた。蘇峰には玄関が途方もなく遠く思えた。玄関の障子がきちっとしまっているので、蘇峰は手をかけるのも憚《はばか》れて、大きな声で外から訪問を告げた。

中から応答はない。

よほど、決心の末の訪問でなかったら、蘇峰はこのまま引き返したい精神的圧迫を感じていた。

かなりの間があってやっと玄関の障子が開けられ手伝いの人とおぼしき女性が出て来て、玄関に入れられた。

蘇峰は強張《こわば》った声で来意を告げた。

女性が正面の衝立《ついたて》に消えてしばらくすると、左奥の方から、

「なに、二十年も前の明治二年のことを、この己《おれ》に聞きたいと。今年は明治二十三年だヨ。よい度胸をしているネ。そいつは一体誰だネ」

と、噂に聞いていた、腹の底から出るような力強い海舟の声と思われる大きい声が響いてくる。

海舟を初めて訪問する者はたいてい一度は恫喝《どうかつ》を蒙《こうむ》ると聞いていたので、蘇峰はブルブル震えが来て、逃げ帰りたくなった。一喝されて逃げ帰った人の話も多く聞かされていた。

「徳富蘇峰様とおっしゃる、まだお若い方でございます」と女性もおどおどしながら答えていた。

「徳富蘇峰？　あゝ名前は聞いたことがあるナ。そして誰の話を聞きたいと言っているのサ」

「横井小楠先生のこととか、おっしゃっていますが」

「なに、小楠先生のことを。なぜ、それを早く言わぬカ。失礼のないようすぐに、己の部屋へ通しなさい」

と急に、海舟は声を改めて命じた。

先ほどの若い女性に替って、中年の上品な女性が出て来て蘇峰を案内した。長い屈曲した畳廊下の高窓から、初秋の午後の陽が射し込み玄妙な陰翳をつくっていて、蘇峰を清明な境地にさせた。

海舟は南東の端の奥座敷に端座して、蘇峰を迎えた。白くなった長髪を束ね、白い顎髭をたくわえた海舟の眼窩《がんか》は少しくぼんでいたが、眼光は炯々《けいけい》としていて白っぽい絽《ろ》の着物が似合い、精悍な感じを与えた。

座敷は簡素な造りで北側の壁に山水画の幅《ふく》が掛かっているだけであったが、幽玄な趣きのある雰囲気を醸《かも》し出している。

千客万来と聞いていたので、華美豪勢極まりないものを想像していた蘇峰は、逆に緊張をおぼえた。これは海舟の人柄からくるもので、幽栖《ゆうせい》と言ってもよい、と蘇峰は感じた。蘇峰は火の出るような大喝を覚悟していた。

「徳富蘇峰さんとおっしゃったナ。己はあなたの書かれたご本を読ませていただいていますヨ。『将来之日本』には感服いたしました。そして『小楠遺稿』には感謝しました。雑誌『国民之友』も、新聞『国民新聞』も読んでいますヨ。それにしても『将来之日本』は二十二歳の時に書かれたとか。いや、日本にもたいした若者が出現したとびっくりしましたヨ。

若いのに、意気軒昂、気宇壮大さは小楠殿とそっくりだ。己は人前であまりびっくりしたり、人を褒《ほ》めたりすることが出来ない質《たち》でネ。でも、あなたには本当に感心しているのですヨ。小楠先生も草葉の陰で喜んでいることでしょう。そうだ、今年の初めに同志社の新島襄先生がお亡くなりになりましたナ。あなたも淋しくなったでしょう。あなたの父上は、たしか小楠先生の第一のお弟子さんだったとか」

蘇峰は顔をあげきらずに、

「はい、父は徳富一敬《かずたか》と申します。小楠先生の門下生第一号であります。郷里は熊本県葦北郡水俣村でございます」

とおずおずと答えた。

「そんなに緊張せずに、ゆっくりなさいナ。己は鬼でも蛇《じゃ》でもない。但し相手によっては豹変しますがネ、ワッハハハ。そうするとあなたは小楠先生の孫弟子になるわけだ。維新に乗り遅れた肥後藩もやっと人材が出て来始めたのですナ。小楠実学党の火は脈々と受け継がれてきているのだネ。今日は小楠先生のことを己に聞きたいと」

「はい、近く吉田松陰先生について執筆したいと思っているのですが、佐久間象山先生や横井小楠先生が密接な関わり合いを持つものですから、明治二年の小楠先生最期の暗殺の模様と、勝先生の小楠先生に対する思いをお聞きしたいと思いまして、厚かましくも押しかけた次第でございます」

「よーし、わかりました。己も小楠先生については語り継いでおかねばならないと思っていた。語り継ぐ相手が徳富蘇峰さんならば、相手に不足はない。やりましょうヨ。ところであなたはおいくつになる」

「文久三年（一八六三）の生れですから、二十七歳になります。明治維新の時は五歳でした」

「若いネエ。己は文政六年（一八二三）だから、四十歳も違うわけか。己も年をとったはずだ。そうすると蘇峰さんは熊本洋学校の出身ということになるのかナ」

「正式には明治八年に入学しましたが、翌年の九月に廃校になりましたので卒業はしていません」

「そうでしたか。熊本洋学校は短命には終ったが、素晴らしい学校だったと聞いていた。熊本洋学校の開校は確か明治四年だったと記憶している。それじゃ、あなたは幼な過ぎたでしょう。アメリカ人ジェーンズ一人による、全て英語教育だったそうだネ」

「ハイ、私は明治六年の第三回生として、一度入学しましたが、まだ十一歳でした。授業は全て英語で、演説、文学、万国史、算術、地理学、代数学、化学、星学、実測など大変で、先輩からお前は出来が悪いと殴られたりして、退学となりました。その時、私は全入学生のうち最年少で、皆、私より五、六歳上でありましたので、当然のことでありました。二年後に入学を為直しましたが、その時は授業についていけるようになっていました」

「ワッハッハ……、そうですか、それは面白い話だナ。熊本洋学校も肥後実学党の創立者、横井小楠先生の影響で出来たんだネ。御自身は明治二年にお亡くなりになっていたがネ……」

「熊本洋学校の第一回生に、小楠先生の長男・時雄先生がいらっしゃいました。小楠先生の兄・時明の子、左大平と大平氏が熊本洋学校の開校に奔走いたしましたが、この二人は勝先生の神戸海軍操練所に学び、長崎洋学所に移ってフルベッキに就き、アメリカに渡ったと聞いています」

「そうだったヨ。小楠先生から坂本龍馬を通じてお二人を預かったんだ。二人とも若くして亡くなったんだネ。蘇峰さんは熊本バンドにも参加したんだネ」

「明治九年の一月末のことで、ジェーンズ先生によってキリスト教に導かれた熊本洋学校の学生が花岡山に登り、祈禱会を開き、キリスト教をもって祖国を救おうという主旨の奉教趣旨書に署名誓約したものです。私はまだ十三歳でしたので、小崎弘道、宮川経輝、海老名弾正、横井時雄などの先輩に見倣って署名したのが、事実です」

「ワッハッハハー。そうですか。歴史というのはそんなところがあるんだよネ。でも、熊本バンドはキリスト教の日本の一つの潮流をつくり出しているからネ。よし、それでは、小楠先生のことをお話ししよう」

海舟は頭を前後に大きく振ると、手をたたいた。すぐに先ほどの中年の女性が茶と菓子を運んできた。

「若い人にはカヘー（珈琲）の方がよいかもしれん。そこの障子を少し開けておくれ」

女性が障子を開けると南側の縁の簾《すだれ》ごしに初秋の涼風が一気に吹き込んで来た。山水の幅《ふく》が微かに揺れ簾の細やかな影が畳に走ると、部屋の中に清涼の気が満ちた。

「これも小楠先生のお導きだろうヨ。今朝この部屋の肖像額を大久保一翁から小楠先生に替えたばかりだ。己は時々小楠先生の肖像額を懸けて先生を偲び、感謝と自省の鑑《かがみ》としているのサ。この肖像画は文久元年の秋に、己《おれ》が小楠先生に初めてお会いした時に、無理にお願いして描かせて貰ったのサ。その後はのんびり肖像を描かせて貰う機会などなくなったので、本当によい記念になった。家宝にしているヨ。さあ、己の知っている小楠先生のことなら何でも話すヨ。あなたも新聞記者だ、あなたの質問に答えるようにしていこうか」

「それでは畏《おそ》れ入りますが、よろしくお願い致します。今のお話しでは、勝先生が小楠先生にお会いしたのは文久元年でございますか」

「よし、わかった。己と先生がお互いに名のりを正式にあげて会ったのは、文久元年の五月であった。水戸藩や福井藩の連中の引き合せだったヨ。福井藩の江戸屋敷だった。松平慶永《よしなが》殿や大久保忠寛殿も一緒だった。

己が咸臨丸《かんりんまる》でアメリカから帰国した年だからよく覚えている。ところが、実は、この年の出会いより前に、己は小楠先生に出会っていたのだ。それは己が長崎の海軍伝習所に行っていた安政二年から六年の間だった。

ただ、それが正確に何年であったかは憶えていないのヨ。己が日記をつけだしたのは、文久二年に軍艦奉行並みの役職に就いてからサ。だからそれから前のことははっきりしない。しかし、恐らく安政四年ではなかったかと思う。

その頃、己は軽輩の身から蕃書《ばんしょ》翻訳掛にとりあげられ、長崎海軍伝習所で勉強を命ぜられていた。あなたも己を尋ねてきたのだから、己のことはよく承知のことと思うが、己の妹、順の亭主が佐久間象山なのヨ。象山はだから、義弟になるのサ。義弟なのに、己より十二も年上だった。己は義弟の言動、著書から随分学んだ。その上で己は己の考えをつくっていたのサ。あの頃はペリー来航のあとで、佐幕だの、勤王だの、攘夷などと、それはうるさいものだった。己なんか象山からいろんな難しい話を聞かされたけど、よくわからなかった。しかし、江戸幕府でも二百五十年続けば、いつ滅んでもおかしくないと己は考えていたのサ。だって、日本の歴史で鎌倉にしろ室町幕府にしろ百年も過ぎれば、もうボロボロだったのヨ。だから、己は長崎で海軍修行をしながらも、これによって徳川を建て直そうという気持ちは微塵《みじん》もなかったヨ。だって、そうだろう。時代の流れに逆らおうとも、江戸幕府は嵐の中の破船でしかなかったのサ。それでも、己は幕府の一員であったから、それなりの自負は持っていた。しかし、だ。己はある男に会って、そんな自負心も吹っ飛んでしまったヨ」

海舟はお茶を飲み干すと、小楠の肖像画を慈父を見るような感慨深い目で見上げた。

「それはある春の宵だった。長崎の中華街の赤い提灯がくっきりと浮んで見えはじめた気持ちの良い日だったナ。己のオランダ語が、己たちを指導してくれていたオランダ人の連中に巧く通じるようになったのサ。それは嬉しかったヨ。オランダの連中も己たちの海軍教育を、言葉の通じないのを理由に断ろうとしていた矢先だったからサ。

それで己は嬉しくて、部下をつれて中華街にくり出した。みんな飲んで、また攘夷だの開国だのと、大変な騒ぎになった。いつもの通りの馬鹿げた論争になったので、己は庭に出て港を見ながら頭を冷やしていた。するとどこからともなく、高い澄んだ男の声が聞こえてきた。それは本当に魅力的な声であったヨ。大げさに言えば天使の声なのサ。

『国を守るためには、一刻も早く国を開かねばならぬ。国を開いて、諸外国の新しい技術を入れねばならぬ。そして、それをいち早く自国のものとしなければならない。国を閉じていれば、我が国は遅れをとり、野蛮国になる。一刻も早く国を開き、万国に日本の存在を知らさねばならない。今は諸外国に遅れをとっていようとも、国を開き、諸外国を受け入れる気持ちこそ大事』

という声が聞こえてきた。己は驚いたヨ。外国からの侵略を防ぐために逃避的に、一時凌《しの》ぎに開国を論ずる者はいた。しかし、一刻も早く国を開き、前向きに国を造ろうというのだから、己は驚きいったヨ。が、己がさらに驚いたのは、その男の次の言葉だった。

『我々が、いま長崎くんだりまで来て、幕府の海軍はちゃちだとか、あれでは外敵が来たらひとたまりもないと笑っている。が、この長崎まで遊歴できる費用はどこから出ているのか。これは全て農民の血と涙と汗の結晶なのだ。いいか、我々、お殿さまから家老、老中、侍、足軽まで全ての生活は、根本的には、みな農民の力によるものなのだ。

その我らの生活を支えている農民が、畳もない、障子も壁もない粗末な家に住んで、自ら作った米も碌《ろく》に食えずに、芋や豆やそば、稗《ひえ》を食って凌いでいる。これはどう考えてもおかしい。我々の生活を支えている農民が、統治者たるお上と同じとは言わなくとも、せめて風雨を凌ぐにたる家に住むべきなのだ。そうすれば、農民も働く意欲が湧き、懸命に働けば豊かになり、さらに色んな産業が興る』

というのサ。

己は江戸生まれの江戸育ちだから、農民のことは正直言ってよく知らなかった。『農民は生かさぬように、殺さぬように』などと思っていた。だが、その男は、国の基盤を握っている農民にもっと良いものを食べさせ、良い所に住ませれば、働く意欲が湧き、生産もあがり国全体が豊かになるというのだ。言われて見れば、もっともな事だけど、あの時代にはなかなか言えないことサ。

そして開国の必要性として、世界を相手の貿易を説いていた。例えば絹織物などは日本国内の需要はたかが知れている。これを世界を相手にすれば、絹織物業は飛躍的に発展し、多くの人々の仕事が確保できる。そして外国に輸出するには、港を開き船を作らねばならぬ。船員が要《い》る、荷役業者が要る。荷を運ぶためには道路工事も必要。道路の途中には宿屋、食べ物屋も必要となって、人の仕事や収入が増える。輸入する場合もまた然りなのだ。人間として生れた以上は、世界のいろいろな国の文化、文明の利器、品物、食べ物を手にしたいのは、あたり前の欲求なのだ。

それからその男はさらに、為政者は権力を世襲してはならない。賢人を広く一般から選んでこれに譲ることにすれば、君臣の面倒で陰湿な関係がなくなり、政治は公共の平和をめざし、四民平等も貫かれていくというんだネ。積極的な開国論、殖産興業、共和性、四民平等、平和主義など、過激な思想を展開しているのサ。己は驚いて、襖をそっと少し開けてその人物を見た。すっきりした目鼻立ちの、いかにも聡明な感じの人で、眼も声も澄んでいた。

何事にも臆することなく胸を張って話す様子は見事で、己は一目惚れした訳ヨ。己は密かにその人物の名前を調べさせた。それが横井小楠先生ってことサ」

海舟は運ばれてきたカヘーをおいしそうに飲むと、立ちあがって北側の障子を少し開けた。涼風が入ってきた。風向きが変ってきていた。蘇峰はひと言も聞き漏らすまいと全身を緊張させていた。

「二度目に会ったのが先に言ったように文久元年の夏頃だった。己も咸臨丸で太平洋を渡ってアメリカから帰って間もなくだったんで、意気軒昂だった。長崎で先生を盗み見たことは、とうとう先生には生涯話す機会はなかったナ。

己が小楠先生にアメリカのことをちょっと話すと、一を聞いて十を知るという言葉の通りで、その理解の早いこと、知識の深いことには驚いたヨ。小楠先生は生涯外国に出られたことは一度もなかったのに、中国はもとより、西欧、ロシア、米国について実によく勉強しておられたのには、ただただ恐れ入ったネ。

それぞれの国の政治機構から経済、宗教、民族性まで、何でもかんでも熟知していて、己なんか足もとにも及ばない、とつくづく思ったヨ。そして、それを小楠先生が理想とする堯舜《ぎようしゆん》三代と比較して述べるから、理路整然たるものだ。ただただ、己は感服したのサ。

その次の年の文久二年七月に、松平慶永殿が幕府の政治総裁職に就任するにあたって、その補佐役として小楠先生を指名したので、先生が中央政界に進出する機会がめぐってきたのだ。

小楠先生には一年ぶりにお会いしたのだが、熊本に帰藩していた文久元年の秋から文久二年の中ほどまでの半年間に、何かよほどのことがあったのか、と己は推測した。小楠先生はますます鋭さを増し、腹をくったというのか、腹を据たというのか、幕政改革に覚悟と気迫を持って打ち込んだのサ。その時発表した基本方針が『七条』と呼ばれているのサ」

海舟は立ち上がると、隣の八畳の書斎から綴本を持って来た。しかし、本を開くことはしなかった。全て暗誦していた。

「己は、これを見て驚いた。
一、将軍が上洛し、歴代将軍の朝廷に対する無礼をお詫びせよ。一、諸大名の参勤交代を中止し、藩政の報告を行わせるにとどめよ。一、諸大名の奥方を帰国させよ。一、外様・譜代を問わず有能な人物を選んで幕政の要路につけよ。一、意見の交流を自由にし、世論に従って公共の政治を行え。一、海軍を興し兵力を強くせよ。一、民間商人による自由貿易を中止して政府直轄の貿易を行え。

幕府の権力を権力とも思わない裂帛《れっぱく》の気迫は、凄いと思った。この時から己は、小楠先生を終生の師と仰ぐ決心をしたのサ。

己はこの二年あとに、西郷隆盛にはじめて会ったんだ。その時、己はまた雷にうたれたように感じた。

己は今までに天下で恐ろしいものを二人見たと思ったヨ。それは横井小楠先生と西郷隆盛だ。小楠先生は西洋にも行ったことがなく、己がアメリカのことなど教えてやったくらいだけど、その思想の高調子なことは、己などは、とても梯子《はしご》をかけても及ばぬと思ったことがしばしばあった。己は密かに思ったのサ。小楠先生は自分で仕事をする人ではないが、もし小楠先生の言を用いる者が世にあったら、それこそ幕府にとっては、由々しき大事だと思ったネ。

その後、西郷と面会したら、その意見や議論は、己の方が勝るほどだったけれども、いわゆる天下の大事を担うものは、はたして西郷ではあるまいかと、また密かに恐れた。小楠先生の思想を、西郷の手で行われたら、もはやそれまでと心配していたら、やっぱり西郷が出て来たわい。

小楠先生はその見識から幕閣に迎えられようとしたのだが、先生は肥後藩では無視され続け、むしろ排除されそうな状況で、越前福井藩に借り出されているといった複雑な立ち場にあった。幕府は小楠先生が有能なだけに、どうしても味方にほしかった。あの時が先生にとっては人生最大の好機だったのだ。が、先生には運がなかった。

その文久二年の八月半ばに、先生は今でいうコレラの〝コロリ病〟にかかって、一時は生命の危機に陥ったくらい危かったのサ。

病気からやっと回復した十二月十九日の夜に、先生にまた大変な事件が起こった。

肥後藩の江戸詰めの吉田平之助と都築四郎という者が京都へ出向くために、もう一人の男と小楠先生が檜物町《ひものちょう》の吉田の妾宅に集まって、別離の宴を賑やかにやっていたのヨ。先生は、とにかくお酒が好きであったからナ。

夜も更けて会もお開きになろうかという時に、抜き身を持った二人の男が階段を駆け上ってきた。上り口にいた小楠先生は咄嗟《とっさ》に蠟燭の灯を足で蹴倒して、身をよけ二人を避けたのサ。あとは真っ暗闇で何も見えない。床の間の刀も取りに行けないので、小楠先生は階段を駆け降りた。その階段の途中でも一人をうまくよけた。先生は幼い頃から剣術で鍛えていたので、恐ろしく身も軽かったのサ。すぐ近くの常磐橋のお屋敷まで走って帰ると、差し替えをつかんで先生は取って返したのだが、狼藉者《ろうぜきもの》はもう逃げ帰ったあとだった。

吉田平之助は重症、都築は打ち傷ですんだ。

さあ、これからが大変だったのサ。

交戦せずに敵を避けて、逃げ帰ったとして、肥後藩では、先生の行動を武士にあるまじき士道忘却として捉え、国元で切腹させろ、ということになろうとした。飲酒の席を襲って暗殺しようとしたのは、明らかに肥後藩の連中だった。そちらを探し出そうとは全くせずにだヨ。

階段の途中ですれ違った狼藉者に、先生は振り返って『ご苦労さまよ』と、声をかけたと言い伝えられているのサ。真偽のほどは知らないが、いかにも先生らしくて、痛快この上ないことだヨ。

暴力で口を封じるなど、野蛮極まりないことサ。己だって先生と同じことを、言ったろうヨ。

己は生涯に一度も刀を抜いたことがない。もちろん人ひとり斬ったこともないのサ。剣は修めても、使うものではないんだヨ。

先生における武士道とは、いかにして民生を豊かにするかを探究する道だったのだ。

時代が逼迫《ひっぱく》していたから、先生は助かったと言える。時代が先生を必要としていた。先生は福井藩に借りあげられていた身であったし、松平慶永公の尽力で、命だけは助けられ福井に送られた。翌文久三年熊本に戻った先生を、肥後藩は武士道忘却の咎《とが》で士籍を剝奪《はくだつ》したのサ。

先生はもともと百五十石取りの下級武士だったのだが、それを通り越して全くのただの人間になってしまったのヨ。

先生は安政元年四十六歳の時に、兄の死によって家督を継いだ。禄《ろく》は貰っていたが、肥後藩からは無視されて、生涯役職には全く就けられなかった。その上の士籍剝奪サ。

己もその翌年の元治元年に、激越な言動のために幕府から軍艦奉行の役を罷免されたのサ。しかし、己は禄までは奪われなかったヨ。

先生は中央政界とは表面上では手を切らされ、熊本で、読書と著述に明け暮れざるを得なくなった。日本全体が大変な局面を迎えて、毎日情勢が変わるほどの目まぐるしい動きだったのにだヨ。

己は翌年軍艦奉行に復帰した。小楠先生に教えを請いたい時には、坂本龍馬を熊本に走らせたのサ。

先生がその不遇時代に書き留めた『沼山対話』と『沼山閑話』は、小楠先生の思想の最高到達点を示すものとして己は感服して読んだヨ。

龍馬は己より十二歳年下だった。可愛げのあるいい男だったヨ。若かったけど、よく天下の趨勢《すうせい》を理解し判断する能力があり、何といっても行動力があった。龍馬は愛嬌のある男だったから、誰からも可愛がられていたヨ。熊本に訪ねて行って、龍馬が小楠先生に西郷や大久保、それに己などの人物や行動について報告したら、

『坂本君は、この己をどう思う』

と小楠先生が龍馬に逆に聞くものだから、

『先生は二階にいて、芸者さんとお酒をゆったり飲んで、我々、西郷や大久保、

勝などの演じる芝居を見物されていて下さい。我々が行き詰まったり、変な方向に行こうとしたら、その時ちょいと指図をして下さい』

と龍馬が答えると、小楠先生は大変喜んで、大声で笑って、

『坂本君、君も慎重に行動して、若死にするのではないぞ』

と言ったそうだ。

そう言って笑いあった二人が、それから数年の間に、共に暗殺の凶刃《きようじん》に倒れたのだから、こんなひどい話はないぜ。

後に龍馬は、薩摩と長州の間を奔走して薩長連合を成功させた。そして倒幕後の方針として、慶応三年に、『船中八策』を発表した。これはのちに、明治維新政府の政治基本方針宣言となる『五箇条御誓文』の思想の元になるものだ。
一、政権を朝廷に返還せしめ、政令は朝廷から出るようにする。一、上下両院を設けて議員を置き、万機公論に決する。一、公卿・諸大名および全国の人材を選んで顧問にし、新しく官爵を与えて、有名無実の官位を廃止する。一、外交については公議を採用し、新しく妥当な条約を結ぶ。一、古来の律令の中から長所をとって、新しい憲法を制定する。一、海軍を充実する。一、親兵(天皇直属の

兵）を置いて帝都を守る。一、金・銀・物価を外国と平衡させる法律をつくる。

龍馬はいろんな人物と接触し、よく人の意見を聞き、見聞した集大成が『船中八策』になったのだが、己から見ると小楠先生の、「七条」の影響が一番強いと思う。

明治元年四月に発布されたのが、『五箇条御誓文』なのサ。
一、広ク会議ヲ興シ万機公論ニ決スヘシ
一、上下心ヲ一ニシテ盛ンニ経綸《けいりん》ヲ行ウヘシ
一、官武一途庶民ニ至ル迄各其志ヲ遂ケ人心ヲシテ倦《う》マサラシメンコトヲ要ス
一、旧来ノ陋習《ろうしゅう》ヲ破リ天地ノ公道ニ基クヘシ
一、知識ヲ世界ニ求メ大ニ皇基《しんき》ヲ振起スヘシ
この御誓文の原案を作ったのが、小楠先生の福井越前藩における第一の門下生の、由利公正《きみまさ》なのだ。小楠先生の畢生《ひっせい》の思想が端的に、あるいは奥深く、この『五箇条御誓文』の中に表現されている。

己はこれを読むたびに先生のことを畏敬の念を抱いて思い出すのサ」

海舟は上気し、額に汗を掻いていた。蘇峰も手ぬぐいを取り出して、額をふい

た。秋の陽が少し傾きかけていた。

「小楠先生は西郷先生と直接会ったことがあるのでしょうか」

蘇峰が、海舟の汗をふき終るのを待って尋ねた。

「西郷南州は小楠先生には直接会うことはなかったと思うのだが、小楠先生のことは大変高く評価していて、輩下のものをよく小楠先生のもとに派遣して、先生の御高説を承っていた。

西郷と龍馬は頻繁に往来していたので、龍馬から小楠先生のことは聞いていたであろうし、己も西郷には、先生のことは話したものだ。

己が西郷にはじめて会ったのは元治元年のことで、神戸海軍操練所に西郷が訪ねて来たのサ。美丈夫で俺の倍はあるかと思うほど、大きな男だった。が、それは静かな男だった。己より四歳年下だったが年の差など、全く感じなかったヨ。

己は小楠先生にはじめてお会いした時に感じた、〝高士〟という感じを西郷にも感じた。小楠先生は己より十四歳年上の人であったが、己は年下の西郷にそれと同じ感じを受けたヨ。〝高士〟というものの定義は漠然たるものなのサ。

それは、感じる人が感じるものなのヨ。

会った瞬間に、理屈抜きに感じるものヨ。

己は生涯に、小楠先生と西郷にそれを感じた。

己にとって〝高士〟とは強いて言えば、虚心坦懐にして至誠の人ということだ。無心無欲とか、高雅とか、信とか言ったものとも、また違う。それは、もう生来のものなのサ。真似をしようと思っても、絶対に出来ないことなのサ。

その人と対座すると、こちらが虚心になってしまうのヨ。そう、そよ風にあたったみたいに、清々《すがすが》しく心地よくなるのサ。緊張はしているのだけど、緊張を感じさせないのヨ。

己は小楠先生にはじめてお会いした時、本当に虚心になって先生のお話を聞いた。その内容は恐ろしいほどに尖鋭なのだけど、納得出来た。

西郷に会った時も、己は恐ろしいほどに虚心になり、幕府の腐敗はその極に達していること、幕府だけの力ではもう何も出来ないこと、建て直すにはあまりにも人材も財力もないことを、ありのままに話したのサ。

幕府の内情を虚心に語らせるものを、西郷は持っていた。その時己は感じたのヨ。徳川幕府は小楠先生の思想と西郷の実行力で倒されることになるとサ。この二人によって幕府が倒されるのであれば、以《も》って瞑《めい》すべし、と己は思ったのヨ。坂本龍馬がまだ西郷と会ったことのない頃、己が西郷をあまりに褒めるものだから、龍馬も西郷に会ってみたいというものだから、己は添書を書いてやった。すると薩摩から帰ってきた龍馬が、なるほど、西郷という奴はわからぬ奴だ。小さく叩けば小さく響き、大きく叩けば大きく響く。もし馬鹿なら大きな馬鹿で、利口なら大きな利口だろうといったワ。龍馬も若いのになかなか人を見る目があると、己は感心したヨ。

小楠先生が武士道忘却で士籍を剥奪され隠棲みたいな生活を余儀なくされている間に、政局はいよいよ終局を目指して怒涛の如く突き進んでいった。西郷や龍馬や己の出番となっていった。元治元年、己の妹婿の佐久間象山が暗殺されてから、蛤御門《はまぐりごもん》の変、第一次長州征伐とすすみ、慶応元年の第二次長州征伐となった。

慶応二年の初めには龍馬の働きで薩長同盟が成立した。

そして慶応二年十月には、ついに将軍慶喜《よしのぶ》公は大政を奉還した。

十二月に王政復古の大号令が下った。

慶応四年戊辰《ぼしん》戦争がはじまった。

そして三月に西郷と己が会見して、江戸城無血開城ということになったのサ。己と西郷は三月十三、十四の両日、芝田町の薩摩屋敷で会見した。己は羽織袴で馬に乗って、従者ひとり連れたばかりで出かけた。薩摩屋敷の近傍には、官軍の兵隊が蟻の立ち入る隙間もないほどに詰めかけていたヨ。屋敷の中の襖の向こうには、桐野利秋などの豪傑連中がことあらば、己を斬ろうと詰めかけているのが、その熱気ではっきりわかる。

己と西郷は久闊《きゆうかつ》を叙《じよ》したあとは、ほとんどしゃべらなかった。しかし、心の中は通じ合っていた。以心伝心ということサ。

元治元年の神戸海軍操練所で己は、西郷には幕府の内情について虚心に述べていた。今幕府が兵を挙げ一戦を構えて何になる。江戸百万民衆の生命と、財産と文化と先人の遺産を失《な》くすだけのことである。幕府という老大木は死する運命にあることは自明の理、時流であったのサ。日本の国内戦を早く治め、日本国を開国し、大義を世界にと小楠先生が言っておられることを、己も西郷も心の奥にしっかりとしまっていた。

幕府の崩壊は時流である。それならば同じ民族が、血で血を洗うのは愚の骨頂でしかないことはわかりきったことヨ。

あの時、己は四十五歳、西郷は四十一歳だった。

日本国の命運が、二人の肩にかかっていた。今から考えて見れば、己も西郷も若かった。考えると恐ろしいことだヨ。

しかし、己たち二人が江戸城を無血のうちに開城し、明け渡すことを成し遂げ得たのは、いろんな人の意見を広く聞いていたからだ。なかでも小楠先生と、その時はすでに暗殺されていたが坂本龍馬のことを意識し、大きな心の支えだったヨ。あの二人が臨席していたら、こうするだろう、こう意見するだろうと思ったことを己と西郷がやったのサ。

西郷も同じ思いヨ。己と西郷はお互いに深く信頼し合っていたから迷うことはなかったネ。会見のいよいよ最後の談判となると、西郷は己の言うことをいちいち信用してくれた。その間に一点の疑問も挟まなかった。

そして、

『いろいろ難しい議論もありましょうが、私が一身にかけてお引き受けします』

という西郷の言葉で決まったのサ。

そして翌三月十四日に、新政府は『五箇条御誓文』を発した。

それは三月十五日に江戸城へ総進撃が予定されていたので、その前日に発することを急に決めたのサ。間一髪のところで、大国内戦は回避されたヨ」

海舟は立ちあがると、廊下に出て先ほどの女性を呼び耳うちした。秋の陽は急激に落ちていった。

日が暮れかかっているのを、蘇峰は全く気付かずにいた。

海舟は座り直すと蘇峰を見据えた。

「小楠先生は明治元年四月に新政府から徴士、参与を命じられ、入洛した。いまでいう大臣サ。先生はその中では、最年長だった。

岩倉具視《ともみ》、松平春嶽公などの推薦が強かったのだろうけど、西郷も先生を強く推したと思う。小楠先生が参与になられることは衆目の一致するところだった。

他の参与を見ると小松帯刀《たてわき》、後藤象二郎、大久保利通《としみち》、広沢兵助、三岡八郎（由利公正）、福岡孝弟《たかちか》、副島種臣《そえじまたねおみ》で、思想家としては小楠先生だけサ。だが、先生はすでに六十歳になられていた。その上に持病の痔疾が悪化して、疼痛、出血、発熱に悩まされていたのヨ。

明治元年の明治新政府は試行錯誤の連続で、国内でも東北ではまだ戦争が続いていて、各地に不平不満の士族が溢れていた。

小楠先生が持論の「国是三論」を実行するには、あまりに世情は混沌としていたのサ。それに、体調が悪く、また京の水や人情にも合わないところもあり、執務に支障をきたすことが多くなった。辞職して帰郷するか、滞京かに迷う日々もあったのサ。

明治二年正月の昼下がりの早めの八ツ（午後二時）頃、微熱で体調が悪いため、参内の重臣たちより早く御所を退出したのサ。京都の冬の、骨身にしみるような寒い曇り空の日であった。昨夜の氷柱が、まだ軒下の樋にさがっていたのヨ。病に寒気は一番の毒だからネ。

駕籠は寺町御門から丸太町の自宅へ向かっておられた。護衛は駕籠脇に若党二人、少し離れて門弟二人が付き添っただけだった。その頃の先生のところには、二十数名の門弟が寄宿していたのにヨ。先生は仰々しいことは嫌いだったし、命を狙われることはいつも覚悟はしていただろうからネ。

丸太町の角を通り過ぎたところへ、十津川《とつがわ》藩の藩士ら六名の覆面した攘夷派浪士が襲撃してきた。

敵は短銃も持っていたのサ。

凍てるような曇天のもとに死闘が続いた。

小楠先生も病みあがりの体で、烏帽子直垂《えぼしひたたれ》の正装ながら、駕籠から出て、駕籠を背に短刀で必死に防戦した。

決死で狙って来た敵の方が、有利であるのはあたり前サ。次々に倒れていって小楠先生もついに、首級《しゅきゅう》を挙げられた。

急を知って駆けつけた大勢の門下生に、敵は恐れをなして逃げる途中に先生の首を放っていった。あの勇気と知識と知能が、いっぱい詰まっていた頭脳が、道端に放り投げられていたんですゼ。

小楠先生は、明治新政府高官の最初の暗殺の犠牲者となってしまわれたのサ。

暗殺の『斬奸状』によれば小楠先生は、『キリスト教をはびこらせ、共和制を実現し、廃帝を唱えている』というのヨ。己に言わせれば笑止千万この上なしだ。

小楠先生はキリスト教だって、何だって、良心を磨くものであれば認めたのサ。キリスト教を国教にしようなどとは、微塵も考えていなかったんだゼ。

共和制は、利己を持った人間の集まる世界では、それがたとえ一時的に衆愚政治に陥ろうとも、最高の政治形態なのサ。廃帝など、先生は毛頭考えてなかった人だヨ。先生は理想主義者ではあったが、しっかりとした現実主義者でもあったのだ。

民衆が心豊かに、また良い生活を得るために、心がひとつに出来る崇拝者がいれば、その人を帝とするに、なにも異存はなかったのサ。要は帝の傍にいて実際に政治を行う者が、公平無私な人でなければならないと言っていたのだ。その政治を行う人間は、共和制で選ばれるべきと考えていたのヨ」

海舟は手をうった。

すぐに二人の女性がワインと料理を運んできた。

部屋に灯がともされた。

初秋らしい爽快な夕暮がおとずれていた。

蘇峰は夢から覚めたように居ずまいを正した。

「話が長くなったナ、ご免ヨ。さあこれから一杯飲もうじゃないか。今日、アメリカの友人から旨いワインが届いた。己は大事な話をする時は酒を口にしないのサ。間違ったことを言ったら大変だからナ。

久しぶりに小楠先生のことを話した。気がせいせいして、大変よい気分だ。さあ、飲もう、飲もう。

今日は蘇峰さんの他に誰も訪ねて来る者がなかった。不思議なことがあるものだネ。

それにしても小楠先生は偉さが違う。そうだ坂本龍馬もそうだ。

己や西郷はなんやかんや言っても、己は徳川幕府、西郷は薩摩藩という大きな後ろ楯があったから、活躍できたと言ってよい。それに比べたら、小楠先生と龍馬は、なんの後ろ楯もないのに、よく最後まで信念を通したとただただ感服するだけだヨ。

吉宗の享保、松平の寛政、失敗した水野の天保改革でも分かるだろうが、大改革というのは大変なことで、それをやり遂げるのは、利益を受けなかった下級のものによって成されるってことサ。

小楠先生が亡くなって、もう二十年以上の歳月が過ぎた。

龍馬に続いて小楠先生、西郷、大久保利通もみな死んだ。それも全て横死《おうし》した。

そんなことはみな覚悟していたけどネ。

徳富蘇峰さんヨ、さあ飲もうヨ。

蘇峰さんはいま赤坂霊南坂に居住していると言いましたナ。この氷川の家に越して来なさいナ。己は賑やかなのが大好きなのサ。さあ、ぐっと飲みましょう。そして、小楠先生のこと、しっかり書いて下さいヨ」

海舟は蘇峰と乾杯すると、ワインをグッと一気に呷《あお》り、二杯目もまた一気に飲み干した。

解説――ふるさとの謎に迫ることの意味

前山光則

この『肥後細川藩幕末秘聞』は、初め平成五年(一九九三)に講談社から刊行されて話題を呼び、平成十五年(二〇〇三)には「悲愁の丘」との題で劇化もされた。同年には講談社版に加筆し、写真や図表も加えて弦書房から再刊されている。そして、このたびの文庫化。著者・河津《かわづ》武俊《たけとし》氏は本作品に格別の愛着を持っていると思われるし、また愛着を持って当然といえる豊かな結実が見られる。

ふとしたことがきっかけで、話が始まる。大学の同期会があった際に、同郷の友人から「我々の育った郷里、熊本県小国《おぐに》地方で、幕末の嘉永《かえい》の頃に隠れキリシタンが発覚して集落全員が打ち首になったという話があるが、知っているか」と尋ねられ、これが氏の心をいたく刺激するのである。虐殺事件があったとされるそこは、正確には熊本県南小国町の臼内切《うすねぎり》といわれるところであり、千人塚とも呼ばれる。町役場のあるところから四、五キロほど奥へ入ると、人家のまったくない小高い丘に行きつく。その丘を中心とした一帯が臼内切で、標高は六百メートルほどかと思われる。人里離れた実にさみしいところであり、現地を訪れてみると「隠れ里」という語がおのずから想起され、悩ましい気分になってしまう。しかし、かつてここに確かにこじんまりと人びとの営みが行われていたのである。そして、嘉永六年（一八五三）、肥後藩の派遣した兵員が夜明けとともに集落を包囲し、十数戸の家々に踏み込んでおよそ五、六十人が殺された、と推定されている。

臼内切のことを教えてくれた友人は、その同級会の帰りに現地に立ち寄ってみたのだそうで、後で河津氏に便りをくれて、今は集落の跡形《あとかた》も定かでないが、現在もこんこんと清水が湧き出ている。その様を見ていたら、「背筋が寒くなった」と知らせてくれる。便りを読んだ河津氏は、こう記す。

百年以上も前に、集落が突然、破壊消滅させられ、今は夏草に覆い隠された中で、清水だけが昔と変わらず静かに流れ出ている。そんな光景が、悽愴《せいそう》で悲愁を秘めながらも、なぜか清冽《せいれつ》なイメージを私の頭の中にはっきりと根付かせた。

しかし、考えれば考えるほど、本当にそのような処刑があったのかどうか、半信半疑な思いが強まった。

中学時代まで私はその町に住んでいたのだから、事実であればちょっとでも、そんな話を耳にしてよいはずである。

一体どのあたりまで史実としての信憑性《しんぴょうせい》があるのか、ひとつ当ってみようかという気持ちに次第に傾いていった。

ここには、ふるさとの奇妙な伝説を知った河津氏の驚きとその謎を解明してみたいとする意欲とが率直に語られている。人は、自分を育んでくれたふるさとについては多少なりとも昔からの習俗であるとか来歴を弁《わきま》えているものである。なんといってもそこは自分を幼時から育んでくれた産土《うぶすな》だからである。ところが、そこに意外なことが秘められていた。ふるさとの中に闇の部分があるとすれば、それを明らかにせねば本当のふるさと像が見えているとは言えない。この『肥後細川藩幕末秘聞』には、初発の段階でそのような性質の衝迫が生じたと思われる。以後、河津氏は郷土史家と連絡をとって話を聞いたり、関連する資料・文献を読み込んだりするし、現地へも何度か訪れてみる。

さて、この探索にとりかかって間もない頃、臼内切へ何人かで行ってみた時に河津氏は郷土史家の佐藤明氏から新たな話を聞くことになる。それは、映画評論家として活躍した荻昌弘《おぎまさひろ》は、自身は東京の育ちであるが、実はその先祖の荻昌國《まさくに》という人が肥後藩士で、幕末の頃に小国の郡代をしていた。この昌國が、臼内切の虐殺事件から十年近く経った文久二年（一八六二）の正月十八日に小国郡代屋敷にて原因不明の割腹自刃をしている、というのである。しかも、佐藤明氏は、「これは私の独断なんだが、臼内切のキリシタン惨殺と荻郡代の自殺は関係があると思っている。しかしこれにも証拠はないと思いますわ。私ももう少し若かったら調べてみたいと思ってるのだけど、この頃は根気がなくなってどうにもならんですわ」

と自説を述べる。これがまた河津氏の意欲をかきたてたわけで、氏はこの昌國自刃の謎もぜひ解き明かしたいとの思いにかられる。

つまり、本著には、臼内切におけるキリシタン虐殺の全貌を解明していく作業がまず基本的な柱としてあるのだが、そこへもう一つの柱として出てきたのがこの荻昌國の自刃の謎に迫る作業である。そして両者が結びつくのか、どうか、である。臼内切に関連しては、事件の生き残りがいたことが判明して、調査を重ねるし、小国や広く大分県由布院《ゆふいん》地方のキリシタン史についての調査・研究も行う。一方の昌國自刃にまつわることとなると、これはもう幕末の肥後細川藩がどう展開したかということまで調べていく。当時の細川藩内では、従来通りの学問を重んじて江戸幕府による泰平の世を維持しようとする学校党と、それに対して藩政改革の必要性を唱え、世のため人のためになる学問を目指した実学党と、この両勢力のせめぎ合いが激しかった。河津氏は、荻昌國が実学党の方のリーダーであった横井小楠《よこいしょうなん》の下で知恵袋のような役割を務めていたと知り、それならばと小楠の足跡や考え方までをも勉強し始める。とにかく臼内切の事件や荻昌國・横井小楠、実学党の後ろ盾となってくれていた家老・長岡監物等についてもっと知りたい、さらに理解を深めたいとして資料・文献を探し、あちこちへ訪ねて行き、面識のない専門家や作家へ直接連絡をとって教えを乞う。雪が降りそうに寒い日、阿蘇の大観峰《だいかんぼう》を越えて調査に行く時には「こういう探索行は、中断すると再開するのが困難で、未完成に終わることが多い。膨《ふく》らしている風船と同じで、口をはなすと、すぐ萎《しぼ》む。出来る時に、出来るだけ探索、調査しておかねばと思っていた」と自らを奮い立たせるが、こうした熱い思いは全篇にみなぎっていると言っていい。あるいはまた、横井小楠が水戸藩の藤田東湖に出会って意気投合していることなども詳細を知りたくて、わざわざ茨城県図書館にまで出かけて行っている。決断と実行、その連続だったのである。

河津氏は若い頃から作家活動を精力的に続けてきており、この『肥後細川藩幕末秘聞』の他にも『秋燈――漂泊と憂愁の詩人・岡田徳次郎の世界』『冨貴寺悲愁』『山中トンネル――日田電力所物語』『秋の川』『森厳』等々、たくさん秀作を書いている。氏の作品の中の少なくとも幾つかは、名のある文学賞の候補とされたり受賞したりしてもちっとも不思議でないレベルに達している。しかし、実はもの書きである以前に医療の現場に身を置いてきた人である。生まれたのは福岡市だが、幼少年時のだいぶんの時間を父母のふるさと熊本県小国《おぐに》地方で過ごし、医師となってからは小国のすぐ近く大分県日田《ひた》市で内科医院を開業して現在に至っている。

真夜中に遺体送れば春月《つき》淡し
ドクターヘリ来て騒ぐかな夏河原
秋夜中患者の死して三たび起く
大空にインフルエンザ飛ぶ如し
雪の朝危篤の人は無事なりし

昨年刊行された河津氏の俳句集『花吹雪』には、このように永らく医療活動に従事して人間の生と死とを見続けた医師でなければ詠み得ない佳吟が見受けられる。つまり、自ら医院を営み、医師としての激務をこなしながら、一方で臼内切の事件や荻昌國の自刃について探索を続けたのである。たいへんなエネルギーだ。だから、河津氏のひたむきな様子を読み進んでいると宮崎康平《みやざきこうへい》の名著『幻の邪馬台国』が連想されて来る。アカデミズムに身を置かず、野《や》に在《あ》ってシビアに島原鉄道経営者としての実業の日日を送りつつ邪馬台国の存在した地域を探し出すという、壮大なテーマであるが儲け仕事と何ら関係ない課題と格闘した宮崎康平。あの『幻の邪馬台国』に流れる無私の情熱と同質のものがこのドキュメンタリーにも溢れている、と言えよう。

資料の読み取りや調査等を重ねていくうちに、佐藤明氏が河津氏に言った「臼内切のキリシタン惨殺と荻郡代の自殺は関係がある」との見方に関しては、荻昌國が臼内切の虐殺があった嘉永六年にペリー艦隊から江戸を防衛するため細川藩兵団の一員として出兵した折り、臼内切の近くを往きも帰りも通過している。ペリーが帰国したことで鉾先をかわされた兵団は、帰路、小国の臼内切村に隠れキリシタンが住んでいると聞いて一気に暴発したのではないか。加えて、文久二年の昌國の自刃に謎が多いことなどから、やはり関連するのではないか、との見方がふくらんでいく。しかし、結果として確証が得られたわけではない。一言で言えば、状況証拠はかなりの数で洗い出されたものの、確たる物的証拠がどうしても得られなかった。河津氏の探索は結論が得られぬままこのドキュメンタリー『肥後細川藩幕末秘聞』は終わるのだが、しかし氏は自らの抱いたテーマを捨てない。郷土の歴史の表には出ぬままだった人たちに対しての思いがたいへん熱いし、深いのである。

だから、巻末収録の小説「悲愁の丘」の方は荻昌國が臼内切の虐殺事件に関与したものとして創作されている。昌國は、関与したそのことを負い目として生き、事件の生き残りから狙われてもいたしかたないこととして受け止める。遂には、生き残りの者に密かに看取られる中、腹を切って果てるのである。

小説は、時が経って明治二十三年、勝海舟《かつかいしゅう》が自分を訪ねて来た若き徳富蘇峰《とくとみそほう》を相手に胸襟を開いて酒を勧め、維新前夜のことを語って聞かせるという場面で終わりを迎える。

それにしても小楠先生は偉さが違う。そうだ坂本龍馬もそうだ。己や西郷はなんやかんや言っても、己は徳川幕府、西郷は薩摩藩という大きな後ろ盾があったから、活躍できたと言ってよい。それに比べたら、小楠先生と龍馬は、なんの後ろ盾もないのに、よく最後まで信念を通したとただただ感服するだけだヨ。

吉宗の享保、松平の寛政、失敗した水野の天保改革でも分かるだろうが、大改革というのは大変なことで、それをやり遂げるのは、利益を受けなかった下級のものによって成されるってことサ。

小楠先生が亡くなって、もう二十年以上の歳月が過ぎた。龍馬に続いて小楠先生、西郷、大久保利通もみな死んだ。それもすべて横死《おうし》した。そんなことはみな覚悟していたけどネ。

徳富蘇峰さんヨ、さあ飲もうヨ。

蘇峰さんはいま赤坂霊南坂に居住していると言いましたナ。この氷川の家に越して来なさいナ。己は賑やかなのが大好きなのサ。さあ、ぐっと飲みましょう。そして、小楠先生のこと、しっかり書いて下さいヨ。

ここでは、もはや臼内切の事件や荻昌國の自刃のことなどは話題に上らない。それとは無関係に、幕末から御一新へかけての激動の時期のことが回顧される。孤立を怖れずに信念を通した横井小楠と坂本龍馬が讃えられ、比較して海舟自身と西郷のことは「己は徳川幕府、西郷は薩摩藩という大きな後ろ盾があったから、活躍できたと言ってよい」との謙遜が述懐されているだけだ。だが、この語りにはしみじみとした味わいが生じていることを見逃したくないものである。もしかしたら、海舟の述懐は作者・河津武俊氏の思いと重なっているのではなかろうか。ふるさとの抱えている謎に肉迫していく努力、それは河津氏の中でこのように広く日本の近代の夜明けをどう把握するかという作業へと繋がって行ったのである。よく調べ、探索し、じっくりと思考を重ねて歴史の流れを眺め渡すことができたからこそ、勝海舟の回顧談もリアリティを持ち、サマになっている。

この本は、これからもずっと読者を持ち得るはずだ。それだけのロマンを有している。断然、そう言える。

あとがき

平成三年（一九九三）に初版を刊行して以来、十年ぶりに再刊することになりました。この間、いろいろ問合せなどありましたが、意のままになりませんでした。が、この春、熊本日赤病院健診センターの二十五周年記念事業として、本書が「悲愁の丘」として劇化され、秋には熊本県植木町の劇団・Uにより再演されることになり、俄に再刊が決った次第です。

初版を刊行したのが十年前の細川内閣が成立した年で、今年がペリー来航、臼内切キリシタン虐殺伝聞の年・嘉永六年（一八五三）以来、百五十年にあたり、感慨を禁じ得ません。今回、加筆し、写真、図表を入れました。臼内切の虐殺も、荻の自刃も、この本を読んでいただいた方々の中から、さらに探索が進むことを願います。日本の各地にある伝説・伝聞が愛育され、解明され、語り継がれることを期待します。伝説・伝聞は歴史の宝の山であり、未来への灯台であるからです。

この伝聞の存在を最初に教えて戴いた畏友・鎗水史朗君に先ずお礼を申し上げます。探索行で苦楽を共にした森山泰民さん、佐藤弘先生、木下和夫君に衷心から感謝いたします。石牟礼道子先生、有住典三さん、花立三郎先生、水野公寿先生、瀬谷義彦先生、名越時正先生など様々な方々から多大の御教示を受けました。資料整理してくれた河野三枝子さん、妻・真佐子に、再刊にあたり、弦書房代表・三原浩良氏、「日田文学」の前田哲男氏、江川義人氏に、初版時に御助言、御協力いただいた当時の講談社の市川端氏、村岡末男氏に感謝を申し上げます。

著者

平成十五年四月吉日

文庫版あとがき

初版以来、二十五年が経ちました。
途中平成十五年に再刊しました。今回文庫版で、再々刊することになりました。私の育った故郷での伝聞が主題でありますから、嬉しさもひとしおです。携帯しやすいタイプですから、本を持って臼内切の現地などを訪ねて下さい。

平成二十九年二月吉日

著者

〔**著者略歴**〕

河津武俊（かわづ・たけとし）

昭和一四年（一九三九）福岡市生まれ。現在大分県日田市で内科医院を開業。

主な著書に『秋澄――漂泊と憂愁の詩人・岡田徳次郎の世界』（講談社、一九八八）、『山里』（みずき書房、一九八八）、『肥後細川藩幕末秘聞』（講談社、一九九三）、『新・山中トンネル水路――日田電力所物語』（西日本新聞印刷、二〇〇五）、『秋の川』（石風社、二〇〇六）、『耳納連山』（鳥影社、二〇一〇）、『森厳』（鳥影社、二〇一三）、『富貴寺悲愁』（弦書房、二〇一四）、文庫・新装改訂版『肥後細川藩幕末秘聞』『漂泊の詩人　岡田徳次郎』（以上、弦書房、二〇一七）、文庫版『耳納連山』『山里』『秋の川』『霧の町』（以上、弦書房、二〇一八）、文庫版『句集　花吹雪』『森厳』（以上弦書房、二〇一九）などがある。

肥《ひ》後《ご》細《ほそ》川《かわ》藩《はん》幕《ばく》末《まつ》秘《ひ》聞《ぶん》〈新装改訂版〉

二〇一七年五月　十五　日第一刷発行
二〇一九年七月二十五日第二刷発行

著　者　河《かわ》津《づ》武《たけ》俊《とし》
発行者　小野静男
発行所　株式会社弦書房
〒810-0041
福岡市中央区大名二―二―四三
ELK大名ビル三〇一
電　話　〇九二・七二六・九八八五
FAX　〇九二・七二六・九八八六

印刷・製本　シナノ書籍印刷株式会社

ISBN978-4-86329-152-2 C0121